beck'sche reihe

b'sr

Gibt es allgemeinverbindliche Normen, die auf jeden anwendbar sind, auch wenn er anderer Meinung ist? Dem gegenüber steht ein verbreiteter ethischer Skeptizismus und Relativismus, der ethischen Theorien allenfalls Plausibilität zugesteht. Malte Hossenfelder möchte im vorliegenden Buch dieses Dilemma überwinden, indem er zeigt, dass es in der Tat allgemein geltende Normen gibt. Er greift dabei aber nicht auf ein unbedingtes Sollen zurück, sondern gründet die Normen ausschließlich auf das eigene Wollen. Den Ausgangspunkt bildet die apriorische Erkenntnis, dass jeder seine Zwecke erreichen will. Er zeigt, dass in diesem Wollen das Wollen des Rechts und das Wollen des Glücks impliziert sind. Aus dem Willen zum Recht und dem Streben nach Glück entfaltet er die Grundlegung einer Ethik des Wollens, aus der sich die Menschenrechte neu begründen lassen.

Malte Hossenfelder ist o. Professor für Philosophie an der Universität Graz. Seine Hauptarbeitsgebiete sind praktische Philosophie und Geschichte der Philosophie. Bei C.H.Beck sind von ihm erschienen: Stoa, Epikureismus und Skepsis. ²1995 (Geschichte der Philosophie, Bd. 3); Epikur ²1998.

Malte Hossenfelder

Der Wille zum Recht und das Streben nach Glück

Grundlegung einer Ethik des Wollens und Begründung der Menschenrechte

Verlag C.H. Beck

Die Deutsche Bibliothek – CIP-Einheitsaufnahme

Hossenfelder Malte:
Der Wille zum Recht und das Streben nach Glück /
Malte Hossenfelder. – Orig.-Ausg., – München :
Beck, 2000
   (Beck'sche Reihe ; 1383)
   ISBN 3 406 45923 4

Originalausgabe
ISBN 3 406 45923 4

Umschlagentwurf: +malsy, Bremen
© Verlag C. H. Beck oHG, München 2000
Gesamtherstellung: C. H. Beck'sche Buchdruckerei, Nördlingen
Printed in Germany

www.beck.de

Inhalt

Vorrede 7

I. Die Rationalität des Handelns 17
   1. Die Notwendigkeit der Ethik 17
   2. Die Verantwortung der eigenen Ethik 22
   3. Kritik des Dezisionismus 27

II. Methodische Vorüberlegungen 35

III. Recht 45
   1. Der allgemeine Wille zum Recht 45
   2. Der Liberalismus als Naturrecht 52
   3. Das allgemeine Recht 58
   4. Das Recht unter empirischen Bedingungen ... 66
   5. Die Menschenrechte 89
      Anmerkungen 93
      Exkurs: Die Allgemeine Erklärung der
      Menschenrechte der Vereinten Nationen vom
      10. Dezember 1948 100
      α) Text 101
      β) Erläuterungen 108

IV. Moral 118
   1. „Tugend ist Wissen" 118
   2. Legalität und Moralität 122
   3. Güte und Moralität 129
   4. Die beiden Kardinaltugenden:
      Gerechtigkeit und Sozialismus 139
   5. Zwei Bedenken: Moralität als empirischer Begriff? –
      Moralität und Freiheit? 145

V. Glück 149
1. Rückblick 149
2. Glück als Erfüllung der Wünsche 153
   a) Wünsche 153
   b) Güter und Übel 157
3. Alle Menschen streben notwendig nach Glück 159
4. Ist das Streben nach Glück die oberste Maxime? 162
5. Ist das Glück das höchste Gut? 165
6. Glücksregeln 167
7. Glück als Hochgefühl. 175

VI. Freiheit 181
1. Der Begriff der Willensfreiheit 182
   a) Negativer und positiver Begriff 182
   b) Freiheit als Möglichkeit, die Maximen zu ändern. . 185
   c) Letztbegründung 194
2. Die Wirklichkeit der Willensfreiheit 199

Anmerkungen 208
Sachregister 211
Personenregister. 215

Vorrede

Wer sich mit modernen Entwürfen zur Ethik beschäftigt, wird bald auf zwei Überzeugungen stoßen, die zwar auf eine lange Tradition zurückblicken, aber dennoch eigentlich befremdlich anmuten: dass man in der Ethik keine strengen Beweise verlangen dürfe und dass die moralischen Forderungen unbedingt gölten. Die erstgenannte Überzeugung geht bis auf Aristoteles zurück, der gewissermaßen die „Schlamperei" in der Ethik sanktioniert hat. Zu Beginn seiner „Nikomachischen Ethik" schreibt er, man dürfe von einer wissenschaftlichen Darlegung nur so viel Exaktheit erwarten, wie der Stoff gestatte. Bei den Gegenständen der Ethik gebe es so große Ungleichheiten und Schwankungen, dass das Gute zuweilen sogar schade. „Man muss sich also damit bescheiden, bei einem solchen Thema und bei solchen Prämissen die Wahrheit nur grob und umrisshaft anzudeuten, sowie bei Gegenständen und Prämissen, die nur im Großen und Ganzen feststehen, in der Diskussion eben auch nur zu entsprechenden Schlüssen zu kommen. Im selben Sinne nun muss auch der Hörer die Einzelheiten der Darstellung entgegennehmen: Der logisch geschulte Hörer wird nur insoweit Genauigkeit auf dem einzelnen Gebiet verlangen, als es die Natur des Gegenstandes zulässt. Es ist nämlich genau so ungereimt, vom Mathematiker Wahrscheinlichkeiten entgegenzunehmen wie vom Rhetor denknotwendige Beweise zu fordern."[1]

Auf diese Passage ist in der Folgezeit zur eigenen Entschuldigung immer gern verwiesen worden und besonders unserer Gegenwart, die ja durch eine gewisse skeptische Grundstimmung geprägt ist, spricht sie aus der Seele. Dabei gehen die heutigen Ethiker über das von Aristoteles Gemeinte in der Regel einen guten Schritt hinaus. Aristoteles sah die Schwierigkeit zum Beispiel in der konkreten Umsetzung des Tugendbegriffs. Die ethischen Tugenden bestehen für ihn darin, dass man die Mitte zwischen zwei Extremen einhält; so ist Tapferkeit die Mitte zwischen Tollkühnheit und Feigheit. Diese Mitte aber lässt sich nicht mathematisch exakt bestimmen. Im Tugendbegriff selbst dagegen – eben dass ethische Tugend die Mitte zwischen zwei Extremen sei – sah Aristoteles keinerlei Vagheit oder Ungewissheit. Die heutigen Ethiker neigen jedoch dazu, die Ungewissheit auch auf die Grundprinzipien der Ethik auszudehnen: Eine Letztbegründung sei undenkbar, allgemein gültige Regeln seien daher nicht vorstellbar.

Diese Auffassung führt zu unterschiedlich radikalen Positionen. Die gemäßigste Deutung ist, dass es durchaus eine allgemein gültige Ethik gebe, nur dass unsere Erkenntnismittel nicht ausreichen, sie mit Gewissheit zu bestimmen, sodass alle vorgeschlagenen Theorien am Ende hypothetischen Charakter hätten und als prinzipiell revidierbar angesehen werden müssten. Das Einzige, was man erreichen könne, sei eine gewisse Plausibilität. Radikaler ist der ethische Relativismus, für den es keine allgemein gültigen Normen gibt, sondern alle Moral stets epochen- und gesellschaftsbedingt ist. Am weitesten geht die Ansicht, dass alles ethische Philosophieren sinnlos sei, weil die Vernunft keinen wirklichen Einfluss auf das praktische Verhalten ausübe, sondern alle Entscheidung letztlich „aus dem Bauch" komme.

Ich meine, dass wir uns bei keiner dieser Positionen beruhigen sollten. Die ethischen Normen, insbesondere die moralischen und die Rechtsnormen, greifen ganz entscheidend in das Leben jedes Einzelnen ein und können es sogar völlig zerstören. Reicht es da aus, dass sie uns nur plausibel erscheinen oder dass sie bei uns derzeit in Brauch sind oder gar dass uns „danach ist"? Kann man ruhigen Gewissens einen Mörder lebenslänglich hinter Gitter oder auf den elektrischen Stuhl schicken, wenn durchaus die Möglichkeit besteht, dass ihm Unrecht geschieht? Und zwar nicht, weil die Schuldfrage nicht geklärt wäre, sondern weil die Rechtslage in ihrer Allgemeingeltung zweifelhaft ist. In der Schuldfrage gilt gemeinhin die Regel: im Zweifel für den Angeklagten. Müssen wir diese Regel nicht auch auf die Rechtsfrage anwenden, sodass ein Gesetz auf niemanden gegen seinen Willen angewendet werden darf, solange seine Allgemeingeltung nicht feststeht? Das würde freilich bedeuten, dass, wenn nur Plausibilität erreichbar ist, Gesetzesgehorsam nie erzwungen werden dürfte.

Ähnlich prekär wäre der Export unserer Vorstellungen in die Dritte Welt, der im Zuge der Globalisierung unseres Lebens immer aufdringlicher wird. Mit welchem Recht klagen die westlichen Demokratien die Einhaltung der Menschenrechte ein, wenn es nur plausibel erscheint, dass es solche Rechte gibt und dass es gerade diejenigen sind, die sie dafür halten? In diesem Fall haben andere Kulturen leicht argumentieren, dass ihnen unsere Vorstellungen keineswegs plausibel seien, dass der abendländische Individualismus für sie keinen Wert darstelle, weil es nicht auf das Wohl des Einzelnen ankomme, sondern auf das Wohl der Gemeinschaft, der der Einzelne nachzuordnen sei. Und sie könnten dabei sogar auf unsere eigene Vergangenheit verweisen, in der ähnliche Gedanken vorherrschend waren, nämlich auf die griechische Klassik. Wenn wir denn unsere Vorstellungen anderen Kulturen oktroyieren wollen, dann ist es doch keine unbillige Forderung, dass wir es nur dann versuchen, wenn wir uns ihrer sicher sein können.

Damit möchte ich nicht darauf hinwirken, dass wir unsere skeptische Vorsicht gegenüber allen Letztbegründern aufgeben. Wogegen ich mich wende, ist das vorschnelle Aufgeben des *Anspruchs* auf Letztbegründung. Solches Aufgeben ist keine wohlverstandene Skepsis, sondern negativer Dogmatismus. Schon die alten Skeptiker haben zwischen drei möglichen Positionen bei der Wahrheitssuche unterschieden. Entweder man behaupte, die Wahrheit gefunden zu haben, oder man behaupte, sie lasse sich grundsätzlich nicht finden, oder man sei noch auf der Suche.[2] Diese letzte Position nahmen die Anhänger der pyrrhonischen Skepsis für sich in Anspruch und von ihr leitet sich auch der Name „Skepsis" her, denn das griechische Wort bedeutet „Umherspähen, Suchen". Dieses Fortfahren mit der Suche nach der Wahrheit scheint mir auch für die heutigen skeptischen Ethiker noch empfehlenswert, damit wir uns nicht voreilig mit Plausibilitäten zufrieden geben, sondern nicht nachlassen in der Suche nach ethischen Prinzipien, die sich so begründen lassen, dass jeder Mensch argumentativ dazu gezwungen werden kann, sie anzuerkennen.

Ich glaube auch nicht, dass Aristoteles Recht hat, wenn er meint, man dürfe vom Ethiker nicht die Exaktheit des Mathematikers verlangen. Wählt man Kant zum Zeugen, müsste man eher zum gegenteiligen Ergebnis kommen. Nach Kant lassen sich die mathematischen Begriffe deswegen exakt definieren, weil sie selbst gemachte Begriffe sind. Anders als die empirischen Begriffe sind die mathematischen keine gegebenen Begriffe, bei deren Definition Ungenauigkeiten auftreten können; vielmehr werden sie durch unsere Definition allererst erzeugt, sodass sie nie mehr oder weniger enthalten können, als in der Definition ausgesagt. Zum Beispiel denken sich die Geometer Raumgestalten mit bestimmten Eigenschaften aus, um dann zu versuchen, sie in der Anschauung zu konstruieren.[3] Ähnlich verhält es sich aber offenbar auch in der Ethik. Begriffe wie Recht, Gesetz, Eigentum, Versprechen, Ehe, Wohlfahrt usw. sind ja keine Begriffe, die uns ursprünglich in der Erfahrung gegeben worden wären, sondern die Menschen haben sie sich irgendwann selbst ausgedacht, um mit ihrer Hilfe ihr Verhalten zu regeln. Und da müsste es im Prinzip doch möglich sein, sie so exakt zu fassen, dass sich ähnlich eindeutige Ergebnisse wie in der Mathematik erreichen lassen.

Die zweite befremdliche Überzeugung, die ebenfalls sehr verbreitet ist, die aber zur Annahme der Vagheit ethischer Regeln nicht recht passen will, ist die von der unbedingten Geltung der moralischen Forderungen. Diese seien ohne Ausnahme von jedermann in jeder Situation zu befolgen. Ein einmal gegebenes Versprechen zum Beispiel müsse unter allen Umständen und ohne Rücksicht auf den eigenen Vor- oder Nachteil eingehalten werden. Dabei wird immer wieder auf Kant Bezug genommen, für den das Sittengesetz sich in einem kategorischen, also unbedingten Imperativ ausdrückt. Kant versucht zu verdeutlichen, dass es moralisch geboten sei, selbst dann die Wahrheit zu sagen, wenn man von einem Mörder nach dem Versteck seines Opfers gefragt werde. Obwohl dieser Rigorismus häufig kritisiert wird, ist doch die Auffassung, dass den moralischen Forderungen etwas Unbedingtes anhafte, das keine Abweichungen oder Ausnahmen gestatte, die am meisten verbreitete. Selbst der Utilitarismus, von dem man es wegen seines Eudämonismus am wenigsten erwarten sollte und der sich ja zum Teil als Gegenposition zu Kant versteht, teilt sie und sie ist für ihn sogar zu einem zentralen Problem geworden. Der Kern der Kritik des Regelutilitarismus am klassischen Handlungsutilitarismus ist, dass dieser den Unbedingtheitsanspruch der moralischen Forderungen nicht erklären könne; es ließen sich leicht Fälle nachweisen, in denen zum Beispiel eine Lüge mehr Glück bringen würde als die Wahrheit. Der Lösungsvorschlag des Regelutilitarismus scheint mir allerdings seinerseits eine völlige Missgeburt zu sein, die die Unbedingtheit moralischer Gebote keineswegs verständlicher machen kann.

Diese angenommene Unbedingtheit ist ohnehin schwer plausibel zu machen. Zum einen ist fraglich, ob sie tatsächlich in unserem alltäglichen Moralbewusstsein enthalten ist, wie es die Ethiker behaupten und weshalb sie eben fordern, die Moralphilosophie müsse ihr Rechnung tragen. Schaut man sich unsere alltägliche Praxis an, so kommen eher Zweifel. Das Tötungsverbot gilt nicht im Krieg oder in Notwehr, das Hilfegebot macht Halt vor der eigenen Lebensgefahr; ob das Wahrheitsgebot auch für den Arzt gegenüber einem unheilbar Kranken gelte, ist strittig, ebenso ob man ein erzwungenes Versprechen, zum Beispiel an einen Terroristen, halten müsse. Solche Ausnahmen wie in den ersten beiden Beispielen, oder der Umstand, dass mögliche Ausnahmen überhaupt diskussionswürdig sind, wie in den letzten, zeigen an, dass wir prima facie keineswegs so unbedingte Regeln haben, sondern bei der Befolgung durchaus auch die jeweilige Situation berücksichtigen.

Zum anderen ist die Frage der Motivation kaum zu beantworten. Warum sollte jemand einem moralischen Gesetz unter allen Umständen Folge leisten, auch dann, wenn es offenkundig zu seinem eigenen Nachteil wäre? Kants Antwort ist die Achtung vor dem Gesetz: Ein guter Mensch sagt unter allen Umständen die Wahrheit allein deshalb, weil es Gesetz ist, und aus keinem anderen Grunde. Kant hat sich mit dieser Achtung vor dem Gesetz viel Mühe gegeben, weil ihm klar war, dass er Gefahr lief, sich selbst zu widersprechen. Ich möchte auf diese immanenten Schwierigkeiten seiner Theorie hier nicht eingehen, sondern nur eine Überlegung anstellen, die auch ohne genauere Kant-Kenntnis verständlich ist. Man fragt sich nämlich: Was ist mit den Menschen, denen die bloße Vorstellung eines Gesetzes keine Achtung einflößt? Für sie gibt es keinen Grund, moralisch zu handeln. Denn wenn die Achtung vor dem Gesetz der letzte Grund moralischen Handelns sein soll, dann kann man für diese Achtung selbst kein weiteres Motiv mehr angeben. Man kann nicht argumentieren, aus diesen und jenen Gründen müsse man vor dem bloßen Gesetz Achtung haben. Dann nämlich wären die genannten Gründe der letzte Grund moralischen Handelns und nicht die

Achtung vor dem Gesetz. Jeder muss also warten, ob die Vorstellung des Gesetzes ihm Achtung abnötigt oder nicht, und ich fürchte, bei den meisten wird das nicht der Fall sein. Jeder normal denkende Mensch wird sich fragen: Was ist die dürre Vorstellung eines abstrakten Gesetzes, dass ich ihm mein Wohlergehen nachordnen sollte? Und selbst wenn jemand Kant glaubt, dass das Sittengesetz aus der reinen Vernunft stamme, so wird er sich fragen: Was ist an der Vernunft so Großes, dass ich ihr auch dann folgen soll, wenn sie mich offenkundig ins Unglück führt?

Die in der utilitaristischen Tradition stehenden Autoren bevorzugen denn auch eine andere Lösung. Sie lehren, die moralischen Normen müssten deswegen unbedingt befolgt werden, weil das für alle auf Dauer am vorteilhaftesten sei, auch wenn es für den Einzelnen nicht in jeder Situation erkennbar sei. An diese Auffassung knüpfen sich jedoch drei Fragen. Erstens: Wer bestimmt, was für wen am vorteilhaftesten, d.h. seinem Wohlergehen und Glück am zuträglichsten ist? Nach dem neuzeitlichen, subjektivistischen Glücksbegriff kann jeder nur für sich selbst entscheiden, worin sein Glück liegt, sodass also gar keine allgemeinen Regeln aufgestellt werden können. Zweitens: Selbst wenn über die Vorteile Einigkeit bestünde, wie lässt sich erkennen, dass die moralischen Regeln zu ihnen führen, und zwar mit solcher Sicherheit, dass man ihre unbedingte Einhaltung fordern kann? Und schließlich drittens: Warum sollte jemand in einer konkreten Situation, in der es für ihn unzweifelhaft vorteilhafter wäre, zu lügen als die Wahrheit zu sagen, mit Rücksicht auf das Ganze auf seinen Vorteil verzichten und einen Nachteil in Kauf nehmen? Eine solche Haltung setzt bereits einen moralischen Willen voraus, kann ihn aber nicht erst erzeugen.

Es ist immer wieder darauf hingewiesen worden, dass die Unbedingtheitsforderung der moralischen Normen ursprünglich theologisch begründet war und dass sie vor einem theologischen Hintergrund auch einen vernünftigen Sinn ergebe. Es ist dann Gottes Wille, der hinter den moralischen Normen steht, und Gottes Wille muss unbedingt erfüllt werden. Freilich gilt diese Vorstellung nur für die Gläubigen, für die Ungläubigen ist sie nicht nachvollziehbar und je größer der allgemeine Glaubensschwund wurde, desto mehr begannen die unbedingten moralischen Forderungen in der Luft zu hängen. Trotzdem wurden sie nicht fallen gelassen, sondern im Gegenteil globalisiert, sodass sie jetzt auch gegenüber Menschen erhoben werden, die nie an einen christlichen Gott geglaubt haben. Besonders deutlich zeigt sich das am Beispiel der Menschenrechte, die als allgemein geltende Normen angesehen werden, die überall auf der Welt unbedingt einzuhalten seien. Diese Überzeugung ist so stark, dass die Verletzung dieser Rechte sogar als Kriegsgrund akzeptiert wird. Aber nicht nur bei den Menschenrechten, auch bei den neuen Ethikkommissionen, die wie Pilze aus der Erde schießen, zeigt sich der Glaube an unbedingte Normen. Die Kommissionen sind gedacht, um die ethischen Probleme der neuen Technologien, vor allem in Medizin und Biologie, zu bewältigen und sind mit Leuten unterschiedlichster Provenienz beschickt. Ich frage mich: Auf welche Ethik stützen sie sich? Da man offenbar nicht der Ansicht ist, dass das geklärt sein müsste, bevor man solche Kommissionen einrichtet, bleibt nur der Schluss, dass kein Klärungsbedarf gesehen wird, weil man der Meinung ist, dass ethische Normen nicht an bestimmte Voraussetzungen geknüpft seien, die sie bedingten, sondern unbedingt gölten und daher auf jeden angewendet werden dürften. Es hat sich sogar eine eigene Disziplin „Angewandte Ethik" etabliert, die sich zu einer richtigen Modedisziplin auszuwachsen scheint. Aber welche Ethik soll angewendet werden? Von einer angewandten Ethik als selbständiger, allgemeiner Disziplin zu sprechen, hat doch nur Sinn, wenn es eine allgemein gültige Ethik gibt. Sofern das nicht der Fall ist, kann man wohl nur von angewandter utilitaristischer Ethik oder angewandter christlicher Ethik oder angewandter Wertethik usw. reden. Die Naivität, mit der hier vorgegangen wird, kann nur dazu führen, dass die Leute entweder aneinander vorbeireden oder Stammtischethik betreiben. Die bedrückende Hilflosigkeit in ethischen Fragen kommt zum Ausdruck, wenn gegen die Eugenik in einer Fernsehdiskussion das Argument vorgebracht wurde, die Erbkrankheiten dürften nicht ausgerottet werden; sie seien nötig, weil sonst das Mitleid unter den Menschen weiter sinke. Wohlgemerkt, es handelte sich nicht um eine Kabarettsendung, sondern um ein hochseriöses Diskussionsforum des österreichischen Fernsehens. Der Argumentationsnotstand ist so groß, dass der Betreffende nicht merkte, dass er das Verhältnis des Mittels zum Zweck in absurder Weise auf den Kopf stellte. Das Mitleid, das eigentlich das Mittel ist, um das Leid zu lindern, wird zum Zweck, um dessentwillen Leid geschaffen werden muss. Ein solches Argument erinnert doch sehr an die Nöte der alten Theodizee, wenn etwa der Stoiker Chrysipp vorbringt, die Mäuse seien dazu da, dass wir nicht alles sorglos herumliegen ließen.

Aus dem Gesagten geht hervor, dass die Frage nach einer Begründung allgemein gültiger Normen dringlicher ist denn je. Der Verweis auf ein unbedingtes Sollen ist unverständlich und nur mehr für eine beschränkte Gruppe Gläubiger nachvollziehbar geworden. Aber auch die modernen Vertragstheorien, die die Geltung der Rechtsnormen auf einen Gesellschaftsvertrag stützen, können diese natürlich nicht allgemein gültig begründen. Denn ein Vertrag ist eine freiwillige Übereinkunft, die man eingehen kann, aber nicht muss. Darin liegt gerade der große Vorzug des vertragstheoretischen Ansatzes, dass versucht wird, die Restriktionen, die uns die Rechtsordnung auferlegt, damit zu rechtfertigen, dass wir uns ihnen im eigenen Interesse freiwillig unterwerfen. Wenn sich eine Norm dadurch begründen lässt, dass die ihr Unterworfenen sie selbst wollen, weil sie im eigenen Interesse liegt, so ist das die beste Verankerung, die man sich überhaupt denken kann. Denn die Frage, warum jemand sein eigenes Interesse verfolgt, ergibt, wie schon Platon festgestellt hat, keinen Sinn mehr. Aber der Vertrag ist nicht das richtige Modell, um allgemein geltende Normen zu begründen. Weil er ein Akt ist, durch den eine Norm allererst in Geltung gesetzt wird, kann dies nicht eine Norm sein, die für jedermann zu jeder Zeit an jedem Ort gilt. Andersherum: Allgemein geltende Normen bedürfen keines Vertragsschlusses, sie gelten schon immer.

Man muss daher einen anderen Weg einschlagen, um solche Normen nachzuweisen. Will man den Vorteil der Vertragstheorien, an das Wollen der Menschen anzuknüpfen, bewahren, um so das unverständliche unbedingte Sollen zu meiden, dann muss man versuchen, Normen zu finden, von denen sich beweisen lässt, dass alle Menschen sie wollen und zwar notwendigerweise, wenn strikte Allgemeinheit gewährleistet sein soll. Natürlich ist keine absolute Notwendigkeit gemeint, die unbeweisbar ist und einen Rückfall in das unbedingte Sollen bedeuten würde. Wenn aber die Bedingung, an die das Wollen der Normen geknüpft ist, eine analytische Wahrheit darstellt, dann ist sie jederzeit erfüllt und somit die Allgemeinheit gesichert. Allerdings auch nur dann, wenn die verwendeten Begriffe, trotz Aristoteles, eindeutig sind; denn wenn sie unterschiedliche Auffassungen zulassen, ist Allgemeingeltung nicht erzielbar.

Einen solchen Beweis möchte ich in diesem Buch versuchen. Ich möchte in den Kapiteln III–V zeigen, dass alle Menschen notwendigerweise das Recht wollen und nach Glück streben und daher die entsprechenden Normen Allgemeingültigkeit besitzen, sodass sich Menschenrechte und allgemeine Glücksregeln ableiten lassen. Zuvor muss allerdings sichergestellt werden, dass die Vernunft Einfluss auf unser Handeln hat, weil das Befolgen einer Norm einen Vernunftschluss impliziert. Das geschieht in Kapitel I. Kapitel II soll dann genauer klären, wie ein Beweis allgemein geltender Normen methodisch zu denken ist. Kapitel VI schließlich gibt Antwort auf die Frage, wieweit wir uns in unseren Entscheidungen als frei betrachten dürfen. Das ist notwendig, weil die Willensfreiheit eine wesentliche Voraussetzung meines Beweises ist.

Auf eine eingehende Auseinandersetzung mit andersartigen Theorien habe ich verzichtet, um das Buch nicht zu umfangreich werden zu lassen. Ich habe mich auf einige Hinweise beschränkt, wo es mir für das Verständnis förderlich schien. Eine Ausnahme bildet lediglich Kant, der als der konsequenteste Vertreter der Sollensethik der eigentliche Widerpart ist.

I. Die Rationalität des Handelns

1. Die Notwendigkeit der Ethik

Jeder Mensch hat eine Ethik. Denn sonst ist er nicht fähig zu handeln und nicht handeln kann er nicht.

Unter Ethik verstehe ich allgemein ein System von Normen. Dabei gebrauche ich Norm als Oberbegriff zu allen praktischen Grundsätzen, Verhaltensregeln, praktischen Leitsätzen oder wie immer. Ich subsumiere darunter sowohl Wollensgrundsätze (zum Beispiel „Ich will immer früh aufstehen") als auch Sollensgrundsätze, die in der Form von Imperativen („Steh immer früh auf") oder in Ausdrücken wie „Du sollst/musst immer früh aufstehen" auftreten.

Der Begriff der Handlung ist wesentlich schwieriger zu bestimmen. Man kann jedes Ereignis überhaupt eine Handlung nennen. Es hat sich aber eingebürgert, diesen Begriff nur auf den Menschen anzuwenden und auch nicht auf alles, was er tut, sondern nur auf sein zwecktätiges Verhalten. Aber auch das muss noch eingeschränkt werden; denn schließlich erfüllen auch der Herzschlag oder Reflexbewegungen ihren Zweck. Man wird sie deshalb jedoch keine Handlungen nennen, weil sie die Zwecke nicht bewusst verfolgen. Ich verstehe also unter einer Handlung die bewusste Verfolgung eines Zweckes.

Alle Naturereignisse, die gesetzmäßig determiniert sind, sind in diesem Sinne keine Handlungen. Das bedeutet, dass alle Handlungen frei sind in dem negativen Sinne, dass sie nicht durch die vorausgehenden Geschehnisse vollständig determiniert sind. Dies lässt sich mit traditionellen metaphysischen Begriffen so erläutern: Die Naturereignisse sind dadurch charakterisiert, dass sie nach strengen Kausalgesetzen verlaufen, d.h. wenn die Ursache wirklich ist, dann folgt unausbleiblich die Wirkung. Das Vorausgehende bestimmt das Folgende. Bei der Zwecktätigkeit ist es umgekehrt. Der Zweck wird durch das Handeln, das er leitet, allererst verwirklicht, sodass das Folgende das Vorausgehende bestimmt. Der Zweck, der in der Zukunft liegt, bestimmt das Mittel, das in der Gegenwart ergriffen wird. Das zwecktätige Handeln ist also nicht kausal determiniert. Damit soll nicht gesagt sein, dass es solch freies Handeln wirklich gibt. Natürlich lässt sich Zwecktätigkeit auch deterministisch erklären, wenn man die Zwecksetzung als psychisches Ereignis auffasst, das durch das Vorausgehende determiniert ist. Zwecktätigkeit wird dann zu einer Unterart des Naturgeschehens, die dadurch ausgezeichnet ist, dass (ihrerseits determinierte) Bewusstseinsvorkommnisse zwischengeschaltet sind. Wieweit wir berechtigt sind, Freiheit anzunehmen, wird im letzten Kapitel erörtert werden. Hier mag die Erwägung genügen, dass, wenn wir zwischen gesetzmäßigen Naturgeschehnissen und menschlichen Handlungen unterscheiden wollen, wir diese als frei betrachten müssen. Metatheoretisch ausgedrückt: Wenn die teleologische Beschreibung etwas anderes sein soll als die kausale, dann muss sie das Geschehen als nicht kausal determiniert, also in diesem Sinne als frei darstellen.

Jede menschliche Handlung nun erfordert, da sie frei ist, eine Entscheidung. Denn dass sie nicht determiniert ist, heißt, dass mehrere Möglichkeiten zu handeln bestehen; andernfalls wäre die Handlung determiniert. Der Handelnde kann sich also so oder anders verhalten. Da er nicht beides zugleich tun kann, muss er folglich eine Entscheidung treffen, wie er sich verhalten will.

Unter Entscheidung ist hier nicht in jedem Fall der Akt einer bewussten Wahl zu verstehen von der Art, dass jemand sich fragt, ob er sich so oder anders verhalten will, und dann entscheidet. Als ein solches Ereignis, das zu einer bestimmten Zeit an einem bestimmten Ort stattfindet, ist die Entscheidung selbst eine Handlung, die ihrerseits eine Entscheidung erfordert, indem jemand sich zum Beispiel fragt, ob er sie jetzt oder später treffen will (wobei übrigens kein unendlicher Regress entsteht, weil durch wiederholte Iteration keine neuen Aspekte entstehen, sondern dieselbe Frage immer wiederholt wird). Der tatsächliche Entscheidungsakt kann verschieden lokalisiert und von ganz unterschiedlicher Wirkung sein. Der Zauderer wird sich jeden Schritt überlegen. Es wäre aber auch denkbar, dass zum Beispiel ein Mönch beim Eintritt ins Kloster entscheidet, sich strikt an die Vorschriften des Konvents zu halten und in allen Fällen, die durch sie nicht geregelt werden, den Abt um Rat zu fragen. Im

Idealfall hätte er dadurch sein gesamtes Leben geregelt und brauchte keine weiteren Entscheidungen zu treffen. Der Entscheidungsakt kann auch gänzlich fehlen: Wer von uns hat je entschieden, mit welchem Fuß er aus dem Bett steigen will? Um eine Handlung als frei zu denken, ist nicht wichtig, wann, wie und ob überhaupt ein Entscheidungsakt *tatsächlich* geschieht. Wesentlich ist die Vorstellung, dass er jederzeit geschehen *könnte*; dass der Handelnde an jedem Punkt seines Tuns innehalten und sich fragen könnte: Will ich das eigentlich, was ich tue? und dass er dann entschiede, sein Verhalten fortzusetzen oder es zu ändern. Falls eine solche Frage nie wirklich gestellt wird, muss man es so betrachten, dass der Handelnde durch die Tat entscheidet; dass sein Tun anzeigt, welche Alternative er wählt. Anders lässt sich sein Handeln nicht als frei denken.

Man möchte vielleicht einwenden, dass, selbst wenn jemand ausdrücklich im Zweifel sei, was er tun solle, er dennoch nicht in jedem Fall eine Entscheidung treffen müsse, weil „viele Dinge sich selbst erledigten". Jemand überlegt zum Beispiel, ob er am Sonntag ins Konzert gehen will. Da er sich nicht schlüssig werden kann, lässt er die Sache zunächst auf sich beruhen. Inzwischen wird er durch andere Geschäfte abgerufen und der Sonntag verstreicht, ohne dass das Konzert noch einmal Thema geworden wäre. In diesem Fall überlegt der Betreffende zwar, ob er ins Konzert gehen soll oder nicht, und er geht schließlich nicht, aber er hat nie wirklich entschieden, dass er nicht gehen will. Trotzdem liegt keine entscheidungslose Handlung vor. Da die Handlung in der weiteren Zukunft liegt und daher keine sofortige Entscheidung erfordert, steht der Handelnde vor drei Alternativen: Entweder er nimmt sich vor, ins Konzert zu gehen, oder er nimmt sich vor, nicht zu gehen, oder er vertagt die Entscheidung. Wie er sich auch entscheidet, er entscheidet sich damit zugleich – wie stets – für die vorhersehbaren Konsequenzen seiner Wahl. Bei der ersten Alternative entscheidet er sich zugleich dafür, dass er sich um Karten bemühen muss, bei der zweiten, dass er den Sonntag auf andere Weise verbringen muss, bei der dritten, dass er das Konzert versäumen kann, weil er nicht mehr daran denkt. Wenn also viele Dinge sich selbst erledigen, so nur dann, wenn man sie sich selbst erledigen *lässt*.

Jede Entscheidung nun verlangt eine Norm, nach der sie gefällt wird. Vor der Entscheidung sind die alternativen Handlungsmöglichkeiten für den Handelnden absolut gleichrangig. Zwar ist es immer möglich, dass er auf Grund seines Charakters oder seiner gegenwärtigen Gemütsverfassung oder aus anderen Gründen der einen Alternative zuneigt, aber wenn er wirklich als frei gelten soll, dann muss er sich immer fragen können, ob er dieser Zuneigung folgen will oder nicht (libertas indifferentiae). Die Gleichrangigkeit bedeutet, dass der Handelnde keine der alternativen Handlungsmöglichkeiten unmittelbar an sich selbst will. Denn beide zugleich kann er die Alternativen, sich so oder anders zu verhalten, nicht wollen. Man kann sich zwar wünschen, den Wein jetzt zu trinken und noch im Keller altern zu lassen, aber man kann sich aus Gründen der Logik nicht dafür entscheiden, beides zu tun. Der Handelnde will aber auch nicht nur eine der Alternativen unmittelbar; denn dann wäre er entschieden. Vor der Entscheidung also will er keine der Alternativen unmittelbar an sich selbst. Um zu einer Entscheidung zu kommen, bleibt ihm daher nur zu überlegen, ob er eine der Handlungsmöglichkeiten mittelbar will, indem er etwas sucht, das er schon will – für das er sich schon früher entschieden hat – und in dessen Wollen das Wollen einer der Alternativen impliziert ist. Das aber kann nur eine allgemeine Regel sein, für die die eine Alternative ein Anwendungsfall ist, da er ja die konkrete, einzelne Handlung noch nicht will. Die Entscheidung beruht demnach auf einem Schluss. Zum Beispiel schwankt jemand, ob er den Wecker für den Sonntag auf 6 Uhr oder 9 Uhr stellen soll. Da er sich aber irgendwann vorgenommen hat, immer früh aufzustehen, wählt er die frühere Zeit. Er schließt also: Ich will immer früh aufstehen, 6 Uhr ist die frühe Zeit, also will ich den Wecker auf 6 Uhr stellen.

Man darf sich nicht dadurch beirren lassen, dass es oft so aussieht, als sei keine allgemeine Regel, keine Norm im Spiele, weil die Entscheidung sich ganz im Konkreten, Singulären abspielt. Jemand überlegt, ob er seinen Salat mit Knoblauch anmachen soll. Da fällt ihm ein, dass er am Abend ein Rendezvous hat, und weil er die Dame nicht vergraulen will, verzichtet er auf den Knoblauch. Hier handelt es sich um *einen* Salat, *einen* Knoblauch, *ein* Rendezvous, *eine* Dame. Es scheint also keine Norm beteiligt zu sein. Dennoch beruht auch diese Entscheidung auf einem Schluss aus einer Norm, etwa: Ich will alles vermeiden, was meine Freundin belästigt, Knoblauchgeruch belästigt sie, also verzichte ich auf ihn. Ganz allgemein lässt sich sagen: Auch wenn der verfolgte Zweck ein ganz konkreter ist, zum Beispiel bei der nächsten Wahl zum Vereinsvorstand gewählt zu werden, so fallen die Entscheidungen doch auf Grund einer Norm, nämlich alle Mittel zu ergreifen, die zur Erreichung des Zwecks notwendig sind.

Ich komme auf die Mittelbarkeit des Wollens im letzten Kapitel noch zurück. Hier sei nur noch angemerkt, dass auch der Griff zum Würfel natürlich die Anwendung einer Norm impliziert, die etwa lautet: In ausweglosen Situationen will ich meine Entscheidung durch den Würfel treffen. Denn bevor jemand die Entscheidung gleichsam an den Würfel delegiert, muss er entscheiden, ob er dies tun will oder nicht.

Nun beruht die Anerkennung der Norm, nach der eine Entscheidung gefällt wird, selbst wiederum auf einer Entscheidung, wenn das Handeln als frei gelten soll. Es bedarf also einer weiteren Norm, die die erste unter sich begreift, sodass über diese entschieden werden kann, usw. Man muss also voraussetzen, dass jemand, der handelt und somit Entscheidungen fällt und sei es auch nur über Knoblauch am Salat, über ein mehr oder minder komplexes und mehr oder minder konsistentes Normensystem, also eine Ethik, verfügt. Das soll freilich nicht besagen, dass sich jeder dessen auch klar bewusst sei. Nicht alle Menschen sind Ethiker, die über ihre Normen und deren Berechtigung nachdenken. Wieweit sie es tun, hängt sicher vor allem vom Bildungsgrad ab. Aber vorhanden sind die Normen immer und sie werden konsequent angewendet. Es verhält sich wie mit den logischen Regeln: Alle wenden sie an, aber die wenigsten können sie benennen.

Der Besitz einer Ethik ist also Bedingung der Möglichkeit zu handeln. Ein Nichthandeln aber ist unmöglich, denn auch das Unterlassen ist in unserem Sinne ein Handeln. Ich hatte Handlung definiert als die bewusste Verfolgung eines Zweckes. Daraus ergab sich, dass sie als frei betrachtet werden muss, woraus folgte, dass sie auf einer Entscheidung beruht. Das gilt auch umgekehrt: Alles, was auf einer freien Entscheidung beruht, ist eine Handlung. Denn eine freie Entscheidung ist immer eine Zwecksetzung, weil Zweck das ist, was man will, und eine Entscheidung darin besteht, dass man festsetzt, welche Alternative man will. Wenn jemand nicht zur Wahl geht, so bedeutet das nicht, dass er nicht handelt. Vielmehr stand er vor der Alternative, ob er gehen will oder nicht, und wenn er sich für das Letztere entschieden hat, so ist dieses nicht minder ein Handeln, das einen Zweck verfolgt, als das Erste, der Zweck sei nun eine Protestäußerung oder die Erhaltung der sonntäglichen Bequemlichkeit oder auch das Unterlassen selbst. Denn man kann sich natürlich auch, etwa wie Gontscharows Oblomow, das Nichtstun selbst zum Zweck nehmen, das aber damit nichtsdestoweniger ein Handeln in unserem Sinne ist. Das Nichtstun ist ja auch keineswegs ohne Wirkung; auch wer nicht zur Wahl geht, beeinflusst das Stimmenverhältnis. Ein Nichthandeln ist also schlechthin unmöglich. Denn man kann unser Beispiel verallgemeinern: Jeder Freie steht im allgemeinsten Fall vor der Alternative, ob er etwas tun oder nicht tun will. Beides aber erfordert eine Entscheidung und ist damit ein Handeln.

Demnach gilt, dass jeder Mensch notwendig über irgendeine Form von Ethik verfügt.

2. Die Verantwortung der eigenen Ethik

Und diese Ethik hat er letztlich selbst zu verantworten, sodass er für seine Taten voll zur Rechenschaft gezogen werden kann.

Damit wende ich mich nicht gegen Begriffe wie Unzurechnungsfähigkeit, Befehlsnotstand o.ä., die die Verantwortlichkeit aus guten Gründen einschränken. Ich meine ferner nicht, dass jeder seine Ethik selbst entwickeln muss; damit wären wohl die meisten überfordert. Aber jeder muss die Ethik, der er folgt, letztlich selber akzeptieren, er muss selber nach dieser Ethik handeln wollen.

Aus dieser Verantwortung kann sich niemand stehlen, obwohl es nach dem Gesagten im Zusammenhang mit der Letztbegründungsproblematik nahe liegt zu argumentieren, dass der Mensch aus einer Notlage handle und daher für sein Tun nicht wirklich verantwortlich sei. Einerseits sei er als notwendig handelndes Wesen gezwungen, eine Ethik anzuwenden, andererseits könne er für die Richtigkeit dieser Ethik keine Gewähr übernehmen. Da eine Letztbegründung prinzipiell unmöglich sei, ließen sich auch Normen nicht zwingend und zweifelsfrei begründen, sodass man auf Mutmaßungen angewiesen und daher nicht voll rechenschaftsfähig sei.

Gegen eine solche Auffassung lässt sich zweierlei ins Feld führen. Zum einen ist die These, dass eine Letztbegründung prinzipiell unmöglich sei, ebenso wenig letztbegründet und mithin ein bloßes Dogma, das sich insofern in nichts von den dogmatischen Lehren unterscheidet. Darüber hinaus ist die These in sich selbst widersprüchlich. Sie ist äquivalent mit der Form der Skepsis, die in der Antike von der Neuen Akademie vertreten wurde und die behauptet, dass die Wahrheit einer Aussage prinzipiell unerkennbar sei. Auf diese Form der Skepsis trifft in der Tat das zu, was von der Skepsis insgesamt immer wieder behauptet wird: dass sie sich selbst widerlege. Zwar enthält der Satz „Die Wahrheit ist schlechthin unerkennbar" an sich keinen Widerspruch; denn im Begriff der Wahrheit wird ihre Erkennbarkeit nicht gedacht, sonst müsste der Gedanke einer unerkannten Wahrheit unmöglich sein. Die Selbstwiderlegung tritt ein bei der Frage, ob der Satz selbst als wahr erkennbar ist. Wenn ja, entsteht ein direkter Widerspruch. Behauptet man, wie es Karneades getan hat, um den Widerspruch zu umgehen, den Selbsteinschluss des Satzes, nimmt also an, dass auch die Wahrheit der Aussage, dass es keine erkennbaren Wahrheiten gebe, nicht erkennbar sei, dann bedeutet das, dass sie möglicherweise falsch ist, dass es also möglicherweise erkennbare Wahrheiten gibt, womit die skeptische These, dass es keine solchen Wahrheiten gebe, wiederum widerlegt wäre.

Zum andern ist nicht von Belang, wieweit jemand die Normen, nach denen er lebt, begründen kann. Es kommt allein darauf an, ob er sie *will*. Ich hatte die Notwendigkeit einer Ethik damit begründet, dass eine Entscheidung zwischen alternativen Handlungsmöglichkeiten nur dadurch möglich ist, dass man die eine unter eine Regel subsumiert, die man bereits will. Das also allein ist wichtig, dass jemand die Regeln, die sein Handeln leiten, selbst will. Woher er sie bezogen hat, ob er sie selbst ersonnen hat oder sie ihm überkommen sind oder wie immer, spielt keine Rolle. Man darf somit voraussetzen, dass die Ethik, nach der jemand lebt, von ihm selbst gewollt und freiwillig befolgt wird, sodass er für sein Tun voll verantwortlich ist. Dagegen hilft der Verweis auf die Begrenztheit menschlichen Wissens in keiner Weise. Angenommen, jemand ist im Zweifel, ob er den Dienst mit der Waffe verweigern soll oder nicht. Nach gründlicher Überlegung entscheidet er sich für die Verweigerung und erklärt dies damit, dass es ihm zwar die bessere Alternative zu sein *scheine*, dass er sich dafür aber nicht verbürgen könne. Diese Erklärung ändert nichts daran, dass er die Verweigerung selbst nicht nur zu wollen scheint, sondern *wirklich* will und dafür die volle Verantwortung zu tragen hat. Der Hinweis auf seine Zweifel ist zwar aufschlussreich für die Gründe, die ihn bewogen haben, d. h. die Maxime, nach der er entschieden hat und die etwa lautet „Mangels sicheren Wissens will ich stets das Plausiblere wählen". Aber dadurch wird das Wollen selbst nicht zweifelhaft. Er ist, auf Grund welcher Überlegungen immer, zu dem Entschluss gekommen, den Wehrdienst zu verweigern, und damit ist auch für ihn selbst sicher, was er will. Zwar ist es gebräuchlich, dass jemand sagt, er wisse nicht, was er wolle, aber das ist vor der Entscheidung, danach weiß er, was er will, es sei denn, er stellt sie erneut in Frage, indem er sie widerruft.

Davon unberührt bleibt natürlich die Einschränkung, die schon Aristoteles erörtert, dass jemand nur so weit für seine Handlung verantwortlich ist, wie er deren Folgen hat überblicken können. Dem Schauspieler, der auf der Bühne seinen Kollegen erschießt, weil er nicht ahnen konnte, dass der Revolver scharf geladen war, kann man die Tötung nicht anlasten, weil er sie nicht gewollt hat. Aber diesen Vorbehalt kann man nicht verallgemeinern, indem man argumentiert, dass wir die Folgen unserer Handlungen nie mit Sicherheit vorhersagen und daher grundsätzlich nicht zur Rechenschaft gezogen werden können. Für die Wirkungen unseres Tuns, die wir *beabsichtigten*, tragen wir die volle Verantwortung, wie der Schauspieler, falls er den Revolver selbst mit scharfer Munition geladen hat. Auch wenn wir nicht mit Sicherheit voraussehen können, ob wir unsere Absichten wie geplant erreichen, so besteht doch kein Zweifel darüber, was wir erreichen *wollten*.

Den am weitesten durchdachten Versuch, die Verantwortung für das eigene Tun abzuwälzen, haben die Skeptiker der pyrrhonischen Schule unternommen. Diese Philosophen erblickten den Quell alles Unglücks in dem Glauben an objektive, absolute Werte, die unbedingt verwirklicht werden müssten; durch einen solchen Glauben werde ein engagiertes Streben ausgelöst, das die innere Ruhe, in der das Glück bestehe, zerstöre. Mit ihrer Skepsis wollten sie zeigen, dass schlechthin keine objektiven Werte erkennbar seien, sodass man allen Dingen mit innerer Distanz und

Gelassenheit entgegensehen und so seinen inneren Frieden bewahren und ein glückliches Leben führen könne. Von ihren Gegnern ist ihnen bereits in der Antike entgegenhalten worden, dass ein solches Leben nicht durchführbar sei, weil es in der Praxis zum Widerspruch führe. Denn einerseits behaupteten die Pyrrhoneer, Gut und Übel seien unerkennbar, andererseits aber entschieden sie sich zwischen alternativen Handlungsmöglichkeiten und zeigten damit, dass sie sehr wohl wüssten, was gut und was übel sei. Die Replik der Pyrrhoneer ist zwar in den uns erhaltenen Quellen eher angedeutet als ausgeführt, lässt sich jedoch, wie ich meine, kurzgefasst folgendermaßen rekonstruieren:

Die Pyrrhoneer räumen ein, dass alles Handeln ein Werten impliziere und dass es unmöglich sei, nicht zu handeln, weil sowohl das Tun wie das Lassen ein Handeln sei, das eine Entscheidung und damit ein Werturteil voraussetze. Daraus ergibt sich, dass auch der Skeptiker nicht umhin kann, Werturteile zu fällen. Wenn er dennoch in der Epoché bleiben, sich des Urteils enthalten will, so bleibt nur der Ausweg, dass er sich die Wertungen von anderer Seite abnehmen lässt, sie also kritiklos übernimmt. Dabei stellt sich freilich das Problem, von welcher Seite er sie übernehmen soll; denn das Angebot an Ratschlägen ist ja nicht karg und er selbst kann zwischen ihnen, ohne die Epoché aufzugeben, nicht entscheiden. Selbst der Zufallsentscheid durch den Würfel würde die Erkenntnis verlangen, dass man in skeptischer Situation zum Würfel zu greifen habe. Die Lösung besteht darin, dass der Skeptiker sich bereits in einer bestimmten Lebensform begriffen vorfindet, sodass nicht ihre Übernahme, sondern ihre Preisgabe eine eigene Entscheidung aus eigener Einsicht bedeuten würde. Er steht ja zum Zeitpunkt seiner skeptischen Erfahrung nicht auf einem absoluten Nullpunkt, von dem aus er sein Leben erst beginnen müsste, sondern er sieht sich mitten in eine voll entwickelte Lebensform gestellt. Er gehört einer Sprachgemeinschaft, einem Kulturkreis an, ist Mitglied einer Gesellschafts-, Staats-, Rechts- und Wirtschaftsform, er hat viele persönliche Bindungen und Verpflichtungen usw. Diese Lebensform ist allumfassend und enthält auch die Regeln eventueller Änderungen, Ausstiege u. Ä. Wollte der Pyrrhoneer diese Situation von sich aus ändern, so ginge das nur auf Grund besserer Einsicht. Er müsste denken, sein bisheriges Leben sei verfehlt, das wahre Dasein sei ein anderes. Da er eine solche Einsicht aber nicht besitzt, so bleibt ihm nur das Weitermachen wie bisher. Das heißt, der Pyrrhoneer führt ein völlig normales Leben nach den Regeln der Gesellschaft, der er angehört, und mit allen Möglichkeiten, die sie bietet. Aber er führt dieses Leben nicht, weil er von dessen Richtigkeit überzeugt wäre, sondern gleichsam in Anführungszeichen: Er ist nicht Urheber dieser Lebensform und stimmt ihr auch nicht zu, sondern er folgt ihr nur, weil der Umstand, dass er ihr unterworfen ist, für ihn eine Vorentscheidung darstellt, die er aus Mangel an wahrer Erkenntnis nicht rückgängig machen kann.[4]

Gegen dieses Lebenskonzept lässt sich mehreres vorbringen, zum Beispiel dass vorausgesetzt werden muss, wenn durch das Weitermachen wie bisher nach dem geltenden Normensystem jede eigene Entscheidung vermieden werden soll, dass dieses Normensystem wirklich allumfassend ist und keine Frage unbeantwortet lässt. Das aber scheint ausgeschlossen. Kein Normensystem kann so detailliert sein, dass es nicht viele Fragen zur Selbstentscheidung offen lassen müsste. Man denke nur an den ganz alltäglichen Fall, dass jemand über einer Speisekarte brütet oder sich überlegt, ob er ins Theater oder in die Oper gehen soll. Vor allem aber kann der Pyrrhoneer sich seine Grundnorm, sich alle Wertungen, ohne selbst zu urteilen, aus seinem Vorleben vorgeben zu lassen, nicht selbst wiederum ohne petitio principii auf diese Weise vorgeben lassen. Also zumindest das Werturteil, dass es für ihn richtig ist, nach den alten Regeln fortzufahren, fällt er in eigener Verantwortung. Das Entscheidende in unserem Zusammenhang ist jedoch, dass es sich bei dem ganzen Disput lediglich um die Begründung, um die Rechtfertigung des eignen Verhaltens handelt, und dieses ist für die Zurechenbarkeit unerheblich. Wenn sich der Pyrrheneer entschließt, nach dem bisherigen Normensystem weiterzuleben, so tut er dies aus eigenem Willen. Er wird dazu durch keinerlei äußeren oder inneren Zwang bestimmt. Er könnte aus seiner Skepsis ebenso wohl eine andere Konsequenz ziehen; denn da sich nach seiner eigenen Lehre kein Verhalten zwingend begründen lässt, so gibt es auch aus der Skepsis keine zwingende praktische Konsequenz. Weiterzumachen wie bisher ist somit seine freie Entscheidung und das allein zählt, dass er selbst – aus welchen Gründen immer – so leben will, um ihm die volle Verantwortung für sein Tun zu übertragen. Und diese Eigenverantwortung erstreckt sich bis in jede einzelne Entscheidung. Zwar möchte der Pyrrhoneer über den Wert der Normen, nach denen er seine Entscheidungen trifft, nicht urteilen und das sei ihm unbenommen. Aber nichtsdestoweniger hat er das Normensystem aus skeptischen Erwägungen frei gewählt und auch, dass er sich in jeder einzelnen Situation daran hält, liegt allein bei ihm.

3. Kritik des Dezisionismus

Aus dem bisher Erörterten ergibt sich, dass alles Handeln rational ist. Ich nenne eine Handlung dann rational, wenn sie begründbar ist, d.h. wenn sie sich aus einem allgemeinen Grundsatz, einer Norm ableiten lässt. Wenn eine Frau sagt, sie halte Diät, weil sie Wert auf eine schlanke Erscheinung lege, so verhält sie sich in diesem Sinne rational. Die Rationalität verbürgt, dass man bei jeder Handlung grundsätzlich versuchen kann, zu einer Verständigung darüber zu kommen, ob sie zu billigen oder zu missbilligen sei. Ein Geschehnis, das keiner Begründung fähig ist, kann man nur als Faktum hinnehmen. Wenn eine Handlung sich dagegen auf eine Norm zurückführen lässt und diese wiederum auf eine andere usw., so kann man zumindest nicht a priori ausschließen, dass irgendwann eine Norm erreicht wird, über die sich alle Beteiligten einig sind, sodass dann auch über die in Frage stehende Handlung ein einhelliges Urteil möglich ist. Diese Möglichkeit lässt sich in einem utopischen Traum so erweitern, dass schließlich alle Menschen zu einer friedlichen Einigung darüber gelangen, wie sie sich verhalten sollten und wie nicht.

Dass nun alle Handlungen im genannten Sinne rational sind, folgt aus dem Begriff der Handlung als bewusster Zwecktätigkeit. Wir haben gesehen, dass Zwecktätigkeit Freiheit impliziert, dass diese in der Entscheidung zwischen mehreren Möglichkeiten liegt, dass jede Entscheidung nach einer Norm gefällt wird und dass die Setzung eines Zwecks somit durch einen Vernunftschluss geschieht. Damit könnte man die Frage der Rationalität als abgetan betrachten, wenn nicht von dezisionistischer Seite bestritten würde, dass alles Handeln rational sei.

Die Dezisionisten sind der Überzeugung, dass vieles, was wir tun, wenn nicht gar alles, auf bloßer Entscheidung beruhe, die sich nicht mehr rechtfertigen lasse. Ich muss gestehen, dass mir die Rede von einer „bloßen", sprich: irrationalen, Entscheidung immer, auch unabhängig von einem bestimmten Handlungsbegriff, wie eine contradictio in adjecto, ein hölzernes Eisen, vorgekommen ist. Denn wie soll man sich eine Entscheidung anders denn als einen Akt der Vernunft vorstellen? Schon das Entwerfen von Handlungsmöglichkeiten und das Erkennen einer Alternative, wodurch eine Entscheidung allererst möglich und notwendig wird, sind offenbar nur in Vernunftbegriffen möglich und ebenso die sich daraus ergebende Frage, ob so oder so zu handeln sei. Folglich kann auch die Antwort nur eine solche sein, die die Vernunft befriedigt. Ein bloßer, irrationaler Akt wäre keine Entscheidung zwischen Alternativen, sondern allenfalls ein blindes Naturereignis. Das wird im Folgenden deutlicher werden.

Der Dezisionismus tritt in einer gemäßigteren und einer radikaleren Form auf. Mit dem gemäßigten habe ich keine Probleme, weil er meines Erachtens eher eine Selbstverständlichkeit vertritt. Er weist darauf hin, dass viele Entscheidungen keinen Aufschub gestatten und getroffen werden müssen, noch bevor wir die Folgen klar übersehen und uns wirklich sicher sind, ob wir den richtigen Weg beschreiten. Das ist eine alltägliche Situation und man kann wohl sagen, dass die meisten unserer Entscheidungen auf diese Weise „unter Risiko" fallen. Aber daran ist nichts Irrationales, solche Entscheidungen sind keineswegs unbegründet. Sie geschehen nach dem Grundsatz, dass, wenn keine absolute Sicherheit erreichbar und dennoch kein Aufschub möglich ist, man so handeln wolle, wie es einem nach sorgfältiger Abwägung der Umstände in der gegebenen Situation am besten zu sein *scheine*. Solche Entscheidungen sind sowohl in formaler Hinsicht rational, insofern sie sich aus einem Grundsatz herleiten, als auch im übertragenen Sinne „vernünftig". Denn was soll ein nüchtern überlegender Mensch anderes tun? Und selbst wenn absolut kein Vorteil an einer der Alternativen zu entdecken ist und man das Los entscheiden lässt, so ist daran nichts Irrationales, sondern die Entscheidung ist ebenfalls in beiderlei Hinsicht „vernünftig". Wenn man selbst nicht in der Lage ist, eine der Alternativen gegenüber der anderen auszuzeichnen, so muss man dies dem Zufall überlassen. Zwar kann man in einem solchen Fall die Entscheidung nicht aus den Handlungsmöglichkeiten selbst rechtfertigen, indem man angibt, warum man die eine lieber will als die andere, aber dennoch ist die Entscheidung keineswegs unbegründet, denn sie geschieht nichtsdestoweniger nach einem einsehbaren Grundsatz.

Der radikale Dezisionismus beschreitet denn auch einen anderen Weg. Er hinterfragt den Grundsatz, nach dem eine Entscheidung gefällt wird, und weist darauf hin, dass auch dieser wiederum auf einer Entscheidung fuße, die ebenfalls nach einem Grundsatz getroffen worden sei, und so weiter bis ins Unendliche. Denn eine Letztbegründung sei schlechthin unmöglich. Also müsse man mit dem Rechtfertigen irgendwann an beliebiger Stelle aufhören und einen Grundsatz durch „bloße" Entscheidung, die nicht mehr begründet werde, akzeptieren. Ich weiß nicht, wie das gehen soll. Wir haben gesehen, dass vor einer Entscheidung die alternativen Möglichkeiten absolut gleichrangig sind. Denn auch wenn im Verlaufe des Entscheidungsfindungsprozesses zu der einen oder anderen Alternative eine Hinneigung aufkommt, steht der Entscheidende immer vor der Frage, ob er dieser Neigung folgen will oder nicht. Eine Entscheidung ist nur so denkbar, dass es ihm gelingt, die eine Alternative unter einen Grundsatz zu subsumieren, den er bereits will. Eine unbegründete Entscheidung ist demnach ein Unding.

Nun lässt sich freilich nicht leugnen, dass es Handlungen gibt, die gleichsam „impulsiv" zu geschehen scheinen. Jemand überlegt wochenlang, ob er sich einen Mercedes oder einen BMW kaufen soll, und plötzlich geht er los und ersteht einen Porsche. Ob dieses Verhalten als irrational zu werten ist, hängt davon ab, welche Auskunft der Handelnde darüber gibt. Schon wenn er nur sagt: „Mir war plötzlich so und da habe ich den Porsche gekauft", ist dies eine rationale Rechtfertigung, denn man kann sich leicht eine entsprechende Maxime denken, nach der die Tat geschah, etwa: „Wenn sich eine Entscheidung nutzlos hinzieht, verlasse ich mich auf meine plötzlichen Eingebungen." Nur wenn der Betreffende sagt, er wisse nicht, warum er sich so verhalten habe, er könne keinen Grund nennen, liegen die Dinge anders. Man hat dann zwei Möglichkeiten, das Verhalten des plötzlichen Porschekäufers zu deuten, und beide ergeben, dass es nicht auf seiner eigenen freien Entscheidung beruhen kann.

Die erste Möglichkeit besteht darin, dass man annimmt, das Verhalten habe überhaupt keinen Grund, es sei absolut grund-

und ursachlos. In diesem Fall kann es natürlich auch nicht auf der Entscheidung des Handelnden beruhen, da es ja schlechthin gar keinen Grund hat. Ob ein solches grund- und ursachloses Geschehen überhaupt vorstellbar ist, darüber brauchen wir uns somit nicht den Kopf zu zerbrechen. Ein Handeln auf Grund bloßer, irrationaler Entscheidung ist auf diese Weise jedenfalls nicht vorstellbar.

Die andere Möglichkeit ist, dass man dem impulsiven Porschekauf zwar sehr wohl einen Grund zubilligt, diesen aber eben in einer irrationalen Entscheidung erblickt. Aber gerade das ist ja nicht möglich, sondern führt zum Widerspruch. Entscheidung heißt Wahl zwischen alternativen Handlungsmöglichkeiten, d.h. Festlegung, welche Alternative man will. Dazu ist der Porschekäufer jedoch außer Stande, weil er keine der Alternativen – Porsche oder nicht Porsche – will. Unmittelbar kann er sie, wie gezeigt, nicht wollen wegen ihrer absoluten Gleichrangigkeit und mittelbar kann er sie ebenfalls nicht wollen, weil er selbst bekundet, über keine Begründung für sein Handeln zu verfügen. Dieses ist also gar nicht in seinem Wollen begründet, sondern muss von anderer Seite bestimmt sein, etwa durch irgendwelche unbewussten Kräfte in ihm, die er nicht kontrolliert. Folglich beruht es nicht auf einer freien Entscheidung, sondern ist determiniert. Wenn jemand für sein Handeln selbst keinen eigenen Bestimmungsgrund angeben kann, so muss man annehmen, dass es fremdbestimmt, also determiniert ist. Dieser Auffassung entspricht auch durchaus die gängige Praxis im Umgang mit Tätern, die sich nachweislich ihr Verhalten nicht erklären können. Man nimmt an, dass sie ihrer selbst nicht mehr Herr waren, und billigt ihnen verminderte Zurechnungsfähigkeit zu.

Unsere Überlegungen zeigen somit, dass es eine „Dezision" im engeren Sinne, eine bloße Entscheidung, nicht geben kann, dass sie ein Unding ist. Wenn eine Handlung auf einer Entscheidung beruht, dann lässt sie sich auch begründen; wenn nicht, beruht sie nicht auf einer Entscheidung, sondern ist determiniert. Der radikale Dezisionismus ist eine unhaltbare Theorie, die auf einem widersprüchlichen Begriff basiert. Deshalb kann ihn auch die Letztbegründungsproblematik nicht stützen, zumal man vor ihr in der Ethik keine Angst zu haben braucht. Wenn man unter Letztbegründung versteht, dass eine nicht mehr hinterfragbare oberste

Norm, ein höchstes Gut, ein letzter Zweck angegeben werden müsse, aus dem sich alle übrigen praktischen Regeln vollständig ableiten ließen, so kann es dergleichen freilich nicht geben, obwohl dies in der Geschichte der Ethik immer wieder angenommen worden ist. Die Alten redeten vom Telos, dem Endzweck oder höchsten Gut, und definierten es als dasjenige, um dessentwillen alles geschehe, während es selbst um keines anderen willen geschehe. Aristoteles begründet die Notwendigkeit eines solchen Endzwecks mit dem unendlichen Regress, der entstünde, wenn es überhaupt keinen Zweck gäbe, den wir um seiner selbst willen, alles andere aber um seinetwillen wollten, weil wir dann alle Ziele immer wieder um anderer Ziele willen verfolgten, „sodass unser Streben leer und vergeblich wäre".[5] Dass ein solcher Regress ins Unendliche entsteht, darin hat Aristoteles zweifellos Recht. Wie wir gesehen haben, beruhen alle unsere Handlungen auf Entscheidungen, die nur auf Grund bereits akzeptierter Normen getroffen werden können, deren Akzeptanz ihrerseits auf anderen akzeptierten Normen beruht usw. Aristoteles irrt jedoch in der Folgerung, die er daraus zieht, dass unser Streben dann leer und vergeblich wäre. Denn in der Ethik ist der unendliche Regress keine missliche Schwierigkeit wie bei theoretischen Letztbegründungsversuchen, sondern er ist im Gegenteil unverzichtbar, wenn wir unser Handeln als freie Zwecktätigkeit denken wollen. Eine oberste Norm, die ihrerseits nicht mehr hinterfragbar wäre, könnte nicht mehr als frei gewählt angesehen werden (weil freie Wahl Unterordnung unter eine andere Norm bedeuten würde), sodass alles durch sie begründete Tun als determiniert gelten müsste. Kant hat das klar erkannt, hält aber trotzdem – aus Gründen, die in seiner Philosophie, u.a. in seiner Religionsphilosophie, beschlossen liegen – an einer obersten Maxime fest, die er freilich wegen des unendlichen Regresses, in den ihre freie Wahl führt, „uns unerforschlich" nennt.[6] Dieser Ausweg klingt bei ihm deshalb plausibel, weil er Freiheit zu den intelligiblen Dingen rechnet, die wir zwar denken, aber niemals erkennen können. Für alle Nichtkantianer dagegen, denen der Ausflug ins Intelligible verwehrt ist, gilt, dass eine oberste Norm nicht nur unerforschlich ist, sondern dass es sie im Interesse der Freiheit unseres Handelns auch gar nicht geben darf.

Es besteht auch kein Grund, nach ihr zu verlangen. Was Aristoteles meinte mit seiner Befürchtung, unser Handeln wäre ohne absoluten Endzweck leer und vergeblich, war offenbar dies: Alles Handeln will einen Zweck verwirklichen. Wenn nun all unser Tun immer wieder Mittel für etwas anderes wäre, dann würden wir stets bei den Mitteln bleiben und nie einen Zweck erreichen, sodass unser Handeln im eigentlichen Wortsinn „zwecklos" wäre. Man kann diesen Gedanken, wenn man ihn anders wendet, noch erheblich verschärfen, sodass unser Handeln nicht nur im aristotelischen Sinne zwecklos, sondern vollkommen unmöglich wäre. Wenn wir bei der Rechtfertigung unseres Tuns nicht irgendwo Halt machen, sondern jede rechtfertigende Norm ihrerseits hinterfragen und damit niemals aufhören, dann können wir nie zu einer Entscheidung und folglich nie zu einer Handlung kommen. Dass wir dennoch täglich handeln, obwohl es bisher nicht gelungen ist, eine oberste Norm stringent und allgemein gültig nachzuweisen, liegt daran, dass jeder von uns über eine oder mehrere Normen verfügt, die er de facto nicht hinterfragt und die seinem Leben Sinn geben. Denn eine Norm befolgen und sie begründen sind zwei Paar Schuhe. Für die bloße Handlungsfähigkeit ist entscheidend, dass wir eine Norm akzeptieren; wieweit wir sie rechtfertigen können, ist unerheblich. Die Tatsache, dass wir bestimmte Normen nicht mehr hinterfragen, ist charakteristisch für unser Leben und ihr verdanken wir unsere Handlungsfähigkeit. Und das gilt nicht nur für den Einzelnen und seine Lebensgestaltung, sondern nicht minder für unseren Umgang miteinander. Auch hier gibt es in weiten Bereichen bestimmte Grundnormen, die niemand mehr in Frage stellt und durch die eine fruchtbare Auseinandersetzung allererst möglich wird. So haben sich die antiken Ethikschulen zwar heftig befehdet, aber der Streit ging nicht um das höchste Gut, sondern um den Kardinalsweg dahin. Dass das höchste Gut die Eudämonie, die Glückseligkeit, sei, darüber war man sich einig; umso heftiger aber stritt man darum, ob sie zum Beispiel durch ein tugendhaftes oder lustvolles Leben zu erreichen sei. Der Grundkonsens war so stark, dass er fast zu einer Selbstverständlichkeit wurde, sodass der Begriff der Eudämonie oft gar nicht mehr auftaucht. Wenn man um das „Telos" stritt, so meinte man gar nicht mehr den eigentlichen obersten Zweck, sondern das oberste Mittel. Ebenso dürften die Politiker aller Zeiten darin übereinstimmen, dass der Zweck der Politik das

Wohl des Gemeinwesens sei. Der Streit bewegt sich auch hier im Bereich der Mittel: ob das Gemeinwohl am besten mit oder ohne Gentechnik, mit oder ohne Atomkraft, sozialistisch oder liberalistisch oder durch einen Gottesstaat usw. zu verwirklichen sei. Ich wage die Behauptung, dass selbst die größten Zyniker der Macht doch davon überzeugt waren, dass ihre Herrschaft das Beste für das Volk sei.

Natürlich gibt es hier keinerlei zwingende Notwendigkeit. Grundsätzlich müssen wir jede Norm hinterfragen können, sofern wir uns als frei handelnd verstehen wollen. Dass wir es nicht tun, ist lediglich ein Faktum und zwar eines, das sehr unterschiedlich aussehen kann. Es gibt Grübler und es gibt Täter: Leute, die in der Rechtfertigung sehr weit zurückgehen, und solche, die rasch zum Schluss kommen. Desgleichen unterscheiden sich die nicht in Frage gestellten Normen oft inhaltlich vielfältig und ebenso hinsichtlich ihres systematischen Zusammenhangs. Es ist denkbar, dass jemand in seinem ganzen Leben ein einziges Ziel verfolgt, dem er alles andere unterordnet, zum Beispiel möglichst viel Gutes zu tun oder Regierungschef auf Lebenszeit zu werden oder ein Millionenvermögen zu hinterlassen. Ein solches Leben zeigt dann eine große Einheitlichkeit und ist frei von Normenkonflikten. Andere Leute sind zwiespältiger und entsprechend von Konflikten gebeutelt. Allein diese Dinge zu untersuchen ist nicht Aufgabe der Ethik, sondern der Psychologie bzw. der Soziologie. Uns geht es hier lediglich um die zu Grunde liegenden logischen Strukturen und da gilt es festzuhalten, dass unsere Handlungsfähigkeit davon abhängt, dass wir irgendwelche Normen akzeptieren, weil jede Entscheidung in einem Vernunftschluss aus einer bereits akzeptierten Norm besteht. Warum diese Norm akzeptiert wird, ist für die Sicherung der bloßen Handlungsfähigkeit eine sekundäre Frage. Das Problem der obersten Norm wird uns noch in den Kapiteln über das Glück und über die Freiheit beschäftigen. Zunächst gilt jedenfalls, dass es *eine oberste Norm, die nicht mehr hinterfragt werden kann*, sondern akzeptiert werden muss, nicht geben kann. Für die theoretische Welterklärung mag ein solches letztbegründendes Prinzip wünschenswert sein, im praktischen Leben *darf* es nicht angenommen werden. Das gilt natürlich nur für eine oberste Norm in dem angegebenen Sinne, dass sie nicht hinterfragt werden *kann*. Eine *faktisch* nicht hinterfragte oberste Norm dagegen ist ein äußerst erstrebenswertes Ideal; denn wenn sie selbst nicht widersprüchlich ist, verhindert sie die Möglichkeit von Normenkonflikten. Und wenn gar die ganze Menschheit dieselbe oberste Norm akzeptierte, so wäre jedenfalls grundsätzlich die Möglichkeit einer friedlichen Einigung aller Menschen gegeben, weil gewährleistet wäre, dass nicht völlig inkommensurable Normenwelten aufeinander treffen.

Das sieht nun freilich so aus, als sollte hier einem generellen ethischen Relativismus das Wort geredet werden; denn wenn es eine letztbegründete oberste Norm nicht geben darf, sondern eine höchste Norm sich allenfalls auf faktische Anerkennung gründen kann, so scheint das zu bedeuten, dass alle Normen nur relativ auf die jeweiligen faktischen Gegebenheiten gelten. Das wäre eine Fehlinterpretation, denn mir geht es im Gegenteil gerade darum, den ethischen Relativismus zu widerlegen. Wenn ich sagte, dass eine nicht hinterfragbare oberste Norm im Interesse der Freiheit undenkbar sei, so meinte ich damit nicht, dass sich überhaupt keine allgemein geltenden Normen begründen ließen. Dies kann sehr wohl geschehen – freilich um den Preis der Freiheit. Denn diese ist keineswegs unbegrenzt, es kann sich nicht jeder beliebige Zwecke setzen. Die Freiheit endet an wenigstens zwei Schranken. Die eine bilden die Naturgesetze. Ich kann mich nicht wie ein Adler in den Mittagshimmel schwingen und ruhig meine Kreise ziehen. Wenn ich fliegen will, so muss ich ein Flugzeug besteigen. Ebenso wenig kann jemand durch die Wand das Nachbarzimmer erreichen. Wenn er dorthin will, muss er die Tür benutzen. Die andere Schranke bilden die logischen Gesetze. Man kann den Kuchen nicht essen und behalten oder den höchsten Berg der Alpen, aber nicht den Montblanc besteigen. Diese Begrenztheit der Freiheit macht es möglich, dass sich bestimmte Normen in gewissem Sinne letztbegründen lassen. Wie das methodisch zu denken ist, soll das folgende Kapitel zeigen.

II. Methodische Vorüberlegungen

Zunächst ist klar, dass allgemein geltende Normen nur a priori begründet werden können. Wenn gesichert werden soll, dass sie notwendig für jedermann zu jeder Zeit Gültigkeit besitzen, dann reichen empirische Erkenntnisse nicht aus. Es nützt nicht zu wissen, dass auf dem Hühnerhof oder in der Affenhorde ähnliche soziale Strukturen herrschen, wie sie sich auch beim Menschen finden; daraus folgt nicht, dass sie notwendig und unabänderlich sind. Für die *Anwendung* einer Ethik sind dergleichen Erkenntnisse sicher in mancherlei Hinsicht hilfreich, weil man hier die empirischen Vorgegebenheiten nicht außer Acht lassen kann. Aber zur Begründung einer allgemeinen Ethik sind empirische Forschungen nutzlos. Sie können zwar zeigen, welche Normen faktisch gelten, und sie können erklären, wie es zu dieser faktischen Geltung kommen konnte, und sie können auch Mittel an die Hand geben, wie man die faktische Geltung beeinflussen könnte, aber darüber hinaus, wenn es um die notwendige Geltung geht, vermögen sie nichts.

In diesem Punkt unterscheiden sich Normen nicht von theoretischen Sätzen. Auch diese können, wenn sie strikt allgemein gelten sollen, nur a priori begründet werden. Bei den Normen aber kommt noch ein weiterer Grund für die Apriorität hinzu, der nicht nur die allgemein geltenden, sondern alle Normen betrifft. Normen sind Richtlinien unseres Handelns und unser Handeln ist zweckgerichtet, sie dienen also der Zwecksetzung. Ein Zweck aber ist als solcher nie empirisch gegeben, sondern immer nur a priori geschaffen und das gilt schon für jeden konkreten, singulären Zweck. Wenn ich mir vornehme, ein Bild zu malen, so ist der Zweck, das Bild, noch gar nicht in der Wirklichkeit vorhanden, sondern existiert nur in meinem Denken. Erfahren kann ich das Bild erst, wenn es aufhört, mein Zweck zu sein, nämlich nach der Verwirklichung. Solange es aber mein Zweck ist, kann ich von ihm keine Erfahrung haben. Das heißt, alle Zwecke sind immer a priori in dem Sinne, dass sie unabhängig von der Erfahrung sind.

Natürlich ist das Bild ein empirischer Begriff, aber *als mein Zweck* stammt es nicht aus der Erfahrung. Und natürlich kann ich auch Zwecke zum Gegenstand empirischer Forschung machen, indem ich sie als psychische Phänomene auffasse und etwa untersuche, welche Zwecke jemand verfolgt und warum er dies tut usw. Diese Untersuchung kann ich auch an mir selbst anstellen, indem ich meine eigenen Zwecke beleuchte. Aber das ist etwas ganz anderes als die Zwecksetzung selbst. Diese muss vorhergehen und in ihr wird der Zweck allererst von mir selbst erfunden und geschaffen, vorher ist er in keiner Erfahrung gegeben.

Folglich sind alle Normen und alle praktischen Begriffe ursprünglich a priori. Freilich bezeichnen Begriffe wie Recht, Eigentum, Versprechen usw. inzwischen geltende Institutionen, die empirischer Forschung zugänglich sind. Aber es ist mittlerweile trivial, dass diese sich hierbei nicht, wie etwa bei der Erforschung der Planetenbewegungen, auf bloße Beobachtungen stützen kann, sondern dass es zusätzlich einer anderen Methode, nämlich der des „Verstehens" im prägnanten Sinne bedarf. Das liegt daran, dass diese Institutionen nur in unseren Köpfen existieren, wo sie ursprünglich spontan erfunden wurden. Da also Normen und praktische Begriffe apriorischen Ursprungs sind, so können sie, selbst wenn sie keinen Anspruch auf Allgemeingeltung erheben, auch nur a priori gerechtfertigt werden.

Der zweite Punkt, der bei der Begründung allgemein geltender Normen beachtet werden muss, ist, dass sie nicht als Imperative oder Sollenssätze formuliert werden dürfen, sondern nur als Wollenssätze, also nicht „Putz dir nach jedem Essen die Zähne" oder „Du sollst dir nach jedem Essen die Zähne putzen", sondern „Ich will mir nach jedem Essen die Zähne putzen".

Wir haben gesehen, dass Normen für unser Handeln notwendig sind, weil ohne sie keine Entscheidung möglich ist. Eine Entscheidung kann nur dadurch geschehen, dass ich eine Norm finde, die ich bereits akzeptiert habe, also etwas, das ich schon will. Das ist der springende Punkt, der Entscheidungen ermöglicht: das Wollen. Ein Sollen nützt überhaupt nichts, weil es nicht unmittelbar entscheidungs- und handlungswirksam ist. Wenn jemand in der Form eines Imperativs oder eines Sollenssatzes etwas von mir verlangt, so muss ich, als frei Handelnder, zunächst entscheiden, ob ich dem Verlangen nachgeben will oder nicht. Erst wenn ich das Verlangte selbst will – sei es, weil ich die Sache selbst auch anstrebe oder weil ich dem Verlangenden zu Diensten sein möchte oder aus welchen Gründen immer –, werde ich ihm entsprechend handeln. Vorher mögen mir noch so viele wohlfeile Imperative und Sollenssätze angetragen werden, sie bleiben ohne jede Wirkung, weil sie keinen direkten Zugang zum Handeln haben, das Wollen muss ihnen erst das Tor öffnen.

Am Beginn des Dezisionismus stand die Überlegung Carl Schmitts, dass die richterliche Entscheidung sich mit rein logischen Mitteln aus dem Gesetzestext nicht ableiten lasse. Damit hat Schmitt durchaus das Richtige gesehen. Sätze wie „Der Verkehrssünder ist mit einer Geldstrafe zu belegen" sagen nur, wie der Richter entscheiden *soll*, aber das reicht nicht aus zu erklären, warum er es auch tut. Zwischen Sollen und Tun klafft immer ein Hiat. Insoweit trifft es zu, dass „die Entscheidung, normativ betrachtet, aus einem Nichts geboren" sei[7], und wenn man der Überzeugung ist, dass ethische Normen immer Sollensbestimmungen seien, dann führt das in den radikalen Dezisionismus. Nimmt man hingegen zu den normativen Prämissen des Richters den Wollensgrundsatz „Ich will immer nach dem Gesetzestext entscheiden" hinzu, dann ist das Problem verschwunden. Der Hiat ist überbrückt und die richterliche Entscheidung mit rein logischen Mitteln aus ihren Prämissen ohne Rest ableitbar; denn zwischen Wollen und Tun gibt es keinen Hiat. (Genauer müsste der Grundsatz des Richters freilich lauten: „Ich will immer nach der mir plausibelsten *Auslegung* des Gesetzestextes entscheiden." Darüber im Abschnitt über das Recht unter empirischen Bedingungen.)

Obwohl demnach die Wollenssätze für das Handeln das Entscheidende sind, sind die Imperative und Sollenssätze keineswegs funktionslos. Sie sind im Gegenteil für unser Zusammenleben unentbehrlich, weil sie diejenige Form sind, in der wir auf das Handeln, d.h. die Zwecke, anderer Personen Einfluss nehmen. Zwar reichen sie oft nicht aus, um die anderen zu beeinflussen, sodass noch Argumentation nötig ist. Aber ohne die Äußerung eines Imperativs in irgendeiner Form geht es nicht; man muss dem anderen zu verstehen geben, dass man etwas von ihm will. Gewiss gibt es auch Methoden, das Verhalten anderer zu beeinflussen, die ohne Imperative auskommen. Beispiele dafür geben die Werbung oder die Anordnung der Waren im Supermarkt. Aber hier handelt es sich um Versuche, das Käuferverhalten auf unbewusste Weise direkt zu determinieren, was aber nur bis zu einem gewissen Grade möglich ist. Wo es dagegen um Einflussnahme auf die freie Zwecksetzung geht, sind Imperative unabdingbar. Aber sie wirken deswegen eben nie direkt, sondern immer nur über das Wollen der anderen. Wollten wir eine direkte Einwirkung annehmen, müssten wir unsere Freiheit leugnen und uns wie Automaten betrachten, die unmittelbar auf Zuruf das eine oder andere ausführen. Unter Voraussetzung der Freiheit dagegen impliziert der Begriff des Imperativs den des Wollens. Ein Imperativ kann sich dann nur auf ein Wollen beziehen und zwar gleichsam an beiden Enden: nicht nur auf der Seite des Befehlsempfängers, sondern ebenso auf der Seite des Befehlenden; auch dieser folgt als frei Handelnder nur seinem Willen. Der Imperativ drückt demnach das Verhältnis zweier Willen aus und bedeutet etwa „Ich will, dass du willst" (wobei ich mich nicht auf eine sprachanalytische Diskussion einlassen möchte; mir geht es nicht um die Bedeutung von Ausdrücken in einer Sprache, sondern um das logische Verhältnis von Begriffen). Das Sollen hat somit ausschließlich das Wollen zum Inhalt.

Aus dem Begriff des Imperativs folgt, dass es allgemein geltende Imperative nicht geben kann. Man kann sie sich weder als bedingte noch als unbedingte denken. Sollen sie bedingt sein, sind sie keine echten Imperative. Ein Imperativ dient der Beeinflussung des Verhaltens anderer. Das heißt nach dem Vorherigen: Ich will, dass ein anderer etwas will, von dem ich meine, dass er es bisher noch nicht will; denn wenn er das Verlangte schon will, beeinflusse ich sein Verhalten nicht mehr, der Imperativ ist sinnlos. In diesem Sinne ist der Satz „Wer von Graz nach Wien will, fahre über den Wechsel" zwar ein echter Imperativ, weil man auch eine andere Route wählen kann, aber er ist eben deswegen auch nicht allgemein geltend. Dagegen ist der Satz „Wer auf den höchsten Alpengipfel will, steige auf den Montblanc" zwar allgemein geltend, aber er ist kein echter Imperativ, der das Verhalten beeinflussen könnte, denn die Bergsteiger haben keine Wahl. Es bleiben also die unbedingten Imperative und Sollenssätze, um die es den Sollensethikern ja auch eigentlich zu tun ist. Wenn sie allgemein geltend sein sollen, so gibt es drei Möglichkeiten, das zu interpretieren: Entweder sie sind an alle gerichtet oder sie werden von allen erteilt oder beides. Die letzten beiden Möglichkeiten scheiden aus; wenn alle die Imperative erteilen, also das Verlangte selbst schon wollen, dann sind diese Imperative sinnlos. Außerdem müssten alle oder einige sich selbst befehlen, also wollen, dass sie wollen, was Unsinn ist (außer man gebraucht den Ausdruck „wollen" zweideutig und versteht ihn einmal als „wollen", das andere mal als „wünschen", ein Unterschied, den ich weiter unten erläutern werde). Die erste Möglichkeit, dass die Imperative zwar an alle gerichtet sind, aber nicht von allen ausgehen, ist nicht minder widersinnig. Von wem gehen diese Imperative dann aus? An sich kann jeder an die ganze Menschheit beliebige Forderungen richten, zum Beispiel dass alle nur noch Schweinefleisch essen sollen. Aber das wäre blanke Willkür und ist mit der Allgemeingültigkeit natürlich nicht gemeint. Gedacht ist bei der Herkunft der Imperative an eine Instanz, wie Gott oder die Natur, von der erwartet wird, dass alle sie anerkennen, sodass ein Gefühl der Verpflichtung entstehen kann, den Geboten auch zu folgen. Allein man muss fragen, wie es mit dieser Anerkennung steht. Wenn alle die Instanz anerkennen *sollen*, hat man nichts gewonnen; man braucht eine weitere Instanz, die hinter *diesem* Sollen steht. Ist dagegen gemeint, dass alle die Instanz *tatsächlich* anerkennen, d. h. dass sie ihr folgen *wollen*, dann gelten die Imperative nur unter der Bedingung eines vorausgesetzten Wollens und sind keine unbedingten mehr. Das fünfte Gebot müsste dann vollständig lauten: Wenn du Gott gehorchen willst, töte nicht. Allgemein geltende kategorische Imperative sind daher nicht denkbar, es sei denn, man versteht sie als bloße Willkür.

Eine Sollensethik, die sich auf allgemein geltende unbedingte Imperative, die nirgendwo in einem Wollen gründen, stützt, ist demnach ein Widersinn. Sie ist, historisch gesehen, eine religiöse Ethik, der der Gott verloren gegangen ist. Dass ein so herausragender Denker wie Kant zu ihrem kompromisslosesten Verfechter wurde, kann ich mir nur durch außerphilosophische Gründe erklären. Denn Kant hat das dünne Eis, auf dem er sich bewegte, klar erkannt. Er nennt die unbedingte Geltung des kategorischen Imperativs ein „Faktum der Vernunft" und das ist bei einem Philosophen, der die Vernunft als Vermögen der Prinzipien definiert, ein unverhülltes Paradoxon. Kant beeilt sich denn auch zu versichern, dass dieses „das einzige Faktum der reinen Vernunft" sei und mildert es an anderen Stellen durch ein vorgesetztes „gleichsam" ab.[8] Im Klartext bedeutet die Behauptung eines Faktums der Vernunft nichts anderes als: Hier bin ich mit meinem Erklären am Ende, dies ist eben so. Kant räumt das auch ein, indem er die Vernunft frei nach Juvenal sprechen lässt: „Sic volo, sic iubeo." Der vollständige Vers bei Juvenal lautet: „Hoc volo, sic iubeo, sit pro ratione voluntas"[9], und dieser Vers scheint mir ganz gut geeignet, Kants eigene Situation zu beschreiben. Es müssen irrationale oder wenigstens außerwissenschaftliche Motive gewesen sein, die ihn so eisern an einer Sollensethik haben festhalten lassen. Ein unvoreingenommener Denker wird, wenn seine Theorie auf ein Paradoxon hinausläuft, zu dem Schluss kommen, dass an ihr etwas faul sei und das Ganze noch einmal überprüft werden müsse. Aber Kant *wollte* auf Gedeih und Verderb ein unbedingtes Sollen, obwohl er es nach keiner Seite verständlich machen konnte. Denn auch auf der Seite des handelnden Subjekts kann Kant auf die Frage, weshalb es dem Gebot der Vernunft folgen solle, keine überzeugende Antwort geben. Kant nimmt als Beweggrund die Achtung vor dem Gesetz, aber dass diese Auskunft Probleme birgt, habe ich in der Vorrede bereits angedeutet. Am Ende läuft es auch hier auf die bloße Behauptung eines Faktums hinaus. Denn da die Achtung kein eigenständiges Entscheidungskriterium, wie etwa Hutchesons moralisches Gefühl, sein darf, weil das nach Kant Heteronomie bedeuten würde, so bedeutet die Achtung vor dem Gesetz, trotz aller Umschreibungen, die Kant versucht, letztlich nicht mehr als den Willen, ihm zu folgen. D.h. man will dem Gesetz folgen, weil man es eben will, also auch hier ein nicht weiter erklärbares Faktum.

Wenn somit ein Denker vom Range Kants mit der Sollensethik nicht zurechtkommt, so sollte das vielleicht schon in sich ein Indiz dafür sein, dass jeder mit ihr scheitern muss, weil sie, wie ich versucht habe darzulegen, in sich selbst widersinnig ist. Deshalb sollte sie zu Gunsten einer Wollensethik endgültig aufgegeben werden. Dazu ist hilfreich, die praktischen Begriffe mit Wollensbegriffen zu definieren, damit nirgendwo ein absolutes Sollen hineingeheimnisst wird. Für einige bisher verwendete Begriffe möchte ich das jetzt versuchen, weitere Begriffe werden später erläutert werden.

Zunächst der Begriff des *Wollens* selbst. Ich verstehe darunter „zum Zweck haben", wobei *Zweck* dasjenige bezeichnet, dessen Verwirklichung man tatsächlich betreibt, im Unterschied zum bloßen *Wunsch*, der sich auf etwas richtet, dessen Verwirklichung man gerne sähe, ohne sie aber selbst in Angriff zu nehmen. So kann sich zum Beispiel jemand wünschen, sein ekliger Nachbar möge tot umfallen, aber von dort bis zum Mordplan ist ein weiter Weg. Ein Wunsch kann sich sogar auf Unmögliches richten, zum Beispiel auf die Unsterblichkeit. Aber niemand kann sich die Unsterblichkeit zum Zweck nehmen, solange er sie für unmöglich hält; denn um tatsächlich auf sie hinzuarbeiten, müsste er wissen, auf welchem Wege sie zu erreichen wäre, was seinem Glauben an die Unmöglichkeit widerspräche. Wollen wird also durch Zweck definiert, der seinerseits nicht durch Wollen definiert wird, sodass kein Zirkel entsteht.

Den Ausdruck *Wille* gebrauche ich synonym mit „Wollen" und verwende ihn nur aus stilistischen Gründen, zum Beispiel weil sich von ihm ein Plural bilden lässt. „Wille" bezeichnet also nicht ein besonderes Vermögen in uns, das zur Erklärung bestimmter Funktionen diente. Ich finde, dass die Ethiker sich strikt aus der Vermögenslehre heraushalten und sie ganz den Psychologen überlassen sollten. Denn dabei handelt es sich offensichtlich um empirische Annahmen, die nicht als Voraussetzungen in den Versuch, allgemein gültige Normen zu finden, eingehen dürfen, wenn er nicht von vornherein zum Scheitern verurteilt sein soll – ganz abgesehen davon, dass die Ethiker in aller Regel nicht über die nötigen Mittel verfügen, um die menschlichen Vermögen zu erforschen; seit der rasanten Entwicklung, die die empirische Forschung in der Vergangenheit genommen hat, dürfte die Zeit endgültig vorbei sein, da man meinte, man könne durch Selbstbeobachtung zu gesicherten Ergebnissen gelangen. Mit dem Willen meine ich also nichts anderes als das Zum-Zweck-Haben oder Bezwecken.

Entscheidung ist die Festlegung des Wollens, also die Zwecksetzung.

Handlung ist die Verwirklichung des Gewollten.

Vom Begriff *Norm* hatte ich bereits gesagt, dass ich ihn als Oberbegriff zu allen praktischen Regeln, Verhaltensgrundsätzen, Richtlinien, Leitsätzen oder wie immer verwende und dass ich darunter sowohl Grundsätze, die ein Wollen, als auch solche, die ein Sollen ausdrücken, subsumiere.

Wollensgrundsätze nenne ich *Maximen*. Sie haben die allgemeine Form „Ich will immer ...". Maximen sind also (wie bei Kant) Normen, die mein Verhalten tatsächlich leiten, nach denen ich tatsächlich lebe.

Sollenssätze (ob singulär oder allgemein) nenne ich *Imperative*. Sie haben die allgemeine Form „Ich will, dass du willst ...". Ein Imperativ drückt aus, dass man will, dass andere etwas wollen, also dass man den Zweck verfolgt, dass andere sich einen bestimmten Zweck setzen. Dabei ist unerheblich, wie sie sprachlich formuliert sind, ob als Imperative oder als Sätze mit „sollen" oder „müssen" oder als Infinitive oder als rein deskriptive Sätze, wie „Lieferanten benutzen den Hintereingang" oder wie immer. Sie können auch durch Gesten ausgedrückt werden. In der langen Geschichte der menschlichen Zivilisation haben gerade die Imperative mannigfache sprachliche Umschreibungen erfahren, um den rüden Befehlscharakter zu mildern. Aber irgendwie muss er, wenn auch noch so verklausuliert, erhalten bleiben; denn der Imperativ ist keine sprachliche Marotte, sondern basiert auf der Notwendigkeit, dass es überall, wo Menschen aufeinander treffen, möglich sein muss, dem anderen zu verstehen zu geben, was man von ihm erwartet. Ob es dann heißt „Her mit der Marie!" oder „Allah wird dir ewiges Leben schenken, wenn du mir das Geld gibst", ist gleichgültig, solange klar ist, dass beide Mal dasselbe gemeint ist. Ich mache also zwischen Imperativen, Sollenssätzen usw. keinen Unterschied, sondern behandle sie als bloße sprachliche Varianten, wobei mir klar ist, dass das eine grobe Vereinfachung darstellt und dass Imperative nicht immer wie Imperative gebraucht werden und Sollenssätze alles Mögliche bedeuten können. Ich wiederhole, dass ich die Sprachanalyse den Sprachanalytikern überlasse. So viel fürs Erste zu einigen Begriffen.

Unsere bisherigen Überlegungen haben ergeben, dass eine Begründung allgemein geltender Normen nur a priori geschehen kann, dass sie nur von Maximen, von Wollensgrundsätzen, möglich ist und dass sie überhaupt nur denkbar ist, weil unsere Freiheit nicht schrankenlos ist. Die eine Schranke der Freiheit bilden die Naturgesetze. Da sie aber nach dem gegenwärtigen Stand der Erkenntnis nur empirischer Forschung zugänglich sind, fallen sie für eine apriorische Begründung aus. Es bleiben also die logischen Gesetze. Das bedeutet, man müsste eine Maxime vorweisen, die aus logischen Gründen alle haben, um dann zu zeigen, dass aus dieser Maxime andere Maximen logisch folgen. Anders ausgedrückt: Man müsste etwas finden, das notwendigerweise alle wollen, um dann nachzuweisen, dass in diesem Wollen anderes Wollen logisch impliziert ist. Wie das zu bewerkstelligen ist, soll im Folgenden vorgeführt werden.

Zuvor noch eine kurze Bemerkung zum so genannten „naturalistischen Fehlschluss", der in jüngerer Zeit Bibliotheken gefüllt hat und der in keiner Ethik, die heute etwas auf sich hält, unerwähnt bleiben darf. Ich meine (historisch nicht ganz korrekt) den Schluss von deskriptiven auf präskriptive Sätze, vom Sein auf das Sollen. Damit, dass alle Menschen nach Lust streben, kann man nicht begründen, so heißt es, dass es gut ist, dass sie es tun, dass sie nach Lust streben *sollen*. Ich möchte mich auf die Diskussion selbst nicht näher einlassen, merke nur an, dass die Gegner eines solchen Schlusses, die bei weitem in der Überzahl sind, keine wirklich überzeugenden Gründe für das Verbot angeben können, sodass es eher ein Dogma zu sein scheint. Es ist nicht leicht einzusehen, warum Schlüsse wie „Du willst groß und stark werden; das wirst du nur, wenn du viel Spinat isst; also iss deinen Spinat", die in dieser oder ähnlicher Form millionenfach gezogen werden, falsch sein sollen, während Schlüsse wie „Alle Menschen sind sterblich; Sokrates ist ein Mensch; also ist er sterblich" gültig sein sollen, obwohl ihre Rechtfertigung auch nur darin besteht, dass wir eben so schließen.

Ich glaube, die Wollensethik kann die Hürde elegant verweigern. Nach dem Obigen besteht das Sollen nur aus Wollen, ein Sollenssatz drückt das Verhältnis zweier Willen aus. Das Wollen aber wird in deskriptiven Sätzen formuliert. „Ich will, dass du willst" ist eine deskriptive Feststellung, die einen Tatbestand wiedergibt. Die Wollensethik bleibt also durchgängig im Deskriptiven, sodass das Problem des naturalistischen Fehlschlusses gar nicht auftaucht. Man sieht leicht, dass dieses Problem ein Kind der Sollensethik und auf sie beschränkt ist, weil es an den Gedanken eines unbedingten Sollens geknüpft ist. Der hypothetische Imperativ bereitet den Gegnern des Sein-Sollens-Schlusses denn auch erhebliche Schwierigkeiten.[10] Sie brauchen die Vorstellung eines absoluten, von allem Seienden losgelösten Sollens, damit es in Gegensatz zum Sein treten und einen eigenständigen Bereich konstituieren kann, zu dem es vom Sein aus keine Brücken gibt. In der Antike, die in ihrer eudämonistischen Grundhaltung ein unbedingtes Sollen nicht kannte, war das Problem des Naturalismus gänzlich unbekannt, obwohl die Alten im Übrigen im Entdecken logischer Schwierigkeiten Meister waren.

III. Recht

1. Der allgemeine Wille zum Recht

Unsere methodischen Vorüberlegungen haben erbracht, dass, wenn man Normen allgemein geltend begründen möchte, man etwas finden müsste, das alle notwendigerweise wollen. Die Feststellung dessen, was die Menschen wollen, ist allerdings in der Regel eine empirische Aufgabe. Man müsste eigentlich alle Leute nach ihren Zielen befragen. Das aber geht natürlich nicht an, nicht einmal für die eigene Generation, geschweige denn für die vergangenen und zukünftigen, die ja bei strikter Allgemeingültigkeit auch mit einbezogen werden müssten. Deswegen nehmen die Vertragstheoretiker ihre Zuflucht zu bestimmten anthropologischen Annahmen, aus denen sich dann ein Kanon von so genannten „Grundbedürfnissen" aller Menschen ergeben soll. Ein solches Vorgehen ist jedoch, wenn nicht gerade willkürlich, so doch jedenfalls nicht zwingend. Als oberstes, allgemeinstes Bedürfnis wird meist der Wunsch nach Selbsterhaltung unterstellt. Aber nicht einmal diese Annahme trifft auf alle Menschen zu, weil sie die Lebensmüden oder etwa diejenigen, die für ihre Ideale in den Tod gehen, außer Acht lässt. Mit empirischen Erhebungen oder bloßen anthropologischen Hypothesen ist also nicht zum Ziele zu kommen. Da sich unser Wollen jedoch nicht auf schlechthin Beliebiges richten kann, sondern durch die Naturgesetze einerseits und die logischen Regeln andererseits eingeschränkt ist, lässt sich eine zureichende apriorische Begründung denken und zwar – weil die Naturgesetze nur empirisch sind – indem man zeigt, dass es Normen gibt, die aus logischen Gründen alle wollen.

Um das zu bewahrheiten, kann man nach den obigen Definitionen vom Begriff der Norm selbst ausgehen. Normen sind Richtlinien des Handelns, Handeln ist Zwecktätigkeit und Zweck ist dasjenige, was man tatsächlich erreichen will, dessen Verwirklichung man tatsächlich betreibt. Aus diesem Begriff des Zwecks folgt analytisch, dass jeder alle seine Zwecke erreichen will; denn wollte er es nicht, wären sie per definitionem nicht seine Zwecke. Damit hat man eine erste Norm, die aus logischen Gründen alle wollen und die daher allgemein gilt, d.h. eine Maxime, die notwendigerweise jeder hat, nämlich: „Ich will alle meine Zwecke erreichen."

Der entscheidende Begriff bei dieser Ableitung ist der der Zwecktätigkeit. Die genannte Maxime gilt somit notwendig nur für zwecktätige Wesen. Ich erhebe nicht den unmöglichen Anspruch, eine absolute Notwendigkeit, die an gar keine Bedingung geknüpft wäre, beweisen zu können. Wieweit wir berechtigt sind, uns als Wesen zu betrachten, deren Tun durch frei gewählte Zwecke geleitet wird, wird im letzten Kapitel erörtert werden.

Die zweite allgemein gültige Maxime ist: „Ich will alle notwendigen Mittel zu meinen Zwecken ergreifen." Diese Maxime folgt aus dem Satz: Wer den Zweck will, will auch die dazu unentbehrlich notwendigen Mittel. Auch dieser Satz ist, was das Wollen betrifft, analytisch, wie Kant herausgestellt hat, um damit die Möglichkeit hypothetischer Imperative zu erklären. Das hängt wiederum am Begriff des Zwecks, der eben dasjenige meint, was man tatsächlich zu verwirklichen strebt. Das aber geht nicht, ohne die notwendigen Mittel zu ergreifen. Das bedeutet, dass dreierlei erfüllt sein muss, damit aus einem Wunsch ein Zweck werden kann: Der Wünschende muss die notwendigen Mittel kennen, sie müssen in seiner Macht sein und er darf keine Einwände gegen sie haben. Die beiden ersten Bedingungen sind trivial. Die dritte ist zum Beispiel nicht erfüllt, wenn jemand nach reiflicher Überlegung aller Möglichkeiten zu dem Ergebnis kommt, dass das einzige Mittel, seinen Hausbau zu finanzieren, ein Bankraub wäre. Diesen aber lehnt er ab, weil er seiner Maxime, stets legal zu handeln, widerspricht, die für ihn höherrangig ist. Folglich wird er seinen Hauswunsch nicht in die Tat umsetzen, nicht zum Zweck machen.

Zur Behauptung, wer den Zweck wolle, wolle auch die notwendigen Mittel, sind Einschränkungen zu machen. *Erstens*: Die Analytizität bezieht sich nur auf das Wollen, nicht auf das Zweck-Mittel-Verhältnis. Es wird lediglich behauptet, dass das *Wollen* des Zwecks das *Wollen* der Mittel impliziert, nicht aber, dass sich aus dem Zweck die Mittel analytisch gewinnen ließen. Welche Mittel zu welchem Zweck nötig sind, ist in aller Regel eine empirische Frage. *Zweitens*: Im Wollen des Zwecks sind nur die unentbehrlich notwendigen Mittel impliziert. Solche lassen sich aber in vielen Fällen nicht angeben, weil viele Dinge auf mehreren Wegen erreichbar sind. Man kann seinen Durst mit Wasser, Tee, Bier oder anderen Getränken löschen, sodass man nicht sagen kann: Wer seinen Durst löschen will, will notwendigerweise Wasser trinken. In diesen Fällen lässt sich allenfalls die Disjunktion der Mittel angeben, also: Wer X will, will notwendigerweise A oder B oder C usw. Welche Möglichkeit tatsächlich ergriffen wird, hängt ab von einer weiteren Entscheidung, die der Handelnde nach anderen Prinzipien treffen muss. *Drittens*: Weil es nur um das Wollen geht, kommt es allein auf die Vorstellungen an, die der Handelnde sich von den Mitteln und ihrer Verfügbarkeit macht, nicht auf die tatsächlichen Gegebenheiten. Denn das subjektive Wollen wird unmittelbar nur durch die subjektiven Vorstellungen bestimmt, nicht durch die objektiven Tatsachen. Daher muss die Behauptung genauer lauten: Wer den Zweck will, will auch die dazu als notwendig vermeinten und als verfügbar erachteten Mittel. Denn Gegenstand unseres Wollens sind die Dinge, wie sie uns erscheinen, nicht wie sie sind. Deswegen kann es passieren, dass wir uns unter irrigen Voraussetzungen einen Zweck setzen und dass wir dann im Zuge der Verwirklichung Mittel als unentbehrlich entdecken, die wir ablehnen. Jedoch geben wir dann mit diesen Mitteln auch unseren Zweck auf, der allenfalls als bloßer Wunsch fortbestehen kann. So mag unser Bauherr im Vertrauen auf die Kostenvoranschläge zunächst der Überzeugung sein, dass seine Mittel ausreichen, um den Bau zu vollenden, und erst später mag sich herausstellen, dass die Voranschläge viel zu niedrig kalkuliert waren, sodass nur noch der Bankraub übrig bliebe. Lehnt er diesen ab, gibt er damit sein Bauvorhaben auf, obgleich er sich natürlich weiterhin ein Haus wünschen kann.

Zu den Mitteln nun zählen nicht nur die Dinge, die die Verwirklichung des Zwecks unmittelbar befördern, sondern auch diejenigen, die ein entgegenstehendes Hindernis beseitigen oder vermeiden lassen. Denn für die Verwirklichung ist die Vermeidung dessen, was sie verhindert, unentbehrlich notwendig. Wer die Tür öffnen will, muss den Riegel zurückschieben. Welches im Einzelnen die geeigneten Mittel sind, hängt von den jeweiligen Zwecken ab und es herauszufinden verlangt in der Regel empirische Erkenntnis. Wie man Wasser zum Kochen bringt, lehrt die Physik und welche Hindernisse beim Bergbau zu beseitigen sind, erfährt man aus der Geologie. *Ein* Hindernis jedoch betrifft *alle* Zwecke und ist a priori einsichtig: der Fall, dass sie einander widersprechen. Wenn er eintritt, wenn sich im Verlauf meines Wirkens herausstellt, dass ich eine Sache sowohl tun als auch lassen will, dann muss ich einen meiner Zwecke aufgeben, weil ich nicht beide verwirklichen kann. Folglich ist es ein notwendiges Mittel zur Erreichung meiner Zwecke, dass sie miteinander verträglich sind.

Und dies gilt nicht nur für die eigenen Zwecke untereinander, sondern nicht minder für ihr Verhältnis zu denen der anderen. Insofern nämlich auch ein Konflikt mit den Zwecken anderer möglich ist, tritt dieselbe Situation ein: Von Zwecken, die einander widerstreiten, sodass die Verwirklichung des einen die der anderen ausschließt, kann nur einer beibehalten, alle anderen müssen aufgegeben werden, gleichgültig, ob eine oder mehrere Personen beteiligt sind. Wenn fünf Leute dasselbe Gemälde erwerben wollen, müssen vier ihren Zweck aufgeben. Das einzige Mittel nun, um a priori zu verhindern, dass man auf diese Weise einen Zweck aufgeben muss, ist, dass man es gar nicht erst zu einem Konflikt kommen lässt. Das aber gelingt nur, wenn man sich nur solche Zwecke setzt, die mit denen aller anderen verträglich sind. Da alle Zwecke jedoch auf freier Setzung beruhen, kann man a priori nicht wissen, welche Zwecke die anderen verfolgen werden. Die Konfliktvermeidung ist daher nur dann möglich, wenn es allgemeine Regeln gibt, die die Beliebigkeit der Zweckwahl einschränken, indem sie festlegen, wer sich welche Zwecke setzen darf und welche nicht, damit keine Konflikte auftreten können. Nur unter dieser Voraussetzung kann man, indem man sich an die Regeln hält, seine Zwecke so einrichten, dass man keinen seiner Zwecke aus Konfliktgründen nicht erreicht. Da nun jeder seine Zwecke erreichen will und dies nur unter der Bedingung einer allgemeinen Zweckharmonie möglich ist, sodass diese ein notwendiges Mittel dazu darstellt, so darf man behaupten, dass jedermann eine allgemeine Zweckharmonie nach allgemeinen Regeln will.

Wenn man allgemeine Regeln Gesetze nennt, dann ist eine allgemeine Zweckharmonie nur dadurch möglich, dass gesetzlich festliegt, wer welche Zwecke verfolgen darf. Dass nun jemand auf

Grund der geltenden Gesetze etwas tun darf, ist gleichbedeutend damit, dass er ein Recht darauf hat, es zu tun. Denn wenn die Erlaubnis zu etwas von den geltenden Gesetzen erteilt wird, dann und nur dann wird sie zu dem, was man einen Rechtsanspruch nennt. Wenn der Bürgermeister dem Gemeindediener erlaubt, den Rathausgarten zu bewirtschaften, so wird niemand behaupten, dass der Gemeindediener ein Recht darauf habe. Wenn aber gesetzlich verankert ist, dass er den Garten bewirtschaften darf, dann hat er ein Recht darauf. Die Gesetze, die die Zweckharmonie regeln, erzeugen also den Begriff eines Rechts auf etwas. Sie heissen darum mit Fug Rechtsgesetze, weil ihre Funktion ist, Rechte zu schaffen. Der Begriff des Rechts entspringt also aus der Notwendigkeit einer Harmonisierung aller Zwecke.

Wenn man diesen Begriff erweitert, sodass, wie üblich, alles, was mit der Gewährung von Rechten zusammenhängt, darunter fällt, ergeben sich folgende Begriffe: Die *Idee des Rechts*, die Absicht, aus der es entspringt, ist die Verhinderung von Zweckkonflikten, damit niemand Zwecke, weil sie mit anderen konfligieren, aufgeben muss. Das *Recht* selbst ist der Inbegriff der Bedingungen, unter denen dies möglich ist, unter denen alle Zwecke aller zusammen bestehen können. Die oberste dieser Bedingungen ist, dass es allgemeine Regeln, Gesetze, gibt, die bestimmen, wer sich welche Zwecke setzen darf. Diese Gesetze bilden in ihrer Gesamtheit das *objektive Recht*. Durch dieses wiederum werden die *subjektiven Rechte* der Einzelnen geschaffen, die daher stets ein objektives Recht voraussetzen. Denn ein subjektives Recht, ein Recht auf etwas oder Anrecht oder Rechtsanspruch, ist die gesetzliche Erlaubnis, einen Zweck zu verfolgen.

Aus ihrem Begriff folgt, dass man die subjektiven Rechte nicht in aktive oder Freiheitsrechte und passive oder Anspruchsrechte einteilen kann. Mit Freiheitsrechten sind solche gemeint, die die Erlaubnis erteilen, selbst etwas zu tun, zum Beispiel seine Meinung zu äußern, während man unter Anspruchsrechten solche versteht, die anderen etwas zu tun oder zu unterlassen gebieten, zum Beispiel seine Schulden zu bezahlen. Diese Einteilung verkennt, dass alle subjektiven Rechte dem Sinne nach immer nur Verbote an andere beinhalten. Dass jemand ein Recht auf etwas hat, bedeutet, dass er einen bestimmten Zweck verfolgen darf. Das aber gesetzlich festzulegen ergibt nur dann einen Sinn, wenn die Möglichkeit besteht, dass andere es vereiteln. Ein Robinson Crusoe auf seiner einsamen Insel braucht keine Rechte, er kann sich Zwecke setzen, so viel er lustig ist. Erst wenn andere Personen hinzukommen, bedarf es der Gesetze, die festlegen, wer was darf, und das heisst dann nichts anderes als: woran die anderen ihn nicht hindern dürfen. Das Recht auf Meinungsäusserung besagt, dass niemand mich daran hindern darf, meine Meinung zu sagen, und das Recht auf Rückerhalt eines Darlehens besagt, dass der Gläubiger nicht, indem der Schuldner nicht leistet, daran gehindert werden darf, ab dem vereinbarten Termin wieder selbst über sein Geld zu verfügen. Sinn der Rechtsgesetze ist es, Zweckkonflikte zu verhindern. Dazu ist jedoch nicht erforderlich, dass sie jedem vorschreiben, welche Zwecke er zu verfolgen hat. Unentbehrlich notwendig ist lediglich, dass sie bestimmen, welche Zwecke jeder konfliktfrei verfolgen *kann, falls* er es will. Konfliktfreiheit aber bedeutet, dass niemand in die Quere kommt. Sie ist deshalb nur dadurch zu erreichen, dass die Gesetze allen anderen verbieten, sich hindernd einzumischen. Ein Recht ist also nichts anderes als ein allgemeines Behinderungsverbot. Zu sagen, dass jemand ein Recht habe, ist gleichbedeutend mit dem Verbot an alle anderen, ihn zu behindern. Infolgedessen sind die Rechtsgesetze dem Sinne nach insgesamt allgemeine Behinderungsverbote, auch wenn sie als Gebote auftreten. Das Gebot, seine Steuern zu bezahlen, bedeutet dem Sinne nach, dass der Staat ein Recht auf einen Teil des Einkommens hat, und das bedeutet, dass er nicht durch Vorenthalten der Steuern daran gehindert werden darf, darüber zu verfügen.

Da die Rechte nur allgemeine Behinderungsverbote sind, ist die Annahme, dass jedem Recht des einen eine Pflicht der anderen korrespondiere, nicht sinnvoll, wenn man unter Pflicht eine gesetzlich vorgeschriebene bestimmte Verhaltensweise versteht. Als blosse Verbote schreiben die Rechtsgesetze keine bestimmten Handlungen vor; sie sagen nicht, was man tun, sondern nur, was man lassen soll. Das lässt sich zwar sprachlich so ausdrücken, dass einem Recht die Pflicht aller anderen entspricht, jede Behinderung zu unterlassen. Aber das wäre dann ein anderer Pflichtbegriff, der keine bestimmten Handlungsvorschriften enthielte und es auch nicht gestattete, Pflichtenkataloge aufzustellen. Es gäbe im Grunde nur eine einzige Pflicht, nämlich keine Rechtsansprüche zu vereiteln, d.h. keine erlaubten Zwecke zu behindern. Aus einem Verbot lassen sich keine eindeutigen Handlungsanweisungen gewinnen. Wenn es Pflicht ist, jede Beeinträchtigung der Religionsausübung anderer zu unterlassen, so ist damit nicht gesagt, was man stattdessen tun soll, während die anderen ihre Religion ausüben. Und selbst wenn man eine Pflicht positiv ausdrückt, zum Beispiel seine Steuern zu bezahlen, so ist damit dem Sinne nach nur gesagt, dass man den Staat nicht daran hindern darf, über den festgesetzten Einkommensteil zu verfügen. Wie dies zu gewährleisten ist, ob durch Abzug vom Gehalt, durch Vorauszahlung oder Nachzahlung oder durch Einspringen eines reichen Onkels, ist damit nicht ausgesagt. Der Rechtsanspruch des Staates wäre in jedem Fall gewahrt. Ich halte den Begriff der Pflicht als terminus technicus in einer Wollensethik für verzichtbar. Pflichten als gesetzlich vorgeschriebene bestimmte Handlungsweisen gibt es im strengen Sinne nicht und der Begriff der einzigen Pflicht, Rechtsbehinderungen zu unterlassen, ist gänzlich unbestimmt. Der Pflichtbegriff sollte vor allem deswegen gemieden werden, weil er durch die Sollensethik mit ihrem Unbedingtheitsanspruch vorbelastet ist und daher Assoziationen erweckt, die in einer Wollensethik unerwünscht sind. Damit möchte ich natürlich nicht unsere Alltagssprache reformieren. Sie würde sehr umständlich, wenn wir die Pflichten immer als Behinderungsverbote formulieren und zum Beispiel statt von Dienstpflichten davon sprechen müssten, dass der Beamte den Staat nicht daran hindern darf, über einen Teil seiner Arbeitskraft zu verfügen. Allerdings scheint der Pflichtbegriff auch in der Alltagssprache immer mehr in den Hintergrund zu treten. Als ethischer terminus technicus jedenfalls sollte er ausgedient haben.

Das Recht ist also der Inbegriff der Bedingungen einer allgemeinen Zweckharmonie. Diese ist notwendig, damit jeder alle seine Zwecke erreicht. Da dieses notwendigerweise jeder will und somit auch das unentbehrliche Mittel, so besteht ein allgemeiner Wille zum Recht, wobei die Allgemeinheit nicht als Verschmelzung der einzelnen Willen zu einem Gemeinwillen, einer rousseauschen volonté générale, zu verstehen ist, sondern distributiv: Jeder Einzelne für sich genommen will das Recht.

2. Der Liberalismus als Naturrecht

Der hier gegebene Rechtsbegriff ist der des traditionellen Liberalismus. Seine klassische Formulierung hat Kant gefunden: „Das Recht ist also der Inbegriff der Bedingungen, unter denen die Willkür des einen mit der Willkür des andern nach einem allgemeinen Gesetze der Freiheit zusammen vereinigt werden kann."[11] Das entspricht genau dem oben Dargelegten, wenngleich in anderen Ausdrücken und in anderer Form. Kant nimmt nämlich, wie ich meine, zu viel in die Definition des Rechtsbegriffes auf. Warum die Willkür des einen mit der Willkür des anderen *nach einem allgemeinen Gesetze der Freiheit* vereinigt werden müsse, kommt bei ihm unvermittelt und bleibt unklar. Kant hat offenbar nicht erkannt, dass der Zusatz aus der Definition des Rechtsbegriffes ableitbar ist und daher nicht in sie hineingehört. Dass das Recht sich in Gesetzen ausdrücken muss, fällt bereits unter die in der Definition genannten Bedingungen der allgemeinen Zweckharmonie, weil sie, wie gezeigt, anders nicht denkbar ist, und dass es sich bei den Gesetzen um solche der Freiheit handeln muss, folgt, wie noch zu zeigen sein wird, daraus, dass sie die Zwecktätigkeit regeln sollen und diese als frei angesehen werden muss. Daher darf die Definition des Rechts überhaupt, des Rechtsbegriffs, nur enthalten, dass es der Inbegriff der Bedingungen einer allgemeinen Zweckharmonie sei.

Der entscheidende Unterschied zu Kant besteht jedoch darin, dass dieser die Gültigkeit seines Rechtsbegriffes für unbeweisbar hält. Über das korrespondierende „allgemeine Rechtsgesetz: handle äußerlich so, dass der freie Gebrauch deiner Willkür mit der Freiheit von jedermann nach einem allgemeinen Gesetze zusammen bestehen könne", sagt er zwar, dass es allgemein verbindlich sei, betont aber, dass diese Verbindlichkeit von der Vernunft nur „als ein Postulat, welches gar keines Beweises weiter fähig ist", ausgesagt werde.[12] Von Kants Standpunkt aus ist das durchaus konsequent. Er ist der Ansicht, dass „der Begriff des Rechts" aus dem „moralischen Imperativ ... entwickelt werden kann" (obwohl er allerdings nicht ausführt, wie das gehen könnte)[13], und dann ist klar, dass das allgemeine Rechtsgesetz ebenso wie das Sittengesetz als kategorischer Imperativ auftritt, dessen Verbindlichkeit lediglich ein „Faktum der Vernunft" darstellt. Wie wir früher gesehen haben, lässt sich die allgemeine Verbindlichkeit kategorischer Imperative eben nicht verständlich machen. Fasst man dagegen das allgemeine Rechtsgesetz nicht als Imperativ auf, sondern als Maxime, sodass es etwa lautet: Ich will mir nur solche Zwecke setzen, die mit allen anderen verträglich sind, dann lässt sich auf analytischem Wege zeigen, dass dieses Wollen in jedem Wollen überhaupt, jeder Zwecksetzung, impliziert ist, sodass mit dem Begriff des Wollens bereits ein Gegenstand des Wollens, eben das Recht, gegeben ist und jedes wollende, d.h. zwecktätige, Wesen das Recht will. Man hat dann nicht die Schwierigkeit, eine auferlegte Verbindlichkeit zu erklären, sondern die allgemeine Geltung der Rechtsgesetze besteht darin, dass alle sie tatsächlich wollen.

Hier ist nun spätestens der Ort, wo zwei Einwänden begegnet werden muss, die immer wieder gegen analytische Deduktionen allgemein vorgebracht werden. Der erste wurde schon immer erhoben und besagt, dass analytische Sätze nichts über die Wirklichkeit aussagten, sondern nur über unsere Begriffe von ihr, sodass wir aus ihnen nie etwas Neues über die Welt erführen. Der zweite Einwand ist erst vor fünfzig Jahren aufgekommen und hat die analytischen Sätze von ihrem Sockel der absoluten Allgemeingeltung gestoßen. Analytische Sätze sind, in sprachanalytischer Diktion, allein auf Grund der Bedeutungen der verwendeten Ausdrücke wahr. Um die Wahrheit des Satzes „Ein Junggeselle ist ein unverheirateter Mann" zu erkennen, muss ich nicht die Erfahrung befragen, sondern nur die Bedeutung der Ausdrücke „Junggeselle" und „unverheirateter Mann" kennen. Da nun aber die Bedeutungen der Ausdrücke nicht in allen Sprachen vollständig übereinstimmen, so kann es vorkommen, dass ein Satz, der in der einen Sprache analytisch wahr ist, es in der anderen nicht ist, sodass also die analytischen Sätze nicht absolut gültig sind, sondern immer nur relativ auf die jeweilige Sprache, in der sie formuliert sind, bzw. auf das zu Grunde liegende Begriffssystem. Schon die Beispiele Kants, von dem die Unterscheidung zwischen analytischen und synthetischen Urteilen ja stammt, stiften Verwirrung. Sein Beispiel für ein analytisches Urteil ist „Alle Körper sind ausgedehnt" und dieses Beispiel ist unstrittig. Aber sein Beispiel für ein synthetisches Urteil, „Alle Körper sind schwer", lässt wohl die meisten zunächst stutzen, weil für sie die Schwere bereits im

Begriff eines Körpers enthalten ist. Aber Kant verwendet offenbar einen weiteren Begriff vom Körper, etwa den mathematischen. Auf Grund dieser Relativität, so wird argumentiert, sei es jederzeit möglich, aus einem synthetischen Satz durch geeignete Begriffsdefinitionen einen analytischen zu machen, aber das bringe niemals irgendeinen Erkenntnisfortschritt. Man könne zwar das Weißsein in den Begriff des Schnees mit aufnehmen und dann werde der Satz „Schnee ist weiß" analytisch. Aber um die Erweiterung des Begriffs Schnee vornehmen zu können, müsse man vorher empirisch erforschen, ob tatsächlich aller Schnee weiß sei, sonst schaffe man einen willkürlichen Begriff, dem in der Wirklichkeit nichts entspreche.

Beide Einwände sind im Prinzip natürlich zutreffend. Im Allgemeinen erfahren wir aus analytischen Aussagen nichts über die Wirklichkeit und insofern wäre es eigentlich Unsinn zu behaupten, es lasse sich auf analytischem Wege zeigen, dass alle das Recht tatsächlich wollen; denn hier wird eindeutig über die Wirklichkeit geurteilt. Allein es gibt Fälle, in denen das analytisch möglich ist. Wenn nämlich die Wirklichkeit selbst durch Begriffe bestimmt wird, dann gelten Aussagen über Begriffsverhältnisse auch von der Wirklichkeit. Und so ist es in unserem Fall, da es um das Wollen geht. Ich hatte früher schon angemerkt, dass unser Wollen unmittelbar nicht von den Tatsachen bestimmt wird, sondern von unseren Begriffen von ihnen. Kolumbus war der Überzeugung, dass man Indien auch auf Westkurs erreichen könne, und dementsprechend fuhr er los. Und als er in Amerika gelandet war, hielt er es für Indien und demgemäß behandelte er die Einwohner als Inder. Da also unser Wollen allein von unseren Begriffen gelenkt wird und nicht von der begriffsunabhängigen Wirklichkeit, so gelten für unser Wollen auch die Gesetze, die unser begriffliches Denken regeln, und wenn sich erweist, dass das Wollen der einen Sache das Wollen einer anderen logisch impliziert, dann steht a priori fest, dass, wenn jemand die eine tatsächlich will, er auch die andere tatsächlich will. Unter diesem Aspekt ist es keineswegs unsinnig, einen allgemeinen Willen zum Recht analytisch nachweisen zu wollen.

Allerdings unter zwei Bedingungen. Die erste ist – und damit begegne ich zugleich dem zweiten Einwand –, dass die zu Grunde gelegten Begriffe nicht willkürlich gebildet sind, sondern ein fundamentum in re haben. In unserem Fall ist das der Begriff des Zwecks als desjenigen, dessen Verwirklichung man tatsächlich betreibt. Die Frage ist also, ob es Zwecke in diesem Sinne in der Welt gibt, ob es Wesen gibt, die etwas erreichen wollen, die sich bemühen, irgendeinen Zustand selbst herbeizuführen. Wieweit wir berechtigt sind, Zwecktätigkeit in diesem Sinne für wirklich zu halten, wird im letzten Kapitel erörtert werden. Die zweite Bedingung ist, dass die Wollenden konsequent denken. Eine logische Implikation, die jemand nicht erkennt, beeinflusst auch sein Wollen nicht. Über dieses Problem wird im Kapitel über die Moral gehandelt werden.

Wenn nun die Geltung des liberalistischen Rechtsbegriffs sich analytisch aus dem Begriff eines zwecktätigen Wesens ableiten lässt, dann bedeutet das in traditioneller Terminologie, dass sie zum Wesen, zur Natur eines solchen Wesens gehört, sodass also der Liberalismus für alle zwecktätigen Wesen den Rang eines Naturrechts einnimmt, das für sie notwendig und unabänderlich gilt. Mit Liberalismus ist hier natürlich keine politische Parteiung gemeint, denn dann wäre es absurd, ihn zum Naturrecht zu erklären. Gemeint ist lediglich der liberalistische Grundgedanke, dass die Individuen sich ihre sämtlichen Zwecke selbst wählen und die Rechtsgesetze ausschließlich dazu da sind, ihre Verträglichkeit zu gewährleisten.

Gegen diese Auffassung ist immer wieder vorgebracht worden, dass sie eine Folge des abendländischen Individualismus sei und daher mit diesem stehe oder falle. Der Individualismus aber sei eine historische Erscheinung, die keineswegs Allgemeingültigkeit besitze. Schon Aristoteles habe erkannt, dass der Mensch seinem Wesen nach ein „politisches Lebewesen" sei, was nicht bedeute, dass er allein nicht lebensfähig sei, sondern dass er unabhängig von einer Gemeinschaft gar nicht gedacht, gar nicht begrifflich erfasst werden könne. Da also der Individualismus nicht allgemein gelte, so auch nicht der daraus sich ergebende Liberalismus. Vielmehr variierten die Rechtsauffassungen mit den verschiedenen Kulturen und Epochen, sodass von einem Naturrecht, das alle Menschen binde, keine Rede sein könne.

An diesem Einwand ist unbestritten, dass der Individualismus eine historisch gewordene Anschauung ist. Er ist eine Errungenschaft des Hellenismus, also der Epoche, die in der Philosophie von den Stoikern, Epikureern und Skeptikern repräsentiert wurde. Aristoteles war noch der Auffassung, dass die Welt einen wohl geordneten Kosmos bilde, in dem allem eine bestimmte Rolle zugewiesen und die des Einzelnen nur als Glied der Gemeinschaft erfüllbar war. Erst im Hellenismus wird der Einzelne selbst zum letzten Sinngeber des Daseins, aus Gründen, die wir hier nicht erörtern müssen.[14] Denn obwohl der Individualismus aus einer geschichtlichen Entwicklung hervorgegangen ist, besagt das nicht, dass er nicht die adäquate Auffassung ist, dass nicht die Hellenisten die richtige Anschauung gefunden haben, während ihre Vorgänger sich im Irrtum befanden. Wenn es um Zwecktätigkeit geht, so sind die Hellenisten zweifellos im Recht. Eine Gemeinschaft kann keine ursprünglichen Zwecke setzen, das kann nur ein Individuum. Eine Gruppe ist nie unmittelbar handlungsfähig, sondern nur mittelbar, nämlich dann, wenn vorher durch einen besonderen Akt ein gemeinsamer Wille geschaffen wird. Gewiss kann eine Kolonne in dieselbe Richtung marschieren, aber nur dann, wenn vorher jemand den Befehl dazu gegeben hat, und ebenso kann ein Orchester nur dann harmonisch musizieren, wenn einer das Zeichen zum Beginn gibt. In diesen Fällen kommt der gemeinsame Zweck, der gemeinsame Wille, durch einen Befehlsakt zu Stande, was freilich voraussetzt, dass vorher festgelegt ist, wer die Befehlsgewalt besitzt. In einfacheren Fällen kann der gemeinsame Wille dadurch geschaffen werden, dass einer einen Vorschlag macht und jeder Einzelne der anderen sich fragt, ob er ihm folgen will oder nicht. Wenn zum Beispiel eine Gruppe Touristen einen gemeinsamen Ausflug machen will, so wird irgendjemand einen Tourenvorschlag unterbreiten und dann muss jeder der Übrigen für sich entscheiden, ob er mitgehen will oder nicht. Wenn mehrere Vorschläge gemacht werden oder vor allem bei komplexeren Gebilden wie dem Militär oder dem Musikwesen, müssen zuvor Regeln aufgestellt werden, die bestimmen, auf welche Weise der gemeinsame Wille gebildet werden soll, und diese Regeln müssen von jedem akzeptiert werden, weil sonst kein gemeinsames *Wollen* entstünde. Auch der Soldat akzeptiert – aus welchen Gründen immer – sein Soldatsein und die damit verbundenen Verhaltensregeln; er marschiert ja im strengen Sinne freiwillig in der Kolonne, da er weder gezogen noch geschoben wird. Selbst wenn verschiedene Personen spontan denselben Vorschlag machen, ist ein besonderer Akt zur Bildung eines gemeinsamen Willens notwendig. Gesetzt, ein Liebespaar äußert zur selben Zeit denselben Gedanken „Lass uns zusammen ins Kino gehen", ein gemeinsames Ziel wird daraus erst, wenn jeder dem Vorschlag des anderen zustimmt. Unterbleibt dieser Akt, aber beide führen den Vorschlag trotzdem jeder für sich aus, dann ist dies kein gemeinsames Handeln, auch wenn sie am Ende nebeneinander im selben Kino landen, ebenso wenig wie man von den übrigen Kinobesuchern sagen kann, sie bildeten eine Gemeinschaft mit einem gemeinsamen Ziel. Es hatten nur mehrere Menschen zufällig denselben Gedanken und kamen so, unabhängig von einander, an denselben Ort, nicht anders, als wenn bei Ausbruch eines Feuers alle zum Ausgang stürmen. Der einzige Fall, in dem man von einer Gemeinschaftsleistung ohne vorherigen besonderen Akt der Willensbildung reden kann, wäre so etwas wie das Zusammenwirken der Individuen in einem Termitenstaat. Aber hier handelt es sich nicht um freie Zwecktätigkeit, sondern um vollständig determiniertes Verhalten.

Da also eine Gemeinschaft nie unmittelbar handlungsfähig ist, sondern ein gemeinsamer Wille immer erst durch die Einzelwillen hergestellt werden muss, so ist das Individuum das eigentliche Subjekt aller Zwecksetzung und folglich ist der Individualismus keine bloße historische Erscheinung, sondern die notwendige Anschauung, wenn von Zwecktätigkeit soll geredet werden können. Und wenn der Individualismus unausweichlich in den Liberalismus führt, dann ist dieser für alle zwecktätigen Wesen gültig und die aus dem liberalistischen Rechtsbegriff analytisch abgeleiteten Rechtsgesetze haben für sie den Rang eines Naturrechts. Es hat also keinen Sinn, sich auf andere kulturelle oder epochale Zusammenhänge zu berufen. Wer dem Liberalismus entgehen will, muss freie Zwecktätigkeit leugnen und dann ist die Rede von Recht oder Unrecht ohnehin hinfällig. Wenn wir determiniert sind, sind alle unsere ethischen Probleme bloße Scheinprobleme.

Das besagt natürlich nicht, dass wir nicht in dem Sinne „politische Lebewesen" wären, dass wir durch die gesellschaftliche Einbindung vielfach geprägt und in unserem Denken und Handeln vorbestimmt wären. Aber das ist keine eigentliche Determination, weil der Einzelne im Prinzip jederzeit in der Lage ist, die überkommenen Bande und Denkweisen abzustreifen und ein anderes Leben zu beginnen. Der Einzelne ist in diesem Sinne stets autonom, er ist die letzte Instanz alles Wollens und der Wille einer Gemeinschaft ist aus den Willen der Einzelnen abgeleitet, nicht umgekehrt. Daher ist es eine wesentliche Aufgabe staatlicher Organisation, Regeln zu finden, wie aus den Willen Einzelner ein gemeinsamer Wille geschaffen werden kann.

Der hier vertretene naturrechtliche Standpunkt hat den Vorteil, dass der Gegensatz zum Rechtspositivismus gemildert ist, insofern die Geltung des Naturrechts auf den tatsächlichen Willen der Menschen, die tatsächliche Anerkennung durch sie gegründet wird, eine Anerkennung, die freilich immer gegeben ist, wodurch der Relativismus vermieden wird.

3. Das allgemeine Recht

Das Recht ist, seinem Begriff nach, der Inbegriff der Bedingungen, unter denen die Zwecke aller zusammen bestehen können. Die oberste dieser Bedingungen ist, dass es Gesetze gibt, die die Zwecke der Einzelnen harmonisieren, sodass keine Zweckkonflikte entstehen können. Wie diese Gesetze konkret auszusehen haben, hängt von den jeweiligen Zwecken ab, die wiederum von den jeweiligen empirischen Bedingungen abhängig sind. Was sich jedoch aus der Idee des Rechts und seinem Begriff selbst ergibt, das gilt allgemein, d.h. unter allen möglichen empirischen Bedingungen, unter denen Zwecktätigkeit denkbar ist, also für alle zwecktätigen Wesen überhaupt, wobei gelten bedeutet, dass alle es wollen, weil im Willen zum Recht enthalten.

1. Aus dem Begriff des Rechts ergibt sich die Garantie der Freiheit. Damit ist natürlich nicht die Willensfreiheit gemeint, die ohnehin unverlierbar ist. Gemeint ist aber auch nicht die Handlungsfreiheit im weitesten Sinn, die darin besteht, dass man das, was man will, auch ausführen kann, ohne durch irgendetwas gehindert zu werden. Schopenhauer spricht von der „physischen Freiheit" und definiert sie als „Abwesenheit der materiellen Hindernisse jeder Art".[15] Diese Freiheit ist in dieser Allgemeinheit kein Gegenstand des Rechts, da sich keine Gesetze denken lassen, die etwa der Natur verbieten, mir einen unüberwindbaren Bach in

den Spazierweg zu legen. Was in unserem Zusammenhang gemeint ist, ist allerdings eine Unterart der physischen Freiheit, nämlich die politische Freiheit, das, was Kant als „Unabhängigkeit von eines anderen nötigender Willkür" definiert.

Kant bezeichnet diese Freiheit oder besser: das auf der Freiheitsgarantie basierende Recht auf diese Freiheit als ein angeborenes Recht, sogar als das einzige solche Recht und er versteht darunter im Gegensatz zum erworbenen Recht „dasjenige Recht, welches, unabhängig von allem rechtlichen Akt, jedermann von Natur zukommt". „Freiheit ... ist dieses einzige, ursprüngliche, jedem Menschen, kraft seiner Menschheit, zustehende Recht."[16] Das ist eine äußerst missverständliche Metaphorik. In ein Recht kann man allenfalls hineingeboren werden, aber es kann nicht angeboren sein wie die fünf Finger einer Hand oder die Farbe der Augen. Ein Recht besteht allein in der Anerkennung durch alle. Es ist demnach nicht etwas, das in seinem Inhaber zu finden wäre, unabhängig von den anderen Menschen, sondern es existiert nur dadurch, dass die anderen es respektieren. Wollte man hier von Angeborensein sprechen, dann müssten meine Rechte, da sie Behinderungsverbote für die anderen sind, eher den anderen angeboren sein, etwa als eine Art „Beißhemmung". Die Redeweise, der Kant sich bedient und die in der Naturrechtstradition allgemein verbreitet ist, ist irreführend, weil sie suggeriert, dass das Freiheitsrecht etwas sei, das uns wie eine Eigenschaft ohne unser Zutun von Natur anhaftet, ob wir wollten oder nicht. Ein Recht ist jedoch niemals eine solche Eigenschaft, sondern besteht allein in dem Willen aller. Darin freilich ist Kant uneingeschränkt beizupflichten, dass das Freiheitsrecht unabhängig von allem besonderen rechtlichen Akt besteht, und das ist ja der eigentliche Kern seiner Aussage. Das liegt jedoch nicht daran, dass dieses Recht uns wie das Menschsein natürlicherweise inhärierte. Vielmehr ist es logisch impliziert in dem allgemeinen Willen zum Recht, den jedes zwecktätige Wesen tatsächlich hat.

Auch Rousseau verknüpft die Freiheit mit der Natur des Menschen, aber ohne die Vorstellung zu suggerieren, es handle sich um eine dem Menschen unmittelbar inhärierende Eigenschaft. Sein berühmter Satz „Der Mensch ist frei geboren, und überall liegt er in Ketten" ist in dieser Hinsicht unverfänglich. Erst seine Begründung der Freiheit stellt die Verbindung zur Natur des

Menschen her. Dabei ist hervorzuheben, dass er überhaupt eine Begründung ohne Rückgriff auf den Willen Gottes, der die Menschen frei und gleich geschaffen habe, versucht. Denn in aller Regel wird die Freiheit, wenn sie nicht theologisch gerechtfertigt wird, lediglich behauptet oder gefordert. Rousseau schreibt: „Die allen gemeinsame Freiheit ist eine Folge der Natur des Menschen. Dessen oberstes Gesetz ist es, über seine Selbsterhaltung zu wachen, seine erste Sorge ist diejenige, die er sich selber schuldet, und sobald der Mensch erwachsen ist, wird er so sein eigener Herr, da er der einzige Richter über die geeigneten Mittel zu seiner Erhaltung ist."[17] Man kann diesen Passus entweder als empirisch-anthropologische Aussage verstehen, in dem Sinne, dass die Menschen sich ihre Selbsterhaltung tatsächlich zum obersten Gesetz machen. Dann ist sie sicher falsch, wie die hohe Selbstmordrate oder die große Zahl soldatischer Helden beweisen, die offenbar der Ansicht sind, „das Leben sei der Güter höchstes nicht". Aber selbst wenn die Falschheit nicht so offenkundig wäre, würde eine empirische Feststellung niemals ausreichen, um ein allgemein geltendes Recht zu begründen. Oder man interpretiert den rousseauschen Passus im Sinne einer Teleologie der Natur, die den Menschen dazu bestimmt habe, für seine eigene Erhaltung zu sorgen. Das wäre dann eine nicht weiter begründete Annahme und ich zweifle, ob eine naive Naturteleologie heute noch Anhänger findet. Aber welche Interpretation man auch wählt, es bleibt in jedem Falle die doch eher zweifelhafte zusätzliche Annahme, dass der Einzelne selbst am besten wisse, was ihm fromme. Man denke nur an den Rauschgiftkonsum oder die offensichtlich ungesunden Ernährungsgewohnheiten vieler Leute.

Nichtsdestotrotz ist die Garantie der Freiheit allgemein geltendes Recht, weil sie im Begriff des Rechts enthalten ist. Denn die oberste der Bedingungen, unter denen die Zwecke aller zusammen bestehen können, sind Gesetze, die festlegen, welche Zwecke man sich setzen darf. Das heißt, dass man an der Verfolgung dieser Zwecke von niemandem behindert werden darf, sodass man sie frei und „unabhängig von eines anderen nötigender Willkür" verwirklichen kann. Der Sinn der Rechtsgesetze besteht also in nichts anderem als in der Gewährleistung der Freiheit. Daher kann man den Begriff des Rechts auch in Anlehnung an Kant definieren als den Inbegriff der Bedingungen, unter denen die Freiheit des einen mit der Freiheit des anderen zusammen bestehen kann. So springt die Verknüpfung von Recht und Freiheit sogleich in die Augen. Zwar schränken die Rechtsgesetze andererseits die Beliebigkeit der Zwecksetzung ein, aber das bedeutet keinerlei Einschränkung der Freiheit. Da die Geltung der Gesetze auf dem allgemeinen Willen zum Recht beruht, sie also von jedem gewollt werden, so werden die Einschränkungen, die sie verlangen, freiwillig übernommen und lassen somit die Freiheit vollkommen und unangetastet. (Es ist daher widersprüchlich, wenn man den Liberalismus dadurch charakterisiert, dass er die freiwillige Einschränkung der eigenen Freiheit meine. Seine Freiheit kann man nicht freiwillig einschranken, weil bei allem, was man freiwillig tut, die Freiheit vollkommen gewahrt bleibt. Durch die Rechtsgesetze schränken wir nur unsere Zwecke ein, nicht unsere Freiheit.)

2. Aus der Idee des Rechts ergibt sich die Gleichheit aller Menschen. Sinn des Rechts ist die Verhinderung von Zweckkonflikten. Ein echter Konflikt tritt aber nur dann auf, wenn die Zwecke gleichrangig sind. Wenn ich während meiner Überlegungen feststelle, dass ein Zweck, den ich verfolgen möchte, einem anderen meiner Zwecke zuwiderlaufen würde, der ihm übergeordnet ist, so entsteht kein wirklicher Konflikt, weil klar ist, dass ich den untergeordneten fallen lasse. Ebenso verhält es sich, wenn mehrere Personen beteiligt sind. Sofern alle Beteiligten sich darüber einig sind, dass eine Rangordnung unter den Zwecken besteht, gibt es keinen wirklichen Konflikt. Dass jemand den einen Zweck höher bewertet als den anderen, bedeutet nichts anderes, als dass er im Konfliktfalle den einen verwirklicht sehen möchte, den anderen nicht. Es bedarf für diesen Fall also keiner besonderen Gesetze als Rechtsgesetze. Das Recht bezieht sich nur auf gleichrangige Zwecke. Ursprung des Rechts ist die Erkenntnis, dass die Zwecke an sich keine objektive Rangordnung, die für alle Menschen gilt, aufweisen, weil sie frei gewählt werden und so sich jeder Einzelne seine eigene Rangfolge aufstellen kann. Dadurch sind Konflikte möglich, die sich nur so vermeiden lassen, dass die Zwecke aller durch allgemeine Gesetze, eben das Recht, hierarchisch geordnet werden. Rechtlich gesehen bedeutet die ursprüngliche Gleichrangigkeit der Zwecke, dass an sich alle Zwecke gleichberechtigt sind bzw. dass alle Menschen an sich die gleichen Rechte besitzen.

Erst die jeweilige Rechtsordnung schafft die zur Konfliktvermeidung notwendigen Unterschiede. Dabei ist zu bedenken, dass es ausschließlich um eine Hierarchie der *Zwecke*, nicht der Personen geht. Die Personen, die die Zwecke haben, bleiben vollständig außer Betrachtung, weil sie nicht als ganze, sondern allein in ihren Zwecken konfligieren können. Und wenn sie dennoch zur Klassifikation der Zwecke herangezogen werden müssen, werden sie lediglich als abstrakte Zwecksubjekte, als zwecktätige Wesen überhaupt gesehen, deren Besonderheit allein durch ihre zweckklassifikatorische Funktion definiert ist. Ihre natürlichen Eigenschaften spielen keine Rolle, weil sie zur Hierarchisierung der Zwecke nicht notwendig sind. Um die Zwecke konfliktfrei zu ordnen, muss es zum Beispiel Eigner geben, aber keine Farbigen oder Katholiken oder Türken. Der Eigner ist demnach rechtlich keine natürliche Person mit all ihren beliebigen Zwecken und sonstigen Besonderheiten, sondern nur ein zwecktätiges Wesen überhaupt, dessen Zwecke in Bezug auf eine bestimmte Sache Vorrang haben vor den Zwecken der anderen, die ebenfalls nur als zwecktätige Wesen überhaupt Berücksichtigung finden. Oder der Vorgesetzte ist ein zwecktätiges Wesen überhaupt, dessen Zwecke in Bezug auf eine bestimmte Aufgabe Vorrang haben vor denen der Untergebenen, die ihrerseits nur als zwecktätige Wesen überhaupt erscheinen. Die Rechtsgesetze gelten also „ohne Ansehen der Person", für zwecktätige Wesen überhaupt, also für vollkommen gleiche Wesen und so geht die ursprüngliche Gleichheit der Rechte durch die Rechtsordnung über in die *Gleichheit vor dem Gesetz*. Zwar schaffen die Rechtsgesetze Rangunterschiede, aber diese sind in keiner Weise begründet in den natürlichen Personen, sondern entspringen allein dem Bestreben, ein in sich konsistentes hierarchisches System der Zwecke aufzubauen, wer immer die Zwecke gerade haben mag. Es sind immer Rangunterschiede der Zwecke, nie der Personen, die sie haben.

3. Aus dem Begriff des Rechts ergibt sich die Notwendigkeit eines Gesellschaftsvertrages. Die oberste der Bedingungen einer allgemeinen Zweckharmonie, die im Rechtsbegriff gedacht werden, ist das Bestehen von Gesetzen, die die Zwecke der Einzelnen miteinander verträglich machen. Wie diese Gesetze im Einzelnen auszusehen haben, lässt sich aber a priori nicht mehr in ausreichendem

Umfang konkretisieren. Dazu müssen die zu harmonisierenden Zwecke bekannt sein, was nur empirisch möglich ist, weil die Zwecke frei gewählt werden und daher a priori nicht zu erkennen ist, wer welche Zwecke haben wird. Die besonderen Gesetze können deshalb nur so gefunden werden, dass jeder, für den sie gelten sollen, zunächst seine Zwecke (die bis dahin allerdings erst Wünsche sein sollten) kundtut, um dann zu sehen, wie ihre Verträglichkeit gewährleistet werden kann (sodass dann jeder weiß, welche seiner Wünsche er zu Zwecken machen darf). Die Gesetze nun, die die Verträglichkeit garantieren sollen, können nicht von irgendjemandem diktiert, sondern müssen von allen selbst gewollt werden. Da sie die Zwecksetzungen regeln sollen, diese aber freiwillig geschehen, so richtet jeder seine Zwecke nur dann nach den Gesetzen ein, wenn er sie selbst will. Die besonderen Gesetze können also nur Geltung erlangen durch eine Übereinkunft aller Betroffenen, in der jeder erklärt, dass er will, dass die Gesetze für Recht gelten. Da nun die „erklärte Willensübereinstimmung zweier oder mehrerer Parteien über Herbeiführung eines Rechtsverhältnisses" ein Vertrag ist,[18] so beruht die Gültigkeit der besonderen Gesetze auf einem Vertrag, den jeder Einzelne mit jedem anderen schließt.

Wie der Inhalt der vereinbarten Gesetze beschaffen ist, hängt von den jeweiligen empirischen Gegebenheiten ab und ist letztlich ins Belieben der Vertragspartner gestellt. Das geschaffene Recht ist also rein positiver Natur. Deswegen ist es auch müßig, hier allgemein geltende Gesetze angeben zu wollen, wie es die herkömmlichen Vertragstheorien tun, indem sie allgemein menschliche Bedürfnisse, die jeder habe, annehmen. Auch John Rawls' „Schleier des Nichtwissens" läuft auf genau dasselbe hinaus. Er soll versinnbildlichen, dass diejenigen, die über die Gesetze beraten, von ihren individuellen Umständen abstrahieren müssen.[19] Das aber heißt nichts anderes, als dass sie nur allgemein menschliche Bedürfnisse berücksichtigen dürfen. Welche Bedürfnisse die Menschen haben, ist indessen eine rein empirische Frage, aus der sich keine Allgemeingeltung gewinnen lässt. Da also das positive Recht sich nach den jeweiligen empirischen Bedingungen richtet, muss es sich bei dem Vertrag, in dem es vereinbart wird, um einen tatsächlichen, historischen Akt und nicht bloß um ein ideelles staatstheoretisches Konstrukt handeln. Alle positiven Gesetze müssen irgendwann beschlossen worden sein und sie gelten nur dort, wo sie beschlossen wurden. Nur was sich aus Idee und Begriff des Rechts selbst ableiten lässt, gilt allgemein. Dazu zählt auch, was sich aus der Natur des Gesellschaftsvertrages seinerseits ergibt, nämlich das Folgende:

4. Um einen Gesellschaftsvertrag schließen zu können, muss es überhaupt die Institution des Vertrages geben, das heißt, dass durch die erklärte Willensübereinstimmung zweier oder mehrerer Parteien ein Rechtsverhältnis begründet werden kann.

5. Da der Gesellschaftsvertrag eine freiwillige Übereinkunft ist, muss gewährleistet sein, dass alle zu verkündenden Gesetze, ihre Inkraftsetzung und Vollziehung aus dem Wollen der Partner fließen, damit alle sie auch befolgen. Das besagt, dass jedem Gelegenheit gegeben werden muss, seine Stimme abzugeben, und da Konflikte nur zuverlässig vermieden werden können, wenn wirklich alle das Vereinbarte selbst wollen, so ist grundsätzlich Einstimmigkeit gefordert. Diese ist entweder unmittelbar gegeben, wenn alle derselben Meinung sind, oder sie wird mittelbar erreicht, nachdem vorher ein Verfahren vereinbart wurde, mit dem bei unterschiedlichen Meinungen entschieden wird, welche gelten soll, zum Beispiel die der Mehrheit. Der Mehrheitsentscheid ist also nichts anderes als ein Mittel zur Herstellung der Einstimmigkeit: Alle haben zugestimmt, *dass* die Mehrheit entscheidet, also stimmen auch alle dem zu, *was* die Mehrheit entscheidet. Die Entscheidung für ein Verfahren, mittelbar Einstimmigkeit zu erzeugen, muss freilich selbst mit unmittelbarer Einstimmigkeit erfolgen. Aber das bereitet keine Schwierigkeit. Denn diejenigen, die gegen das Verfahren gestimmt haben, stimmen entweder doch noch zu oder sie treten nicht in den Vertrag ein, sondern suchen mit anderen einen anderen zu schließen. Diese Möglichkeit bleibt grundsätzlich immer bestehen und gilt auch für die übrigen Gesetze: Wer den rechtmäßig vereinbarten Gesetzen nicht zustimmt und ihnen nicht unterliegen will, scheidet aus dem Vertrag aus, sodass man ohne Abstrich annehmen darf, dass alle, die sich als Bürger eines Staates verstehen, allen seinen Gesetzen zustimmen, auch wenn sie sie vielleicht nicht alle für die besten halten, sondern lieber andere hätten.

Gegen den Mehrheitsentscheid ist schon im Altertum vorgebracht worden, dass es nicht darauf ankomme, was die meisten für das Beste hielten, sondern was an sich das Beste sei, weshalb eher die Kundigsten entscheiden sollten. Aber zum einen besteht in solchen Fällen die Gefahr eines unendlichen Regresses, weil man ein weiteres Verfahren braucht, um die Kundigsten festzustellen usw.; wogegen die Mehrheit von allen, die zählen können, objektiv feststellbar ist. Zum anderen ist es durchaus im Interesse der Konfliktverhinderung, wenn die meisten schon von sich aus unmittelbar zustimmen. Aber zwingend sind solche Argumente natürlich nicht, man könnte auch ein anderes Verfahren wählen.

Abfassung, Inkraftsetzung und Vollziehung der Gesetze müssen also dem Wollen aller Vertragspartner entsprechen. Aber dieses gemeinsame Wollen muss erst hergestellt werden und dazu bedarf es stets der Initiative Einzelner, weil, wie bereits früher gezeigt, eine Gruppe nicht unmittelbar handlungsfähig ist. Jemand muss die Versammlungen einberufen, jemand muss die Gesetze vorschlagen, jemand muss die Diskussion leiten, jemand muss die Abstimmung eröffnen usw. Desgleichen muss beim Vollzug der Gesetze stets ein Einzelner initiativ werden: Jemand muss den Einsatzbefehl der Polizei erteilen usw. Um nun zu gewährleisten, dass diese Individuen immer in Übereinstimmung mit dem gemeinsamen Wollen handeln, sodass alle Handlungen der Gemeinschaft tatsächlich aus diesem Wollen entspringen, ist das einzige Mittel, dass die Initiatoren von allen Partnern selbst in freien und geheimen Wahlen in ihre Funktionen gewählt werden.

6. Da der Vertrag die nur empirisch bekannten Zwecke harmonisieren soll und Veränderlichkeit Voraussetzung aller Zwecktätigkeit ist, muss er jederzeit revidierbar sein, wenn sich die Interessenlage der Partner geändert haben sollte. Das heißt, er muss Bestimmungen enthalten, die eine reguläre Überprüfung der Übereinstimmung der Gesetze mit dem gegenwärtigen Wollen der Partner gewährleisten. Ebenso muss die Übereinstimmung des Handelns der Funktionäre mit dem gemeinsamen Wollen durch reguläre Neuwahlen überprüft werden.

7. Da es ein Vertrag jedes einzelnen Partners mit jedem anderen ist, muss ihn jeder Einzelne auch wieder kündigen können. Das

heißt, er muss Bestimmungen enthalten, die die Bedingungen festlegen, unter denen der Einzelne aus ihm entlassen wird. Damit er seinen Zweck erfüllt, besteht keinerlei Notwendigkeit anzunehmen, dass durch ihn der Einzelne sich aufgibt und mit den anderen gleichsam zu einem neuen Wesen, einem hobbesschen „Leviathan" oder einer rousseauschen „Gesamtkörperschaft" verschmilzt. Es ist völlig ausreichend, wenn jeder weiterhin unbeirrt seine eigenen Zwecke verfolgt, nur dass er sich verpflichtet, sich dabei an die vereinbarten Gesetze zu halten. Ein Vertrag ist, wie es in der zitierten Definition heißt, eine *Übereinstimmung* der Willen, nicht ihre Verschmelzung. Wenn ich oben von einem gemeinsamen Wollen gesprochen habe, so ist das also nicht so zu verstehen, als vereinigten sich die einzelnen Willen zu einem einzigen, so wie sich etwa viele Bäche zu einem Fluss vereinigen, aus dem sie dann nicht mehr herausgelöst werden können. Die Gemeinsamkeit besteht vielmehr nur in der Identität des Zieles, wie wenn viele Schrotkugeln dasselbe Wild treffen.

4. Das Recht unter empirischen Bedingungen

Die bisher aufgeführten Bestimmungen gelten allgemein unter allen möglichen empirischen Bedingungen, weil sie sich aus der Idee und dem Begriff des Rechts selbst ergeben und daher wie das Recht im Wollen eines jeden zwecktätigen Wesens überhaupt involviert sind. Aber auch unter besonderen empirischen Bedingungen lassen sich allgemein geltende Normen begründen, wenn sie sich aus der Idee und dem Begriff des Rechts, sofern diese auf die besonderen Bedingungen angewendet werden, ableiten lassen. Sie gelten dann für alle zwecktätigen Wesen, die unter denselben empirischen Bedingungen leben.

8. Zu den besonderen Bedingungen unserer Welt nun zählt, dass wir einander nicht ins Bewusstsein schauen können. Deshalb lässt sich der Begriff des Rechts nur anwenden, wenn die Möglichkeit der freien Meinungsäußerung garantiert ist. Denn zu den Bedingungen einer allgemeinen Zweckharmonie gehört, dass die Zwecke bekannt sind. Zweckkonflikte lassen sich nur dann vermeiden, wenn jeder weiß, welche Zwecke die anderen verfolgen,

damit er sich darauf einrichten und bei drohenden Zweckkonflikten eine Verständigung und Einigung herbeiführen kann. Da aber Zwecke frei gewählt werden, lassen sie sich nur empirisch feststellen und das ist unter den Menschen dieser Welt nur so möglich, dass sie einander ihre Zwecke mitteilen. Folglich muss jeder seine Zwecke frei verkünden dürfen.

Aber nicht nur die Zwecke selbst muss jeder verkünden dürfen, sondern ebenso ihre Begründungen und Rechtfertigungen. Denn wenn Zweckkonflikte drohen, ist es nicht ausreichend, lediglich die geplanten Zwecke mitzuteilen. Um zu einer Verständigung und Einigung zu gelangen, ist es nötig, auch die Hintergründe der Zwecke zu klären, damit man versuchen kann, eine Überzeugung zu finden, die von allen Betroffenen geteilt wird und aus der sich eine Vermeidung des drohenden Konflikts ergibt. Da nun a priori niemand wissen kann, aus welchen Gründen ein anderer welche Zwecke verfolgt, so muss grundsätzlich jeder alles mitteilen dürfen, was ihm mitteilenswert erscheint, so entlegen es anderen auch vorkommen mag. Niemand kann etwa von vornherein beurteilen, wie wichtig für die Zwecke eines anderen dessen Lösung der homerischen Frage ist.

9. Was für die Zwecke der Individuen gilt, gilt in gleichem Maße für die der Gemeinschaft. Die zur Konfliktvermeidung beschlossenen Gesetze können ihre Funktion nur dann erfüllen, wenn sie bekannt sind. Folglich muss das gesamte geltende Recht allen zugänglich sein, damit jeder sich informieren und sein Handeln entsprechend ausrichten kann. Das bedeutet, dass nur veröffentlichte Gesetze und Rechtsakte Geltung besitzen, sodass kein Gesetz auf Handlungen anwendbar ist, die vor seiner Veröffentlichung geschehen sind.

10. Da wir in unserer Welt nicht nur auf Personen treffen, sondern auch auf Sachen, über die wir in unserem Handeln verfügen, und da daraus Konflikte entstehen können, ergibt sich die Notwendigkeit der Institution des Eigentums, d. h. der ausschließlichen Verfügungsgewalt über eine Sache, sodass eine Sache dann jemandes Eigentum ist, wenn er allein bestimmt, welche Zwecke, die sie betreffen, verwirklicht werden dürfen und welche nicht. Eine solche Institution ist in der Tat unumgänglich. Wenn die

Zwecke so aufeinander abgestimmt sein sollen, dass Konflikte gar nicht erst entstehen können, dann muss von vornherein feststehen, wer worüber bestimmt, damit alle sich darauf einstellen und ihre Zwecke so einrichten können, dass kein Konflikt aufkommen kann. Wenn ich weiß, dass eine Sache einem anderen gehört, dann weiß ich damit, dass ich ihn erst um seine Einwilligung bitten muss, wenn ich von ihr Gebrauch machen will. Damit diese Sicherheit gegeben ist, muss das Eigentumsrecht wirklich *uneingeschränkt* sein, damit klar ist, wer die *vollständige* Verfügungsgewalt besitzt, und daraus folgt, dass es auch *unwiderruflich* sein muss, sodass es nur mit der Zustimmung des Inhabers übertragen werden kann; denn wenn es ihm auch gegen seinen Willen entzogen werden kann, besitzt er nicht die vollständige Verfügungsgewalt und wenn er nicht die vollständige Verfügungsgewalt besitzt, entsteht Unklarheit über die Verfügungsgewalt und es bleiben Konfliktmöglichkeiten.

Damit ist freilich zunächst nur die *Institution* des Eigentums, also dass es überhaupt Eigentum geben soll, begründet und auch, dass es alle Güter schlechthin betrifft, sodass es kein prinzipiell herrenloses Gut gibt, damit auch wirklich alle Konfliktmöglichkeiten zuverlässig ausgeschlossen sind. Die Frage, wem was gehören soll, ist damit nicht beantwortet und sie ist auch zum großen Teil von empirischen, besonders historischen Bedingungen abhängig. Ihre Aktualität ist begrenzt, denn soweit ich sehe, ist die Erde inzwischen lückenlos unter den Menschen aufgeteilt. Wo aber bereits Eigentum besteht, da sind neue Besitzverhältnisse nur durch Übereinkunft, also mit Zustimmung der Eigentümer möglich. Trotzdem ist die Frage nicht müßig, wie *ursprünglich* ein Eigentum an einer Sache zu Stande kommt. Die Zeiten waren ja nicht immer so wie heute und da wir uns anschicken, den Weltraum zu erobern, könnte hier wieder ein aktuelles Problem entstehen.

Am verbreitetsten dürfte in dieser Frage die Präokkupationstheorie sein, nach der eine Sache demjenigen gehört, der zuerst Anspruch auf sie erhebt. Sollten es mehrere sein, so müsste die Sache nach unseren Voraussetzungen ihnen zu gleichen Teilen gehören. Denn wenn alle, die Anspruch erheben, ursprünglich absolut gleichberechtigt sind, dann bleibt als Verteilungskriterium nur die Mathematik. Wenn drei urzeitliche Sammler einen herrenlosen Baum mit dreißig Früchten finden, dann gehören jedem zehn Früchte. Die Präokkupationstheorie hat freilich erhebliche Schwächen. Zum Beispiel könnte ein Schlitzohr prophylaktisch äußern: „Die jetzigen Eigentumsverhältnisse gehen in Ordnung, aber der Rest des Universums gehört mir." Ihm könnte man versuchen zu entgegnen, dass es um eine Harmonie der Zwecke, nicht der Wünsche gehe und dass daher jedem nur so viel gehören könne, wie er tatsächlich nutzen könne und wolle. Aber man sieht leicht, dass es schwer möglich ist, in der Frage der tatsächlichen Nutzung willkürfreie Grenzen zu ziehen. Überhaupt ist die ganze Präokkupationstheorie letztlich willkürlich; denn eine notwendige Beziehung zwischen Eigentum und Erstbeanspruchung ist nicht erkennbar. Durch die Institution des Eigentums wird die Verfügungsgewalt über die Sachen festgelegt, damit Zweckkonflikte, die aus dem Gebrauch der Sachen entstehen können, vermieden werden. Die festgelegten Eigentumsverhältnisse sind aber nur wirksam, wenn sie von allen anerkannt werden, weil die Handelnden sich sonst nicht daran halten werden; es handelt sich ja um eine Harmonisierung der Zwecke, die frei gewählt werden. Ein Eigentumsverhältnis besteht und gilt also nur, wie alle Rechte, auf Grund der Anerkennung durch alle. Das bloße Verkünden eines Anspruchs ist vollkommen wirkungslos, wenn die anderen ihn nicht anerkennen. Der Beanspruchende müsste die Sache, um die es geht, selbst verteidigen, als ob es das Rechtsinstitut des Eigentums gar nicht gäbe.

Es ist daher auch müßig, irgendeine mysteriöse Beziehung zwischen Person und Sache aufzubauen, um darauf das Eigentum zu gründen. Der populärste Versuch in dieser Richtung ist sicher der von John Locke. Für ihn hat jeder ein ursprüngliches Eigentum an seiner Person und wenn er dann einen Gegenstand, der ursprünglich Gemeingut ist, bearbeitet, dann hat er ihn „mit seiner *Arbeit* gemischt und ihm etwas Eigenes hinzugefügt. Er hat es somit zu seinem *Eigentum* gemacht".[20] Abgesehen von der sonderbaren „Vermischung" wird die Institution des Eigentums überhaupt hier gar nicht begründet, sondern im Eigentum an der eigenen Person vorausgesetzt. Auch Kant nimmt eine Beziehung zwischen Person und Sache an, die er mit den Mitteln seiner Transzendentalphilosophie zu erklären versucht, indem er mit Begriffen wie „phänomenalem" und „intelligiblem Besitz" u.ä.

arbeitet. Ihm selbst scheint dabei nicht ganz wohl gewesen zu sein, wenn er schreibt, „dass die *theoretischen* Prinzipien des äußeren Mein und Dein sich im Intelligibelen verlieren und kein erweitertes Erkenntnis vorstellen".[21] Aber selbst wenn man eine solche Beziehung zwischen Person und Sache verständlich machen könnte, bliebe weiterhin die Frage, ob sie von allen als Eigentumsbegründung anerkannt würde. Das allein ist für die Wirksamkeit entscheidend, eine natürliche Beziehung zwischen Person und Sache kann für sich selbst kein Eigentumsverhältnis begründen. So ist es von alters her eine umstrittene Frage, ob zum Beispiel Urheberschaft Eigentum begründet; wenn ja, müssten dem Architekten alle Häuser, die er entworfen und gebaut hat, auch gehören.

Wie die Geltung des Rechts überhaupt, so beruht auch die Geltung des Eigentums ausschließlich auf dem allgemeinen Willen. Dass die Institution des Eigentums überhaupt im allgemeinen Willen eingeschlossen ist, wurde gezeigt. Wollte man auch die Art, wie Eigentum ursprünglich erworben wird, allgemein bestimmen, müsste man nachweisen, dass dies nur auf eine Art möglich ist, sodass sie Bedingung der Möglichkeit des ursprünglichen Erwerbs überhaupt wäre. Dann ließe sich a priori urteilen, dass alle sie wollen und infolgedessen die so begründeten Eigentumsverhältnisse auch anerkennen. Das scheint allerdings nicht durchführbar. Jedenfalls haben bisher die unterschiedlichsten Verteilungsregeln Anerkennung gefunden, zum Beispiel nach Verdienst, nach Rang, nach Privileg o. Ä. Es lässt sich demnach offenbar keine als die einzig mögliche auszeichnen, sodass man nicht a priori behaupten kann, dass alle dieselben Regeln wollten. Vielmehr bedarf es einer besonderen positiven Willensbekundung, indem die Betroffenen eine entsprechende Vereinbarung treffen. Es ist daher Aufgabe des Gesellschaftsvertrages, jeweils die besonderen Erwerbsregeln festzulegen.

11. Wer bis hierher gefolgt ist, muss zu der Auffassung gelangen, dass wir eigentlich in einem menschlichen Paradies leben müssten, in dem jeder friedlich seinen Interessen nachgeht und nie jemand einem anderen in die Quere kommt, weil alle von einem Willen zum Recht gelenkt werden und nach Gesetzen leben, die jeder will und also auch einhält. Dass unsere Gesellschaft offenkundig

so nicht beschaffen ist, hat zwei Ursachen. Die eine besteht darin, dass sich unter unseren empirischen Bedingungen Zweckkonflikte *grundsätzlich* nicht vollständig vermeiden lassen. Wollte man das erreichen, müsste man eine durchgängige Hierarchie aller möglichen Zwecke vereinbaren. Es müsste also etwa Bestimmungen geben wie diese: Wenn das Grundstück Gartenstraße 10 veräußert wird, erhält, wenn er will, Hans Meier den Zuschlag; wenn er nicht will, erhält ihn Ulrike Müller; wenn die nicht will, Fritz Schulze usw. Man sieht leicht, dass eine solche Bestimmung wegen der unendlich vielen Möglichkeiten, die zu berücksichtigen wären, nicht denkbar wäre. Man muss deshalb seine Zuflucht zu allgemeineren Bestimmungen nehmen, die jeweils eine ganze Klasse von Fällen regeln, zum Beispiel dass bei Veräußerungen immer der Verkäufer nach Belieben den Zuschlag erteilt oder dass bei Vergabe eines Postens immer der qualifizierteste Bewerber ihn erhält. Aber diese allgemeinen Regeln müssen auf den konkreten Einzelfall angewandt werden und dabei kann es zu Mehrdeutigkeiten kommen. So kann man zum Beispiel festlegen: Wer Erbe ist, bestimmt das Testament; wenn kein Testament vorliegt, der Verwandtschaftsgrad; wenn keine Verwandten vorhanden sind, fällt das Erbe an den Staat. Gesetzt nun, es liegen mehrere Testamente verschiedenen Inhalts vor. Da dieser Fall im genannten Gesetz nicht vorgesehen ist, kommt es zum Konflikt zwischen den Erben, von denen jeder die für ihn günstigste Version als die gültige ausgeben wird. Gewiss ist dieser Fall leicht zu entscheiden und man kann dem Gesetzgeber vorwerfen, dass er diesen Fall hätte voraussehen und in das Gesetz die Bestimmung aufnehmen müssen, dass, wenn mehrere Testamente vorliegen, das letzte das gültige ist. Aber gesetzt, eines der Testamente ist nicht datiert. Auch dies kann man vorhersehen und bestimmen, dass ein Testament nur dann gültig ist, wenn es mit Datum versehen ist. Aber wenn nun mehrere Zeugen beschwören, dass der Erblasser das undatierte Testament auf dem Sterbebett geschrieben habe und es auch datieren wollte, der Tod ihm aber zuvorgekommen sei? Oder das Testament war zweifelsfrei datiert, das Datum ist aber nicht mehr leserlich, weil die Tinte gebleicht oder das Papier zerstört ist. Usw. Es ist klar, dass der Gesetzgeber nicht alle unendlich möglichen Zweifelsfälle voraussehen kann, und selbst wenn er es könnte, könnte er sie doch nicht alle in das Gesetz aufnehmen, weil dieses dann selbst unendlich würde. Man hätte dasselbe Problem wie bei der Aufstellung einer durchgängigen Hierarchie aller möglichen einzelnen Zwecke. Der Gesetzgeber muss also bei der Berücksichtigung denkbarer Zweifelsfälle irgendwo innehalten, sodass immer wieder unentschiedene Fälle auftreten können, die zu Konflikten führen, weil mehrere Parteien sich im Recht wähnen, da die Rechtslage in der Tat strittig ist. Und nicht nur die Rechtsfrage (quid iuris) kann strittig sein wie in unserem Beispiel, sondern auch die Tatsachenfrage (quid facti) kann strittig sein, wenn unklar ist, wer die Wahrheit sagt. Es lassen sich demnach unter unseren empirischen Bedingungen grundsätzlich nicht alle Konfliktmöglichkeiten ausschließen.

Das liegt nicht etwa daran, dass die Rechtsbegriffe und Gesetze nicht exakt genug wären. Der Grund ist vielmehr, dass die Wirklichkeit nicht exakt genug ist, sondern sich immer wieder Abweichungen von den idealen Vorstellungen des Gesetzgebers erlaubt. Das ist in der Mathematik nicht anders. Die mathematischen Begriffe und Gesetze gelten exakt nur, wenn man sie auf die idealen mathematischen Gestalten bezieht. Wenn man an mathematische Dreiecke und Quadrate denkt, dann gilt der Satz des Pythagoras exakt. Sobald man ihn aber auf die Wirklichkeit anwendet, ist es mit der Exaktheit vorüber, weil sich die wirklichen Gestalten immer wieder Abweichungen von den mathematischen Linien gestatten, die in ihrer unendlichen Vielfalt unmöglich in dem einen Lehrsatz erfasst werden können. Unser Problem ist auch nicht zu verwechseln mit dem allgemeinen Problem, auf das Kant hinweist und dem vor allem Wittgenstein weiter nachgegangen ist, nämlich dass man für die Anwendung von Regeln nicht wiederum Regeln angeben kann, weil das in einen unendlichen Regress führt. Dieses Problem ist allgemeiner Natur und umfasst auch die Fälle, in denen die idealen Gegebenheiten vorliegen, zum Beispiel, wenn man den Satz des Pythagoras auf die mathematischen Gestalten anwendet oder wenn ein Testament alle geforderten Eigenschaften aufweist. Kant löst das Problem, indem er uns mit dem besonderen Vermögen der Urteilskraft begabt, von der er bemerkt, dass sie „ein besonderes Talent sei, welches gar nicht belehrt, sondern nur geübt sein will" und dessen Mangel „eigentlich das, was man Dummheit nennt", sei.[22] Wittgenstein drückt sich vorsichtiger aus, wenn er sagt, die Anwendung der Regeln müsse uns „selbstverständlich" sein.[23] Der Ertrag beider Lösungen kommt jedoch auf dasselbe heraus: dass die Fähigkeit, Regeln anzuwenden, nicht weiter erklärlich ist. Unser Problem dagegen ist nicht dieses allgemeine der Regelanwendung überhaupt, sondern betrifft speziell die Anwendung von Regeln auf die Wirklichkeit und besteht darin, dass die Wirklichkeit in ihrer unendlichen Variabilität und Komplexität in exakten Begriffen und Gesetzen nicht vollständig erfassbar ist.

Da also aus der Anwendung der Gesetze Konflikte entstehen können, ist die Institution eines unabhängigen Richters notwendig, um diese Konflikte zu beseitigen und die Zweckharmonie wiederherzustellen. Denn das ist durch gesetzliche Regelungen nicht möglich. Zwar müssen Gesetze gegeben werden, wie eine Entscheidung der Konflikte herbeizuführen ist (zum Beispiel eine Prozessordnung), aber sie können ersichtlich keinerlei Vorgaben machen, wie im konkreten Einzelfall zu entscheiden ist; dann hätte man wieder das Problem der unendlich vielen Fälle. Folglich muss es eine Instanz geben, die völlig autonom und unabhängig entscheidet, wie in einem gegebenen Einzelfall das Gesetz anzuwenden ist, d.h. einen unabhängigen Richter.

Diese Unabhängigkeit ist nicht bloß eine politische Forderung, sondern sie ist eine logische Notwendigkeit und daher im allgemeinen Willen zum Recht impliziert. Es ist aus logischen Gründen nicht möglich, dass der Richter an irgendwelche Vorgaben gebunden ist. Gesetzlich können diese Vorgaben, wie gezeigt, nicht sein und wenn sie in einer direkten Weisung, wie in einem konkreten Fall zu entscheiden sei, bestehen, etwa von einem Vorgesetzten, dann ist dieser Vorgesetzte der eigentliche Richter, der autonom entscheidet. Andererseits darf man sich nicht dazu verleiten lassen, die Entscheidung des Richters als eine irrationale „Dezision" anzusehen. Schließlich hat ja der Dezisionismus, wie erwähnt, von der Problematik der richterlichen Entscheidung seinen Ausgang genommen und es ist auch richtig, dass die Entscheidung des Richters aus den geltenden Gesetzen nicht vollständig herleitbar ist (allerdings in einem anderen Sinn, als von Carl Schmitt gemeint: nicht wegen des Hiats zwischen Sollen und Tun, sondern weil ein Richter nur dann angerufen wird, wenn die Gesetzeslage strittig ist). Das bedeutet aber nicht, dass die Entscheidung keine Gründe hätte. Nur liegen die Gründe teilweise außerhalb der jeweils einschlägigen Gesetze. Eine irrationale „bloße Entscheidung" bleibt ein Unding.

12. Die andere Ursache für die Konfliktbeladenheit unserer Welt ist zwar nicht grundsätzlich gegeben, leider aber faktisch. Sie liegt in der Uneinsichtigkeit der Menschen. Viele Menschen sind offenbar der Überzeugung, dass sie bei geeigneten Umständen ihre Zwecke am besten durch Gewalt erreichten. Gewalt nenne ich eine Handlung gegen den Willen anderer, also gegen ihre Zwecke, nicht ihre bloßen Wünsche. Wenn jemand einen Baum auf seinem Grundstück fällt, obwohl die Nachbarn ihn lieber behalten hätten, so tut er ihnen damit noch nicht Gewalt an; wenn die Nachbarn aber Schritte zur Erhaltung des Baumes unternommen haben, dann wird das Fällen ohne Rücksicht auf ihre Bestrebungen zu einem Akt der Gewalt. Nun kann man argumentieren, dass durch das gewaltsame Fällen der Zweck, den Baum zu beseitigen, viel besser und schneller erreicht werde als nach langen, möglicherweise gerichtlichen Auseinandersetzungen, bei denen nicht auszuschließen sei, dass der Baum am Ende stehen bleiben müsse. Diese Argumentation ist vom Ansatz her vollkommen berechtigt. In der Ethik des Wollens ist das alleinige Prinzip der Rechtfertigung von Handlungen und Normen die Erreichung der eigenen Zwecke. Die Ethik ist also radikal egoistisch. Daher kann man nicht ohne weiteres behaupten, Gewalt sei schlecht und daher zu meiden. Das ist sie nur dann, wenn sie das Erreichen der eigenen Zwecke behindert. Dass sie das tut, lässt sich allerdings, wie ich meine, zeigen.

Zunächst ist klar, dass niemand im Zweifel sein kann, dass überhaupt eine Zweckharmonie hergestellt werden muss, weil es aus logischen Gründen unmöglich ist, dass einander widerstreitende Zwecke verwirklicht werden. Zweifel können dagegen aufkommen bezüglich der Art, wie die Zweckharmonie herzustellen ist. Schließlich schafft auch ein Gewaltmensch Zweckharmonie, indem er alle Zwecke, die den seinen widerstreiten, gewaltsam unterdrückt. Man könnte sogar versucht sein zu sagen, dass auch ein Diktator Recht schaffe. Wenn Recht der Inbegriff der Bedingungen einer allgemeinen Zweckharmonie ist, dann scheinen dazu auch die gewaltsam durchgedrückten Gesetze des Diktators zu gehören. Um dem zu entgegnen, muss man bedenken, dass sich

Zwecke nur freiwillig setzen oder aufgeben lassen. Eine Harmonie der *Zwecke* lässt sich also niemals gewaltsam erzwingen. Das Einzige, was ein Diktator erzwingen kann, ist eine äußere Harmonisierung der Handlungen. So kann er zum Beispiel den Mann, der ihn stürzen will, in den Kerker werfen und ihn so an der Ausführung seines Vorhabens hindern. Das besagt jedoch nicht, dass der Rebell seinen Plan aufgibt. Er kann ihn weiter hegen und bei nächstbester Gelegenheit wiederum die Verwirklichung versuchen. Da Gewalt somit kein denkbares Mittel zur Errichtung einer Harmonie der Zwecke ist, so kann durch sie niemals Recht geschaffen werden.

Das reicht aber nicht aus, um einen potenziellen Gewalttäter umzustimmen. Er wird erwidern, dass es in der Wollensethik nicht um das *Setzen* der Zwecke gehe, sondern um das *Erreichen* und dass das Recht keinen Wert an sich darstelle, sondern nur als notwendiges Mittel der Zweckverwirklichung gewollt werde. Zur Erreichung der Zwecke aber sei die äußere Harmonisierung der Handlungen völlig ausreichend. Es könne dem Gewalttäter gleichgültig sein, was der andere dabei denke, solange er nur seine Befehle ausführe. Folglich sei das Recht kein unverzichtbares Mittel der Zweckverwirklichung und werde daher auch nicht notwendigerweise von allen gewollt. Darauf ist zu antworten, dass der Erfolg der Gewalt stets ungewiss ist. Wenn ich einem Kind den Apfel entreiße, so kann ich mir nicht sicher sein, ob nicht im nächsten Augenblick die ganze Sippschaft mich umringt und mich auseinander nimmt. Oder wenn jemand eine Frau in einem Park überfällt, wie will er ausschließen, dass nicht gerade in dem Augenblick eine Polizeistreife vorüberkommt? Da Gewalt ein Handeln gegen den Willen anderer ist, so hängt es immer von der Stärke der anderen ab, ob man seinen Zweck erreicht oder nicht. Man kann also nicht behaupten, dass Gewalt ein Mittel sei, das wirklich in unserer Macht stehe. Wir haben aber gesehen, dass die Mittel in unserer Macht sein müssen, damit aus einem Wunsch ein Zweck wird. Folglich wird kein Vernünftiger sich seine Zwecke setzen in der Absicht, sie gewaltsam durchzudrücken.

Freilich könnte man einwenden, dass wir uns dann überhaupt keine Zwecke mehr setzen würden, weil wir alles, was wir täten, unter Risiko täten. Wenn ich mich ins Auto setze, um zur Arbeit zu fahren, kann ich auch nicht mit absoluter Sicherheit wissen, ob ich dort auch ankommen werde. Oder wenn jemand ein Studium beginnt, wer will ihm garantieren, dass er das Diplom auch schaffen wird? Indessen es gibt einen entscheidenden Unterschied. In den zuletzt genannten Fällen ist die Unsicherheit prinzipieller Natur, weil unsere empirische Voraussagefähigkeit eingeschränkt ist, sowohl wegen der bloß induktiven Erkenntnis der Naturgesetze als auch wegen der Komplexität der Ereignisse. Wir können also gar nicht anders, als hier ein gewisses Risiko auf uns zu nehmen. Der Gewalttäter dagegen nimmt ohne Not ein vermeidbares Risiko freiwillig auf sich. Denn wenn es darum geht zu verhindern, dass andere meine Zwecke vereiteln wollen, so gibt es ein sicheres Mittel, nämlich das Recht. Wenn alle sich an die Rechtsgesetze halten, dann kann es nicht vorkommen, dass jemand die berechtigten Interessen eines anderen behindern will. Gewiss halten sich nicht alle an die Gesetze und fremde Gewalt hat man nicht zu verantworten. Aber wenn man selbst seine Zwecke mit Gewalt erreichen möchte, schafft man sich mutwillig ein Risiko, das vorher nicht vorhanden war. Da man gegen den Willen anderer handelt, erzeugt man Gegenwehr und ist somit selbst die Ursache, dass andere bestrebt sind zu vereiteln, dass man seine Zwecke erreicht. Gewalt ist demnach der Zweckverwirklichung hinderlich und damit gegen das eigene Interesse.

Das legt den Versuch nahe, im Wollen des Gewalttäters einen logischen Widerspruch zu konstruieren: Der Erfolg der Gewalt ist für ihn nicht mit Sicherheit vorhersehbar. Er überlässt also das Erreichen seiner Zwecke dem Zufall, will also, dass er sie möglicherweise nicht erreicht. Das aber führt zum Widerspruch, weil Zweck als dasjenige definiert ist, das man erreichen will. Also kann niemand Gewalt wollen. Das Unschöne an diesem Argument ist, dass es mit „möglicherweise" einen Modalausdruck enthält, sodass die Schlüssigkeit von der Frage abhängt, ob die Sätze „Ich will alle meine Zwecke erreichen" und „Ich will, dass ich möglicherweise meine Zwecke nicht erreiche" einander kontradiktorisch ausschließen. Ich möchte diese Frage hier offen lassen. Es hat aber den Anschein, als ob diese Sätze nicht im selben Widerspruchsverhältnis stünden wie „Ich will dies tun" und „Ich will dies nicht tun". Denn das Letztere kann aus logischen Gründen niemand wollen, Gewalt aber offensichtlich wohl, sonst könnte es sie nicht geben.

Es gibt sie aber leider. Der Grund kann nur Uneinsichtigkeit sein, wie im Kapitel über die Moral noch zu zeigen sein wird. Wenn das oben Gesagte zutrifft, wird kein Einsichtiger ohne Not Gewalt anwenden. Welches aber die Ursachen der Uneinsichtigkeit sind, ob fehlende Bildung, mangelnde Intelligenz, temporäre Kurzsichtigkeit, falsche Erziehung, momentaner Affekt oder was immer, das zu beantworten ist Sache der empirischen Wissenschaft. Für die Ethik genügt die Feststellung des Faktums, dass die Welt voll Gewalt ist (wobei man freilich nicht vergessen sollte, dass die Gewalttaten im Verhältnis zu den Handlungen der Menschheit überhaupt einen verschwindenden Prozentsatz ausmachen dürften). Obwohl es also aller Orten Gewalt gibt, besagt das nicht, dass dadurch die These, dass ein allgemeiner Wille zum Recht besteht, widerlegt würde. Wir werden gleich sehen, dass auch die Gewalttäter das Recht wollen, weil sie durch ihr Tun die Gewalt zum Recht machen, auch wenn sie sich darüber oft nicht im Klaren sind. Doch auch vordergründig und im Bewusstsein der Täter zeigt sich, dass sie zumindest überhaupt das Recht wollen. Denn niemand kann hoffen, dass er alle seine Zwecke mit Gewalt durchsetzen kann. Der Bankräuber bringt zwar das Geld gewaltsam an sich, aber nur um sich dafür später nach den geltenden Handelsgesetzen Waren oder Dienstleistungen zu kaufen. Sonst wäre das Geraubte für ihn wertlos. Ebenso hört man von Frauenvergewaltigern immer wieder, dass sie im übrigen Leben brave Bürger seien. Der normale Gewalttäter greift nur in bestimmten Fällen zur Gewalt, ansonsten aber nimmt er den Schutz der Gesetze in Anspruch. Er will somit sehr wohl das Recht, nur gestattet er sich gelegentliche Übertretungen. Ebenso trifft es auf den Gewalttäter großen Stils, den Gewaltherrscher, zu, dass er das Recht will. Zum einen will er ja, dass seine Gesetze für Recht gelten und in diesem Sinne vom Volke befolgt werden. Freilich muss man einräumen, dass diese oktroyierten Gesetze in Wahrheit kein Recht darstellen, weil sie nicht geeignet sind Zweckharmonie (die Freiwilligkeit voraussetzt) herzustellen. Es mag zwar sein, dass der Gewaltherrscher persönlich überzeugt ist, im Interesse des Volkes zu handeln und Recht zu schaffen, aber das wäre ein falscher Begriff von Recht. Jedoch auch im wahren Sinne will er das Recht und das gilt selbst für den größten Zyniker der Macht. Niemand kann glauben, dass er ganz allein, aus eigener

Kraft alle anderen unterdrücken könnte. Der Gewaltherrscher braucht Gehilfen, die ihm freiwillig folgen, weil sie der Überzeugung sind, unter seiner Führung ihre Zwecke am besten verwirklichen zu können. Unter den Unterdrückern herrscht somit eine echte Zweckharmonie und die Gesetze, die sie regeln, stellen daher ein wirkliches positives Recht dar. Da auch ein noch so menschenverachtender Diktator nicht ohne eine solche in Zweckharmonie lebende „Hausmacht" seine Ziele erreichen kann, so will auch er notwendigerweise das Recht im wahren Sinne.

Es fällt gewiss schwer, die Gesetze einer Clique von Gewalttätern Recht zu nennen, und wenn man auf die Absicht blickt, der die Zweckgemeinschaft dient, die Unterdrückung anderer, dann ist sie auch krasses Unrecht. Aber das ändert nichts daran, dass das Innenverhältnis der Unterdrücker positives Recht darstellt, das zuweilen sogar vorbildlich sein kann. Wenn man nicht nur die Terrorregime unseres Jahrhunderts vor Augen hat, sondern in die Geschichte zurückschaut, so ist das auch unbestritten. Die spartanische Verfassung verdankt ihre Eigenheiten dem Umstand, dass ein relativ kleiner Stamm von Einwanderern eine zahlenmäßig weit überlegene Ureinwohnerschaft unter Kontrolle halten musste oder besser: wollte. Sie diente also eindeutig der Unterdrückung der Heloten. Trotzdem ist ihr nie der Rechtscharakter abgesprochen worden, vielmehr wurde sie sogar auf göttliche Eingebung zurückgeführt. Ähnlich hat die römische Republik fast die gesamte damalige Welt unterworfen und doch gilt ihr Recht als ihr eigentümlichster Beitrag zur abendländischen Kultur, der bis heute in vielen Dingen Vorbildcharakter hat.

Obwohl demnach jedermann das Recht will, lässt sich das Faktum nicht leugnen, dass aus Mangel an Einsicht Gewalttaten vorkommen. Und weil das so ist, muss die Gewalt als Zwang Teil des Rechts werden, damit der Gewalttäter rechtmäßig zur Einhaltung der Gesetze gezwungen werden kann. Die Verknüpfung mit dem Zwang wird oft als Charakteristikum der Rechtsgesetze angesehen, besonders um sie von den moralischen Gesetzen zu unterscheiden. Dazu hat vor allem sicher Kant beigetragen. Unter der Überschrift „Das strikte Recht kann auch als die Möglichkeit eines mit jedermanns Freiheit nach allgemeinen Gesetzen zusammenstimmenden durchgängigen wechselseitigen Zwanges vorgestellt werden" argumentiert er, dass „das Recht nicht als aus zwei

Stücken, nämlich der Verbindlichkeit nach einem Gesetze und der Befugnis dessen, der durch seine Willkür den andern verbindet, diesen dazu zu zwingen, zusammengesetzt gedacht werden" dürfe, „sondern man den Begriff des Rechts in der Möglichkeit der Verknüpfung des allgemeinen wechselseitigen Zwanges mit jedermanns Freiheit unmittelbar setzen" könne. Da das strikte Recht nur das Äußere der Handlungen zum Objekt habe, so fuße es auch nur „auf dem Prinzip der Möglichkeit eines äußeren Zwanges". „Recht und Befugnis zu zwingen bedeuten also einerlei."[24] Dass Kant zu diesem Ergebnis kommt, liegt daran, dass er das Recht ausschließlich auf das äußere Handeln bezieht. Wenn man von den inneren Beweggründen vollständig absieht, dann lässt sich die Verbindlichkeit der Rechtsgesetze allerdings nur durch äußeren Zwang denken. Unser Handeln erscheint dann wie ein Naturgeschehen, das nur durch äußere Kräfte beeinflussbar ist. Wenn die Kugel nicht rollt, wie sie soll, muss man sie stoßen. Die Beschränkung auf das äußere Handeln wird möglich durch den sollensethischen Ansatz Kants, der, wie wir gesehen haben, weder den Begriff noch die Geltung des Rechts verständlich machen kann, sondern sich letztlich auf ein bloßes „Faktum der Vernunft" beruft. Infolgedessen ist es sinnlos, nach dem Grund der Beschränkung auf das Äußere zu fragen, das Faktum ist eben, wie es ist.

Die Wollensethik dagegen kann sowohl den Begriff als auch die Geltung des Rechts erklären und da zeigt es sich, dass das Recht seiner Idee nach sich keineswegs nur auf das äußere Handeln bezieht. Die Idee des Rechts entspringt aus der Notwendigkeit einer Harmonisierung aller Zwecke. Nun ist ein Zweck, als dasjenige, dessen Verwirklichung man betreibt, zwar in der Tat mit äußerem Handeln verbunden und die Rechtsgesetze, da sie die Verwirklichung der Zwecke regeln, beziehen sich ebenfalls auf das äußere Handeln. Aber ihr Sinn ist es, eine konfliktfreie Zwecks*etzung*, also die innere freie Wahl der Zwecke, zu ermöglichen, indem sie für jeden kenntlich machen, welche Zwecke er anstreben kann, ohne jemand anderem in die Quere zu kommen. Die Idee des Rechts ist, Konflikte von vornherein zu verhindern, sie gar nicht erst aufkommen zu lassen, sodass der Gedanke an Zwang ihr geradezu widerspricht, weil Zwang einen Zweckkonflikt voraussetzt. Dementsprechend enthält weder der Begriff des Rechts einen wechselseitigen Zwang noch beruht die Geltung des Rechts darauf. Der Begriff des Rechts ist definiert als der Inbegriff der Bedingungen einer allgemeinen Zweckharmonie. Der Begriff des Zwangs taucht darin nicht auf und wenn er implizite enthalten wäre, dann müsste die Vorstellung einer zwangfreien Rechtsgesellschaft widersprüchlich sein. Das jedoch ist sie nicht nur nicht, sondern sie stellt vielmehr das Ideal einer solchen Gesellschaft dar. Die Geltung des Rechts andererseits beruht auf dem allgemeinen Willen zum Recht, also auf dem Gegenteil eines wechselseitigen Zwanges. Recht und Befugnis zu zwingen haben demnach an sich miteinander nichts zu schaffen und ihre Gleichsetzung ist ein sollensethisch bedingtes krasses Missverständnis.

Trotzdem ist Recht mit Zwang verknüpft, aber nicht an sich, sondern nur unter empirischen Bedingungen. Ich verstehe unter Zwang die rechtmäßige Gewalt, also das rechtmäßige Handeln gegen den Willen anderer. Wie aber lässt sich die Verbindung von Recht mit Gewalt rechtfertigen? Ich hatte schon erwähnt, dass mir der entscheidende Vorzug der neuzeitlichen Vertragstheorien darin zu liegen scheint, dass sie versuchen, den Zwang, den wir bei der Durchsetzung der Rechtsgesetze erdulden, als von uns gewollt hinzustellen. Nur halte ich den Weg, den die Vertragstheoretiker einschlagen, nicht für gangbar, weil das Vertragsmodell ebenso wenig geeignet ist, den Zwang zu rechtfertigen wie allgemein geltende Regeln zu begründen. Es wird angenommen, dass ich irgendwann – es sei nun wirklich oder in der Idee – einen Vertrag mit meinen Mitmenschen geschlossen habe, in dem ich einwillige, dass ich, falls ich gegen die vereinbarten Gesetze verstoße, mit Gewalt zur Einhaltung gezwungen und eventuell sogar für ihre Übertretung bestraft werden darf. Das scheint mir eine Art schizophrenen Bewusstseins zu verlangen. Wie kann jemand wollen, zu einer Handlung gezwungen zu werden, die er auch freiwillig tun kann, oder für eine Tat bestraft zu werden, die er ebenso wohl unterlassen kann? Er müsste denn annehmen, dass er irgendwann einmal seiner selbst nicht mächtig sein könnte; aber in diesem Fall müsste er in seinem Handeln als determiniert gelten und wäre kein Rechtssubjekt mehr.

Auch Kants Argument zur Rechtfertigung des Zwanges, das er in § D der „Einleitung in die Rechtslehre" gibt, überzeugt nicht. Er schreibt: „Der Widerstand, der dem Hindernisse einer Wirkung entgegengesetzt wird, ist eine Beförderung dieser Wirkung und stimmt mit ihr zusammen. Nun ist alles, was Unrecht ist, ein Hindernis der Freiheit nach allgemeinen Gesetzen; der Zwang aber ist ein Hindernis oder Widerstand, der der Freiheit geschieht. Folglich: wenn ein gewisser Gebrauch der Freiheit selbst ein Hindernis der Freiheit nach allgemeinen Gesetzen (d.i. unrecht) ist, so ist der Zwang, der diesem entgegengesetzt wird, als *Verhinderung* eines *Hindernisses der Freiheit* mit der Freiheit nach allgemeinen Gesetzen zusammen stimmend, d.i. recht: mithin ist mit dem Rechte zugleich eine Befugnis, den, der ihm Abbruch tut, zu zwingen, nach dem Satze des Widerspruchs verknüpft."[25] Dass die letzte Folgerung nicht zutrifft, habe ich bereits gezeigt. Man kann den Rest des Arguments aber für sich gelten lassen. Freilich rechtfertigt es dann einerseits zu viel, andererseits zu wenig. Zu viel, weil nicht jede beliebige Verhinderung von Unrecht eo ipso Recht ist. Wenn jemand einen anderen, der im Begriff ist, einen Diebstahl zu begehen, erschlägt, so verhindert er Unrecht, aber seine Tat wird dadurch nicht Recht. Zu wenig rechtfertigt das Argument, insofern es allenfalls die *Befugnis* zu zwingen nachweist, nicht aber die Notwendigkeit: dass das Recht auch *tatsächlich* erzwungen werden *muss* und dass folglich Vorsorge zu treffen ist, dass es erzwungen werden *kann*. Das Argument lässt zu, dass jemand zwar ein Recht *hat*, es jedoch nicht *bekommt*.

Die Notwendigkeit des Zwanges, also der Gewalt von Rechts wegen, ergibt sich daraus, dass die Idee des Rechts ist, Zweckkonflikte zu verhindern durch allgemeine Gesetze, die jeden in die Lage versetzen, seine Zwecke so einzurichten, dass er sicher sein kann, dass sie nicht mit anderen konfligieren und deswegen möglicherweise aufgegeben werden müssen. Diese Sicherheit, an der Verwirklichung erlaubter Ziele nicht gehindert zu werden, muss allerdings wirklich garantiert sein, sonst wären die Rechtsgesetze sinnlos und niemand würde sich an sie halten. Da nun nicht ausgeschlossen werden kann, dass jemand sich dennoch – aus welchen Gründen immer – konfliktträchtige Zwecke setzt und diese gewaltsam zu realisieren sucht, so muss Vorsorge getroffen sein, dass er damit scheitert. Da aber Gewalt letztlich nur durch Gewalt verhindert werden kann, so muss die Möglichkeit bestehen, das Recht mit Gewalt durchzusetzen. Das ist jedoch nicht gewährleistet, wenn man es dem Opfer selbst überlässt, jeweils durch Gegengewalt seine Ziele zu erzwingen, weil es dabei, je nach Kräfteverhältnis, unterliegen kann. Vielmehr muss die Rechtsgemeinschaft als ganze die Erzwingung des Rechts übernehmen. Das bedeutet, es muss eine Institution geben, die sicherstellt, dass die Gewalt des Rechtsverteidigers stets größer ist als die des Rechtsverletzers. Wenngleich also durch Gewalt niemals Recht *geschaffen* werden kann, so ist sie doch unter den gegebenen empirischen Bedingungen unverzichtbar, um es zu *schützen*. Auf diese Weise ist sie als Zwang Teil des Rechts, das jeder will.

Inwiefern lässt sich sagen, dass auch der Rechtsverletzer, der den Zwang erleidet, diesen will, sodass ihm durch ihn kein Unrecht geschieht? Angenommen, jemand zahlt seine Schulden nicht zurück. Er hindert damit gewaltsam den Gläubiger an der Verfügung über sein Geld. Das kann man nun nicht so interpretieren, dass der Schuldner durch sein Verhalten kundtue, dass er sich ganz außerhalb des Rechtes stelle, und dass man folglich mit ihm umspringen könne, wie man wolle, ohne ihm Unrecht zu tun, weil es außerhalb des Rechts kein Recht oder Unrecht gebe. Außerhalb des Rechts *kann* sich niemand stellen, es sei denn er hörte auf, ein zwecktätiges Wesen zu sein; denn für alle solche Wesen gilt das Recht als Naturrecht. Man muss daher das Verhalten des Schuldners so auffassen, dass er will, dass *innerhalb* des Rechtes Zwecke auch mit Gewalt durchgesetzt werden, um so die Zweckharmonie herzustellen. Folglich geschieht ihm kein Unrecht, wenn er zur Zahlung gezwungen wird, weil er selbst die Gewalt als legitimes Mittel will und er absichtlich das Risiko in Kauf nimmt, dass bei gewaltsamer Herstellung der Zweckharmonie nicht sein Zweck, sondern der des anderen obsiegt.

Obwohl auch hier angenommen wird, dass der Rechtsverletzer mit dem Zwang, der auf ihn ausgeübt wird, selbst einverstanden ist, tritt das schizophrene Bewusstsein, das die Vertragstheorien voraussetzen, nicht auf. Die Vorstellung ist ja nicht, dass der Rechtsverletzer vereinbarte, er möge zur Wahrung des Rechts gezwungen werden, wenn er Unrecht tue. Sondern für ihn ist das, was er tut, gar kein Unrecht, weil er die gewaltsame Zweckverwirklichung als Teil des Rechts will. Eben deswegen geschieht ihm kein Unrecht, wenn er gezwungen wird; vielmehr wird er gerade dadurch in seinem Wollen respektiert. Zur Klarstellung sei betont, dass der Rechtsbrecher natürlich nicht will, dass Zwang auf ihn ausgeübt wird. Es ist nicht der Zweck des Schuldners, zur Zahlung gezwungen zu werden. Sonst wäre die Zwangsvollstreckung nicht gegen seinen Willen und damit gar keine Gewalt. Was er dagegen will, wie seine Tat bekundet, ist, dass die Gewaltanwendung *rechtens* sei, sodass ihm kein Unrecht getan wird. Für ihn sind Gewalt und Gegengewalt normaler Rechtsalltag.

Durch unsere Deutung wird auch die Willkür der Zwangsausübung vermieden, die sich ergibt, wenn man mit Kant den Zwang nur negativ, als Verhinderung eines Unrechts, rechtfertigt; denn das enthält keinerlei Einschränkung der Art des Zwangs und das zuverlässigste Mittel zur Verhinderung von Unrecht ist allemal die Vernichtung des Täters. Geht man dagegen, wie gezeigt, von der Rechtsidee aus, dann erkennt man, dass der Sinn des Zwangs nicht die Verhinderung von Unrecht ist, sondern der Schutz der Rechte, und das bedeutet, dass durch seine Ausübung keine Rechte verletzt werden dürfen. Man darf den potenziellen Dieb also nicht einfach erschlagen, sondern der Zwang muss sich auf das beschränken, was zum Schutz des Eigentums des anderen unbedingt erforderlich ist; denn nur das unentbehrlich notwendige Mittel ist im allgemeinen Willen zum Recht eingeschlossen. Nur so auch lässt sich denken, dass der Rechtsverletzer selbst den Zwang will. Sein Verhalten ist ja nicht so zu verstehen, dass er einem anderen Unrecht tun will. Was er will, ist vielmehr, dass er seinen Zweck erreicht, und da er sich dazu der Gewalt bedient, nimmt er willentlich das Risiko in Kauf, dass er an der Gegengewalt scheitert. Diese darf daher auch nur ihrerseits die Zwecke des Opfers sichern wollen und muss so bemessen sein, dass sie dazu ausreicht; wird dieses Maß willkürlich überschritten, geschieht dem Täter Unrecht.

Und schließlich ist auch der Gedanke an Selbstjustiz abgewendet. Da der Zwang als Gegengewalt rechtens ist, könnte ja ein Gläubiger meinen, er dürfe es auch selbst in die Hand nehmen, seine Außenstände beim säumigen Schuldner einzutreiben. Wenn er das glaubte, würde er nicht bedenken, dass zwischen ihm und dem Schuldner ein echter Rechtskonflikt besteht. Der Schuldner zeigt durch sein Verhalten, dass er es für rechtens hält, die Schuld nicht zu begleichen, der Gläubiger bestreitet dies. Ein solcher Konflikt aber ist, wie wir gesehen haben, nur durch einen Richter auf Grund vorgegebener Gesetze entscheidbar. Wer versucht, sich sein Recht selbst gewaltsam zu verschaffen, begeht seinerseits Unrecht und setzt sich dem gesetzlichen Zwang aus, ihn an der Ausführung zu hindern. Denn Gewalt des Einzelnen ist nach unseren obigen Überlegungen kein geeignetes, weil unsicheres, Mittel zur Durchsetzung des Rechts und daher nicht im allgemeinen Willen zum Recht enthalten.

Bis hierher ging es um den Zwang als notwendiges Mittel der Wiedergutmachung, der Schadensbekämpfung. Anders liegen die Dinge bei der Gewalt, die durch die Bestrafung eines Rechtsbruchs ausgeübt wird. Die Notwendigkeit einer Bestrafung ist nicht ersichtlich. Zur Konfliktverhinderung trägt es nicht bei, wenn man mit der Strafe ein weiteres Leid in die Welt setzt, und falls man einwenden möchte, dass Strafe abschrecke und damit der Konfliktvermeidung diene, so ist zu entgegnen, dass dies erstens lediglich eine empirische Hypothese ist, dazu noch heftig umstritten, und dass zweitens die Strafe damit bestenfalls als *mögliches* Mittel der Konfliktverhinderung ausgewiesen wäre, nicht aber als *notwendiges*. Es lässt sich also nicht allgemein geltend urteilen, dass es Strafgerichtsbarkeit geben müsse.

Es bleibt jedoch die Frage, ob es sie geben *darf*, d. h. ob Strafe rechtmäßig ist oder ob dem Bestraften Unrecht geschieht. Nehmen wir wieder den Diebstahl. Nach dem Gesagten gilt, dass man den Täter nicht außerhalb des Rechts stellen darf, sondern seine Tat so verstehen muss, dass er will, dass gewaltsame Entwendung rechtmäßig sei. Somit geschieht ihm kein Unrecht, wenn ihm das Gestohlene wieder abgenommen wird. Aber darf man ihn darüber hinaus noch bestrafen, ohne ihm Unrecht zuzufügen? Man müsste dann unterstellen dürfen, dass der Täter selbst will, dass Gewalt rechtens ist, die ihm zugefügt wird, obwohl der Schaden bereits behoben und der Zweck des Geschädigten erfüllt ist. Diese Unterstellung ist in der Tat zulässig. Die Gewalt, die der Täter ursprünglich ausgeübt hatte, war ja keine bloße Gegengewalt zur Abwendung einer Schädigung, sondern er hatte sie einem Unschuldigen angetan, der nichts gegen ihn unternommen hatte. Sein Verhalten bekundet demnach, dass er will, dass Gewalt rechtmäßig sei, auch wenn sie nicht bloß Gegengewalt ist. Folglich tut man ihm kein Unrecht, wenn man Gewalt gegen ihn anwendet, obwohl er durch die Schadensbehebung gleichsam wieder in den Stand der „Unschuld" zurückgekehrt ist. Das gilt zumindest für diejenige Art der Gewalt, die er selbst angewendet hat. Also wenn er jemandem Geld gestohlen hat, so geschieht ihm kein Unrecht, wenn er mit derselben Summe bestraft wird. Das ergibt das jus talionis, das Gleiches mit Gleichem vergilt, also „Auge um Auge, Zahn um Zahn". Die Willkür der Zwangsgewalt ist somit auch hier ausgeschlossen, das Höchstmaß der Strafe wird durch das Vergehen selbst festgesetzt. Will man die Konsequenz vermeiden, dass zur Bestrafung immer die gleiche Gewalttat, die er selbst verübt hat, am Täter vollstreckt werden muss, kann man versuchen, die Gewalt in „Freiheitswerte" umzurechnen. Gewalt ist eine Handlung gegen den Willen anderer. Sie besteht also in einer Einschränkung der Handlungsfreiheit anderer. Wenn man nun davon ausgeht, dass nicht die Art der Freiheitsbeschränkung, sondern das Ausmaß das Entscheidende ist, dann kann man den Täter damit bestrafen, dass man seine Handlungsfreiheit genau im selben Ausmaß einschränkt, wie er die seines Opfers eingeschränkt hat, wobei die Art, in der man es tut, nicht unbedingt dieselbe sein muss.

Den Vorteil dieser Straftheorie sehe ich darin, dass sie die Rechtmäßigkeit der Strafe erweist, ohne den Täter zum außerrechtlichen Spielball der Willkür zu machen, und dass sie ohne metaphysische Prinzipien auskommt, ohne sie dennoch zu verbieten. Über Sinn und Zweck der Strafe kann sie sich des Urteils enthalten und es jedem, der die Strafe befürwortet, überlassen, sich seinen eigenen Vers zu machen, sei es dass er darin die Wiederherstellung der metaphysischen Ordnung oder Vergeltung oder Abschreckung oder Besserung des Täters oder etwas anderes erblickt. Am leichtesten verständlich zu machen ist freilich die Theorie der Abschreckung und wenn, besonders mit Blick auf die Todesstrafe, argumentiert wird, Strafe schrecke nicht ab, weil es in den Ländern mit Todesstrafe keineswegs weniger Morde gebe als in den Ländern, die keine Todesstrafe verhängten, so sollte man bedenken, dass dies vielleicht weniger daran liegt, dass die Strafe nicht abschreckt, sondern daran, dass die Täter darauf bauen, nicht gefasst zu werden. Man denke sich den Fall, dass mit naturgesetzlicher Ausnahmslosigkeit jeder Mörder dingfest gemacht und dem Henker zugeführt würde, dann würden wohl nur Selbstmörder einen anderen umbringen. Damit möchte ich natürlich keinesfalls für die Todesstrafe plädieren, sondern nur darauf hinweisen, dass das Bestreiten der abschreckenden Wirkung vielleicht nicht das beste Gegenargument ist. Auch Kants Argument gegen die Abschreckung, man dürfe den Menschen „nie bloss als Mittel zu den Absichten eines anderen" handhaben,[26] verfängt nicht. Abgesehen davon, dass Kant für diese These keine genaue Begründung gibt,[27] betrifft sie die Abschreckung nicht. Denn die Abschreckung soll dem Interesse aller Mitglieder der Gemeinschaft, also auch dem des Bestraften, dienen, weil sie die allgemeine Sicherheit erhöhen soll, von der auch der Bestrafte profitiert. Wollte man es anders sehen, würde Kants These zum Beispiel auch die Wehrpflicht verbieten.

Bei der Frage, ob dem Gewalttäter durch den Zwang, sei es der Wiedergutmachung, sei es der Bestrafung, Unrecht geschieht, sind wir stets von dem ausgegangen, was der Täter tut, und haben dann untersucht, wie dieses Tun zu interpretieren ist. Man könnte nun einwenden, dass wir bei dieser Interpretation nicht exakt genug vorgegangen sind. Wenn jemand etwas stiehlt, so haben wir angenommen, dass er Gewalt als rechtmässiges Mittel der Zweckverwirklichung will, sodass ihm durch die Gegengewalt kein Unrecht geschieht. Ist indessen die Verallgemeinerung, die wir stillschweigend vorgenommen haben, indem wir von der singulären Gewalttat zur Gewalttat überhaupt ohne weiteres übergingen, zulässig? Wenn wir wirklich nur von dem ausgehen, was der Dieb tatsächlich getan hat, dann dürfen wir genau genommen nur annehmen, dass er will, dass dieser singuläre Diebstahl, den er selbst zur gegebenen Zeit am gegebenen Ort begangen hat, rechtens sei. Folglich geschieht ihm Unrecht, wenn nun andere zu anderer Zeit Gewalt gegen ihn ausüben; denn er will ja nur, dass der Diebstahl, den er selbst begangen hat, rechtmässig sei. Diese Bedenken sind bereits durch unsere Überlegungen im Kapitel über die Rationalität des Handelns widerlegt. Wir haben dort gesehen, dass ein freier Wille eine singuläre Handlung nie unmittelbar wollen kann, sondern immer nur mittelbar über eine allgemeine Regel, eine Maxime. Der Dieb offenbart somit durch seine Tat, dass zu seinen Maximen auch der allgemeine Grundsatz gehört, sich etwas mit Gewalt anzueignen, den er daher als Recht will und der nach dem Gleichheitsgesetz dann auch die anderen zu entsprechender Gewaltanwendung berechtigt.

Noch ein anderer Einwand gegen unser Vorgehen liegt nahe.

Da wir ausschließlich das Handeln des Täters zu Grunde legen und aus ihm erschließen, was er will, so bleibt, was er tatsächlich denkt oder sogar äußert, gänzlich außer Betrachtung. Und wenn wir dann behaupten, für den Rechtsbrecher sei sein Tun gar kein Unrecht, sondern er wolle im Gegenteil, dass es rechtens sei, so scheint das weitab von seinem tatsächlichen Bewusstsein zu liegen. In der Regel ist sich der Täter über die Unrechtmäßigkeit seines Verhaltens durchaus im Klaren und es liegt ihm fern, seine Rechtmäßigkeit zu reklamieren. Jeder normale Temposünder weiß, dass er Unrecht tut, und er denkt nicht daran zu fordern, dass es rechtens sei, mit 100 Stundenkilometern durch eine Ortschaft zu rasen. Gerade dieses Unrechtsbewusstsein ist der wahre Grund, weshalb er die Bestrafung nicht für Unrecht hält: Er wusste, dass seine Tat unrecht und strafbar war, und da er sie trotzdem begangen hat, akzeptiert er seine Strafe als gerecht. Auf diesen Einwand ist zu entgegnen, dass es hier nicht um das tatsächliche Bewusstsein des Täters geht. Wie dieses beschaffen sein mag, ist eine empirische Frage und ihre Beantwortung dürfte sehr unterschiedlich ausfallen und vom politischen Terroristen, der in der Tat meint, im Recht zu sein, bis zum Triebtäter, der seine Tat verabscheut, seinem Hang aber nicht widerstehen kann, reichen. Das Bewusstsein des Täters wird bestimmt durch die Gesellschaft, in der er lebt, und die Erziehung, die er genossen hat. Für den Korsen ist die Blutrache kein Unrecht, für den strengen Katholiken aber schon das Kondom. Unsere Frage ist jedoch nicht nach dem Rechtsbewusstsein des Täters, der eingebettet lebt in ein gesellschaftliches Normensystem, durch das festgelegt ist, was Recht und Unrecht ist, und durch das sein Denken geprägt ist, sondern es geht darum, allgemein geltende Normen abzuleiten, die es gestatten, solche positiven Normensysteme selbst auf ihre Rechtmäßigkeit hin zu beurteilen. Und da ist es ohne Belang, ob jemand so erzogen ist, dass er die Strafe subjektiv als gerecht empfindet. Vielmehr muss man zeigen, dass sie es objektiv ist, sodass sie niemandem, wo und wie immer er aufgewachsen sein mag, Unrecht zufügt. Um das zu leisten, darf man ausschließlich die Tat selbst zu Grunde legen ohne Rücksicht auf ihre etwaigen empirisch gegebenen Deutungen. Entscheidend ist allein die Deutung, die der Rechtsbegriff selbst vorschreibt. Das aber ist die oben gegebene: Der Täter will die Gewalttat als Mittel der

Zweckverwirklichung. Dass er sie will, folgt daraus, dass er sie ausführt, sofern man ihn als frei betrachten können soll. Er will also Zweckharmonie herstellen, indem er zu Gunsten seines Zwecks alle widerstreitenden Zwecke gewaltsam unterdrückt. Also hält er Gewalt für einen geeigneten Weg zur Zweckharmonie. Da nun das Recht der Inbegriff der Bedingungen ist, unter denen die Zwecke des einen mit denen aller anderen zusammen bestehen können, und der Täter Gewalt für eine dieser Bedingungen hält, so hält er sie also für Recht. Wenn folglich Zwang auf ihn ausgeübt wird, sei es zur Wiedergutmachung, sei es zur Bestrafung, so erfährt er nur das, von dem er selbst durch seine Tat bekundet, dass er es als Recht will. Also geschieht ihm kein Unrecht, wie immer er selbst die Sache einschätzen mag.

13. Von den beiden Konfliktquellen unserer Welt lässt sich die erste nicht ausschalten, weil sie sich aus der unendlichen Vielfalt unserer Wirklichkeit speist, die wir nicht abschaffen können. Die zweite Quelle dagegen, die in der ungesetzlichen Gewalt besteht, läßt uns keineswegs so hoffnungslos. Da sie sich aus der Uneinsichtigkeit herleitet, ist sie im Prinzip beherrschbar, jedenfalls soweit die Uneinsichtigkeit auf mangelnder Belehrung und Bildung beruht; denn dieses sind die Mittel, die in unserer Macht stehen, um die Uneinsichtigkeit zu bekämpfen. Um die größte uns mögliche Zweckharmonie zu erreichen, sind also Belehrung und Bildung unverzichtbare Mittel und somit im allgemeinen Willen zum Recht enthalten. Es muss daher eine Institution geben, die gewährleistet, dass alles getan wird, um möglichst allen einen Bildungsstand zu vermitteln, der sie befähigt, Idee und Begriff des Rechts zu verstehen und einzusehen, dass Gewalt kein geeignetes Mittel ist, seine Zwecke zu erreichen. Wie noch zu zeigen sein wird, läuft dies auf eine moralische Bildung hinaus.

Man könnte meinen, dass Bildung nicht erst zur Gewaltbekämpfung nötig sei, sondern bereits zu jeder Zwecktätigkeit überhaupt; denn um irgendeinen Zweck erreichen zu können, muss man ein Wissen über die geeigneten Mittel haben. Dagegen ist zu bedenken zum einen, dass die hier geforderte moralische Bildung auf einem weit höheren Niveau angesiedelt ist als das technische Wissen, das man braucht, um seine alltäglichen Zwecke zu verwirklichen. Vor allem aber geht es hier um Bildung als

Rechtsvorschrift und es ist nicht Aufgabe des Rechts, Zwecktätigkeit selbst zu garantieren, sondern lediglich ihre Harmonie. Es gibt kein Rechtsgesetz, dass es Zwecktätigkeit geben muss. Gewiss, wenn es sie nicht gibt, gibt es auch kein Recht, aber das Recht ist kein Selbstzweck.

5. Die Menschenrechte

Die Rechtsgesetze, die wir abgeleitet haben, bilden dasjenige objektive Recht, das allgemein gilt und über allem positiven Recht steht und gegen das kein positives Recht verstoßen darf. Es stellt somit zugleich das Kriterium dar, mit dem beurteilt werden kann, ob ein positives Recht selbst rechtens ist. Man nennt ein solches Recht traditionellerweise Naturrecht. Da aber der Begriff Natur mehrdeutig ist, sollte man vielleicht besser von einem Universalrecht sprechen. Der Ausdruck Naturrecht stammt von den Griechen und entsprang der seit der Sophistik üblichen Entgegensetzung φύσει – θέσει, „von Natur – durch Setzung". Charakteristikum des Naturrechts war nach antikem Verständnis, dass es unveränderlich und für alle dasselbe ist, weil es eben nicht auf einem historischen Akt der Setzung beruht. Das entspricht genau dem, was mit dem Ausdruck Universalrecht besser, weil weniger missverständlich, bezeichnet wird. Das Universalrecht gilt teils schlechthin universal, teils unter unseren empirischen Bedingungen.

Durch das objektive Recht werden die entsprechenden subjektiven Rechte geschaffen und soweit das objektive Recht universal ist, gelten daher auch die subjektiven Rechte allgemein. Man kann diese Rechte wie üblich Menschenrechte, d.h. solche, die allen Menschen zukommen, nennen, sofern man unter „Mensch" nichts anderes versteht als „zwecktätiges Wesen dieser Welt". Diese Rechte sind uns nicht angeboren oder von einem allmächtigen Schöpfergott zuerkannt und sie stellen auch nicht bloße Forderungen im Interesse eines allgemeinen Wohlergehens dar, sondern sie sind im Begriff eines zwecktätigen Wesens dieser Welt selbst enthalten und deshalb aus ihm analytisch ableitbar. Denn Zwecktätigkeit heißt etwas handelnd erreichen wollen und in diesem Wollen ist das Wollen einer allgemeinen Zweckharmonie logisch impliziert. Diese Zweckharmonie ist ihrerseits nur denkbar, wenn allen Menschen bestimmte Rechte zuerkannt werden. Also wollen alle Menschen, dass alle Menschen diese Rechte haben, und zwar wollen sie es nach den Gesetzen der Logik als zwecktätige Wesen dieser Welt. Darauf beruht die allgemeine Geltung der Menschenrechte. Wer sie leugnet, spricht damit den Menschen die Zwecktätigkeit ab. Das bedeutet zugleich, dass die Menschenrechte unveräußerlich sind, sodass niemand auf sie verzichten kann. Natürlich kann jemand darauf verzichten sie wahrzunehmen, aber er kann sie niemals endgültig ablegen; sie bleiben ihm stets erhalten, sodass er sie jederzeit wieder ausüben kann.

Formuliert man nun die oben deduzierten objektiven Gesetze in die entsprechenden subjektiven Rechte um, dann erhält man dreizehn allgemeine Grundrechte des Menschen, aus denen sich aber gegebenenfalls weitere, konkretere Rechte ableiten lassen. Da Rechte Behinderungsverbote sind, lassen sie sich wahlweise auch als solche ausdrücken.

1. Handlungsfreiheit
Jeder Mensch hat das Recht, beliebige Zwecke zu verfolgen, die sich im Rahmen des geltenden Rechts halten.[28]
Dieses Recht garantiert, dass die Zwecksetzung allein durch Rechtsgesetze eingeschränkt ist.
Als Behinderungsverbot gefasst lautet es:
Niemand darf an der Verfolgung beliebiger Zwecke, die sich im Rahmen des geltenden Rechts halten, gehindert werden.
In dieser Form ist das Recht identisch mit dem Gewaltverbot oder genauer: mit dem Verbot der unrechtmäßigen Gewalt, weil ja die rechtmäßige Gewalt, der Zwang, sich als unverzichtbar erwiesen hat. Gewalt hatten wir definiert als Handeln gegen den Willen, also gegen die Zwecke, anderer. Folglich ist das Recht auf Handlungsfreiheit gleichbedeutend mit dem Verbot unrechtmäßiger Gewalt und wenn man diese Willkür nennt, ist es gleichbedeutend mit dem *Verbot jeder Willkür*.

2. Gleichheit vor dem Gesetz
Jeder Mensch hat das Recht auf Gleichbehandlung vor dem Gesetz.
Als Rechtsperson ist jeder Mensch nur Mensch überhaupt, d.h. zwecktätiges Wesen dieser Welt schlechthin. Alle Eigenschaften, die ihm als natürliche Person sonst noch zukommen, wie Rasse,

Farbe, Geschlecht, Sprache, Religion, politische oder sonstige Überzeugung, Herkunft usw., bleiben vor dem Gesetz vollkommen außer Betrachtung.

Als Behinderungsverbot gefasst ergibt dieses Recht das Verbot der Diskriminierung:

Niemand darf wegen der Eigenschaften, die ihm als natürliche Person zukommen, wie Rasse, Farbe, Geschlecht, Sprache, Religion, politische oder sonstige Überzeugung, Herkunft usw., in seinen Rechten eingeschränkt werden.

3. Staatsangehörigkeit
Jeder Mensch hat das Recht darauf, Partner eines Gesellschaftsvertrages zu sein, d.h. auf Staatsangehörigkeit.

4. Vertragsfreiheit
Jeder Mensch hat das Recht, mit jedem anderen beliebige Verträge zu schließen, die sich im Rahmen des geltenden Rechts halten.

5. Demokratie
Jeder Mensch hat das Recht auf Mitbestimmung bei der Abfassung, Inkraftsetzung und Vollziehung aller Gesetze, die für ihn gelten sollen, d.h. auf eine demokratische Verfassung.

Das Recht auf Demokratie enthält in sich das *aktive und passive Wahlrecht*: das aktive, weil Funktionäre gewählt werden müssen; das passive auf Grund des Rechts auf Gleichbehandlung vor dem Gesetz, die verlangt, dass jeder das Recht hat, sich um jedes Amt nach den geltenden Gesetzen zu bewerben.

6. Reformation
Jeder Mensch hat das Recht auf reguläre Überprüfung und gegebenenfalls Änderung der geltenden Gesetze sowie auf reguläre Neuwahlen der Funktionäre, um zu gewährleisten, dass stets Übereinstimmung mit dem tatsächlichen Willen der Vertragspartner besteht.

7. Auswanderung
Jeder Mensch hat das Recht, seinen Staatsverband zu verlassen.

Da dies einer Vertragskündigung gleichkommt und Verträge nicht willkürlich einseitig gekündigt werden können, ist dieses

Recht genauer ein Recht auf gesetzlich geregelte Auswanderungsmöglichkeit.

8. Freie Meinungsäußerung
Jeder Mensch hat das Recht, seine Meinung über jeden beliebigen Gegenstand frei zu äußern.

Dieses Recht bezieht sich allein auf die Meinungsäußerung zur bloßen Information. Sprechakte, die anderen Zwecken dienen, zum Beispiel der Verletzung oder Manipulation anderer, fallen nicht unter dieses Recht.

9. Information
Jeder Mensch hat das Recht auf die Möglichkeit, sich über das gesamte geltende Recht zu informieren.

Dieses Recht impliziert, dass ein Gesetz erst mit seiner Veröffentlichung in Kraft tritt, sodass es nie auf Handlungen anwendbar ist, die vorher geschehen sind, also keine Rückwirkung besitzt. Das heißt, niemand darf für eine Tat zur Verantwortung gezogen werden, die zum Zeitpunkt, da sie geschah, gegen kein Gesetz verstieß.

10. Eigentum
Jeder Mensch hat das Recht, Eigentum zu erwerben und zu behalten.

Eigentum ist die vollständige und daher uneingeschränkte und unwiderrufliche Verfügungsgewalt über eine Sache.

Wenn vom Recht auf Eigentum die Rede ist, so ist damit natürlich nicht gemeint, dass jedem etwas gehören muss, sondern lediglich, dass es rechtens ist, *wenn* jemandem etwas gehört.

11. Gerichtsbarkeit
Jeder Mensch hat das Recht auf ein gesetzlich geregeltes öffentliches Verfahren vor einem unabhängigen und unparteiischen Gericht, das im Konfliktfall über seine Rechte entscheidet.

Die Forderung der Öffentlichkeit stammt aus dem Recht auf Information, demzufolge nur für Recht gilt, was veröffentlicht ist; die Unabhängigkeit ist im Begriff des Richters logisch impliziert; die Unparteilichkeit basiert auf der Gleichheit vor dem Recht.

12. Rechtsschutz
Jeder Mensch hat das Recht auf wirksamen Schutz aller seiner Rechte durch die Gemeinschaft gegen Gewalt.

13. Bildung
Jeder Mensch hat das Recht auf Bildung, die ihn in den Stand setzt, Idee und Begriff des Rechts zu verstehen und einzusehen, dass Gewalt kein geeignetes Mittel ist, seine Zwecke zu erreichen.
  Wie noch zu zeigen sein wird, ist dies gleichbedeutend mit dem Recht auf moralische Bildung.

Anmerkungen

1. Diese Liste der Menschenrechte erhebt keinen Anspruch auf Vollständigkeit. Es ist durchaus denkbar, dass sich noch weitere Grundrechte ableiten lassen. Wollte man eine vollständige Liste aufstellen, die schlechthin alle Menschenrechte enthielte, müsste man über ein Prinzip verfügen, mit dessen Hilfe sich die Vollständigkeit dartun ließe. Ein solches hat sich mir aber bisher nicht ergeben. Ich habe mich vielmehr orientiert an den in der Geschichte bisher am häufigsten reklamierten Menschenrechten, wie sie in der Allgemeinen Erklärung der Menschenrechte der Vereinten Nationen vom 10. Dezember 1948 zusammengestellt sind. Geleitet hat mich dabei die Überzeugung, dass ja die Menschenrechte auf dem allgemeinen Willen zum Recht beruhen, also Rechte darstellen, die alle wollen, und dass es daher den Menschen nicht verborgen geblieben sein kann, dass sie sie wollen, auch wenn sie sie bisher nicht überzeugend rechtfertigen konnten. Diese Rechtfertigung habe ich versucht nachzuliefern durch den Nachweis, dass diese Rechte im Wollen eines zwecktätigen Wesens notwendig impliziert sind.
  Gedacht war die Reklamation von Menschenrechten ursprünglich dazu, die Bürger gegen Eingriffe des Staates zu schützen, und zu Zeiten, da die Welt von absolutistischen Regimen beherrscht war, war das auch notwendig. Aber es ist gegen den Geist der Menschenrechte. Denn diese verlangen eine demokratische Verfassung und in einer Demokratie sind die Bürger selbst der Staat. Es würde also darauf hinauslaufen, dass die Menschenrechte die

Bürger gegen sich selbst schützten. Der Sinn der Menschenrechte ist nicht Schutz gegen den Staat, sondern gegen jede private Gewalt, freilich einschließlich der des Gewaltherrschers. Denn da Verletzung der Menschenrechte eo ipso nie rechtmäßige Gewalt, d.h. Zwang sein kann, hinter dem der Wille der Gemeinschaft steht, so verkörpert auch der Gewaltherrscher keine staatliche Gewalt, sondern ist nichts als ein privater Bandenführer. Zwar ist das Innenverhältnis der herrschenden Bande, wie gezeigt, durchaus ein Rechtsverhältnis, aber bezogen auf das beherrschte Volk als ganzes ist die Gewaltherrschaft privates Unrecht, Verbrechertum. Allerdings schützen die Menschenrechte davor, dass ein Gewaltregime sich als Rechtsstaat geriert, gegebenenfalls unter Berufung auf die andersartige kulturelle Tradition. Die Menschenrechte bilden ein Universalrecht, das vollständig unabhängig von allen historischen, geographischen, biologischen oder sonstigen Gegebenheiten für alle zwecktätigen Wesen dieser Welt überhaupt gilt. Infolgedessen kann ein Staat nur insoweit als Rechtsstaat angesehen werden, wie die Menschenrechte in seiner Verfassung verankert sind, ganz gleich in welchem Winkel der Erde er liegen und in welcher kulturellen Tradition er stehen mag. Als Universalrecht liefern die Menschenrechte den Maßstab, nach dem alles positive Recht dieser Welt auf seine Rechtmäßigkeit überprüft werden kann, und sie geben einem internationalen Gerichtshof die solide und unanfechtbare rechtliche Handhabe, um jedes Terrorregime dieser Erde zur Verantwortung zu ziehen.

Ein solcher internationaler Gerichtshof ist erforderlich, weil die Menschenrechte jedem Menschen schlechthin, unabhängig von allem positiven nationalen Recht, zukommen und wegen dieser Unabhängigkeit nicht mit dem positiven Recht übereinstimmen müssen, sondern von ihm verletzt werden können. Es bedarf daher einer übergeordneten Appellationsinstanz, an die der Einzelne sich wenden kann, wenn er glaubt, dass in seinem Staate, sei es schon durch die Verfassung, sei es durch die Exekutive, die Menschenrechte verletzt würden. Dieser internationale Gerichtshof der Menschenrechte ist eine Instanz, an die der *Einzelne* sich wendet, um seine Rechte als Mensch einzuklagen. Er ist deshalb nicht zu verwechseln mit einem internationalen Gerichtshof der Staaten. Dieser wird eingesetzt auf Grund eines Föderationsvertrages aller Staaten, in dem geregelt wird, wie die Staaten konfliktfrei miteinander verkehren wollen, damit tatsächlich eine allgemeine Zweckharmonie aller zwecktätigen Wesen aller Staaten zu Stande kommt. Hierdurch wird kein Staatenbund geschaffen wie die NATO oder die EU, in dem Staaten sich zusammenschließen, um bestimmte Zwecke gemeinsam zu verfolgen. Bei dem Föderationsvertrag aller Staaten geht es nicht um die gemeinsame Verfolgung von Zwecken, sondern lediglich darum, dass sich die Staaten bei der Verfolgung ihrer jeweiligen Zwecke nicht konflikträchtig in die Quere kommen. Er entspricht auf der Ebene der Staaten dem Gesellschaftsvertrag auf der Ebene der Individuen und da auch auf der staatlichen Ebene, aus den nämlichen Gründen wie auf der individuellen, Konflikte und Gewalt nicht auszuschließen sind, bedarf es eines unabhängigen internationalen Gerichtshofes, an den die Staaten sich wenden können, wenn sie der Meinung sind, dass ihre im Föderationsvertrag vereinbarten Rechte von anderen Staaten verletzt würden. Dieser Vertrag muss daher einen solchen Gerichtshof der Staaten vorsehen. Und er hat ebenso die Aufgabe, den internationalen Gerichtshof der Menschenrechte einzusetzen, weil das Vertragsziel die durchgängige Zweckharmonie aller Menschen aller Staaten ist, die nur durch Wahrung der Menschenrechte möglich ist. Außerdem muss in ihm eine internationale Zwangsgewalt vereinbart werden, die in der Lage ist, die Urteile der internationalen Gerichtshöfe gegen gewalttätige Staaten bzw. gewalttätige Machthaber durchzusetzen. Wollten sich solche Machthaber auf das Verbot der Einmischung in die inneren Angelegenheiten eines Staates berufen, so ist ihnen zu entgegnen, dass dieses Verbot angesichts der heutigen Globalisierung hoffnungslos obsolet ist; man denke nur daran, dass von dem Unglück eines Atomkraftwerks ganze Erdteile betroffen sind. Was aber die Menschenrechte angeht, so kann dieses Verbot nie gegolten haben. Zwar können die Partner eines Gesellschaftsvertrages die Regeln ihres friedlichen Zusammenlebens nach ihrem Gutdünken festlegen, dabei hat sich in der Tat niemand einzumischen. Die Menschenrechte jedoch stehen nicht zur Disposition. Sie müssen in jedem Gesellschaftsvertrag berücksichtigt werden, denn sie kommen den Menschen nicht erst auf Grund eines solchen Vertrages zu, sondern schon auf Grund ihres bloßen Menschseins im oben definierten Sinne. Sie beruhen auf dem allgemeinen Willen zum Recht aller Menschen und müssen deshalb auch durch die gemeinsame Kraft aller Menschen über alle Grenzen hinweg geschützt werden. Durch den Föderationsvertrag wird im Grunde eine Art internationalen Bundesstaates, eine „Bundesrepublik Welt", geschaffen, mit eigener Legislative (in Gestalt des Föderationsvertrages), eigener Judikative und eigener Exekutive.

2. Wir haben oben gesagt, dass alle Rechte immer nur Behinderungsverbote, „Freiheitsrechte", sind. Angesichts der hier gegebenen Liste der Menschenrechte könnten manchem Zweifel kommen, ob es sich tatsächlich in allen Fällen so verhalte. Besonders hinsichtlich der letzten drei Grundrechte, des Rechts auf unabhängige Gerichtsbarkeit, auf Rechtsschutz und auf Bildung, könnte man denken, dass es sich dabei doch offenbar um „Anspruchsrechte" handle, die nicht verbieten, jemanden zu behindern, sondern die den Staat zu einer bestimmten Leistung an den Bürger verpflichten. Das wäre jedoch eine Täuschung. Auch die genannten Rechte sind nichts als Behinderungsverbote, obwohl Leistungen wie Gerichtsurteile, Rechtsschutz, Ausbildung offenkundig impliziert sind. Das wird deutlich, wenn man sich überlegt, was die Rede von einem *Recht* auf eine Leistung allein bedeuten kann. Zunächst ist klar, dass bei staatlichen Leistungen nicht der abstrakte Staat sie vollbringt. Er ist ja nichts anderes als die durch den Gesellschaftsvertrag verbundenen Mitglieder und diese können als Gemeinschaft nicht unmittelbar handeln, sondern nur durch ihre einzelnen Funktionäre. Die genannten Leistungen werden von den einzelnen Richtern, Polizisten, Lehrern erbracht. Aber sie erfolgen nicht automatisch wie Naturgeschehnisse. Dann wäre die Rede von Rechten sinnlos. Niemand wird sagen, der Mond habe ein Recht auf die Erdanziehung. Rechte entstehen durch Gesetze, die regeln, wie die Freiheit des einen mit der Freiheit des anderen zusammen bestehen kann. Sie gelten also nur unter frei handelnden Wesen. Das heißt, dass einerseits der Inhaber eines Rechts es in Anspruch nehmen kann, aber nicht muss; er kann jederzeit darauf verzichten. Folglich muss die Initiative von ihm ausgehen: Er muss das Gericht anrufen („Wo kein Kläger, da kein Richter"), die Polizei alarmieren, sich an einer Universität immatrikulieren. Natürlich wird ein Polizist, der einen Einbruch beobachtet, sofort eingreifen, ohne erst den Eigentümer zu fragen, aber nur, weil er voraussetzen darf, dass er in

dessen Sinne handelt. Andererseits muss auch derjenige, der den Rechtsanspruch erfüllt, dies verweigern können. Erfolgt die Erfüllung auf Abruf automatisch, ist der Rechtsbegriff überflüssig. Um zu erreichen, dass der Stein fällt, wenn ich ihn loslasse, brauche ich ihm gegenüber keinen Rechtsanspruch, da er ohnehin fällt. Der Sinn eines Rechtsanspruchs ist demnach, eine mögliche Nichtleistung auszuschließen. Das Recht auf Leistung ist also nichts anderes als das Verbot der Leistungsverweigerung. Der Grund dieses Verbots aber ist, dass bei Nichtleistung der Rechtsinhaber an der Verwirklichung eines berechtigten Zwecks gehindert würde. Die Initiative muss ja vom Rechtsinhaber ausgehen, indem er sich einen Zweck setzt, den er nur erreichen kann, wenn ein Rechtsanspruch, den er hat, erfüllt wird. Die Nichterfüllung würde ihn also an der Verwirklichung seines Zwecks hindern und ist deshalb, sofern es sich um einen berechtigten Zweck handelt, verboten. Auch der Rechtsanspruch auf eine Leistung ist somit ein Behinderungsverbot; denn das Gebot der Leistung ist fundiert in einem Verbot der Nichtleistung als einem Behinderungsverbot und daher erst aus diesem abzuleiten.

Der Gedanke lässt sich freilich missverstehen und dann ad absurdum führen. Es könnte argumentiert werden: Der Erwerb eines Autos ist ein berechtigter Zweck. Gesetzt nun, jemand kann diesen Zweck nur mit Hilfe eines Bankkredits verwirklichen. Dann wäre die Verweigerung des Kredits die Behinderung eines berechtigten Zwecks und damit verboten. Also muss die Bank zahlen. Auf diese Weise könnte man die ganze Welt für seine Zwecke einspannen, solange sie sich im Rahmen der Gesetze halten. Der Fehler ist natürlich, dass gegenüber der Bank keinerlei Rechtsanspruch auf einen Kredit seitens des Autokäufers besteht. Wie bereits früher bemerkt, besteht ein Recht auf etwas nur in der Anerkennung durch alle. Von den Menschenrechten lässt sich zeigen, dass alle sie wollen und deshalb gelten sie universell; jeder hat sie immer. Ein Kreditanspruch dagegen ist ersichtlich kein solch universelles Recht, das alle wollen. Daher bedarf es zunächst einer besonderen Willensbekundung der Beteiligten. Erst wenn diese vorliegt, wenn die Bank den Kredit zugesichert hat und damit einen Kreditvertrag eingegangen ist, erst dann hat der Autokäufer allerdings ein Recht auf Zahlung; denn dann wollen alle, dass er den Kredit von der Bank erhält, weil Verträge einzuhalten sind. (Vorher handelt es sich nicht einmal um einen Zweck, sondern genau genommen um einen bloßen Wunsch. Zweck ist dasjenige, dessen Verwirklichung man tatsächlich betreibt; das aber geht nur, wenn man über die Mittel dazu verfügt. Zwar könnte man sagen, dass die Beschaffung der Mittel bereits zur Verwirklichung des Zwecks gehört. Aber im Interesse begrifflicher Klarheit sollte man hier trennen. Die Besorgung eines Bankkredits ist eine in sich abgeschlossene Handlung, deren Zweck der Kreditvertrag ist. Erst wenn man ihn erreicht hat, kann man das Auto bestellen. Gewiss wäre es blauäugig zu verkennen, dass diese Reihenfolge oft nicht eingehalten wird. Aber erstens ändert das nichts daran, dass Kreditbeschaffung und Autokauf zwei verschiedene Handlungen mit eigenen Zwecken sind, auch wenn die eine im Dienste der anderen geschieht. Und zweitens wäre die Bestellung eines Autos, ohne zu wissen, wie man es bezahlen soll, zumindest kein *berechtigter* Zweck. Denn es geschähe gegen den Willen des Händlers und wäre somit die Tat eines Einzelnen gegen den Willen eines anderen, also ungesetzliche Gewalt.)

3. Daraus, dass alle Rechte Behinderungsverbote sind, folgt, dass eine Unterscheidung zwischen negativer und positiver Freiheit keine besonderen Rechte erklären kann. Sie wurde vorgeschlagen, um die so genannten sozialen Rechte, wie das Recht auf Wohlfahrt oder das Recht auf Arbeit, als Freiheitsrechte deuten zu können. Sie bezieht sich auf die Handlungsfreiheit und ist nicht zu verwechseln mit Kants Unterscheidung zwischen negativer und positiver Willensfreiheit. Gemeint ist mit negativer Freiheit, dass man von niemandem gehindert wird (also das, was wir oben politische Freiheit genannt haben), mit positiver Freiheit, dass man über die nötigen Mittel verfügt. So ist der Arme, der ein angenehmes Leben führen möchte, im negativen Sinne frei, weil ihn niemand hindert, im positiven Sinne dagegen unfrei, weil er nicht genug Geld hat. Also, so wird gefolgert, sei auch das Recht auf Wohlfahrt ein Freiheitsrecht. Das ist nicht haltbar, weil alle Rechte immer nur Behinderungsverbote, also negative Freiheitsrechte, sind. Ein Recht auf positive Freiheit kann es nicht geben. Alles Recht bezieht sich auf Zwecke, nicht auf Wünsche. Denn die Wünsche des einen können unter allen Bedingungen mit den Wünschen des anderen zusammen bestehen, sodass es keinerlei besonderer Regelungen wie der Rechtsgesetze bedarf. Der eine

mag sich einen Staudamm wünschen, der andere eine unangetastete Natur, zum Konflikt kommt es erst, wenn die Wünsche in die Tat umgesetzt werden. Verlangen aber, zu deren Verwirklichung die Mittel fehlen und die deshalb im „positiven" Sinne unfrei machen, sind bloße Wünsche, keine Zwecke und können nie den Begriff eines Rechtes verständlich machen. Es ist nicht Aufgabe des Rechts, die Bedingungen zu schaffen, damit aus Wünschen Zwecke werden können, sondern lediglich, die Zwecke zu harmonisieren. Die so genannten sozialen Rechte sind, wie ich noch erläutern werde, keine universellen Rechte, sondern können nur positives Recht sein.

4. Wenn oben gesagt wurde, dass die Menschenrechte unveräußerlich sind und überall auf der Welt eingeklagt werden können, so könnte sich jemand fragen, warum es nicht statthaft sein soll, dass eine Gruppe von Menschen sich aus freier Entscheidung eine absolutistische Verfassung gibt, in der alle Mitglieder aus freien Stücken auf die Menschenrechte oder einen Teil von ihnen verzichten. Dagegen wäre natürlich nichts einzuwenden, solange alle frei sich zu dieser Staatsform bekennen. Es sei aber daran erinnert, dass sie nicht auf die Menschenrechte als Rechte verzichten können, weil sie als solche notwendig mit ihrer Zwecktätigkeit verknüpft sind. Die Mitglieder der Gruppe können lediglich auf die *Wahrnehmung* der Rechte verzichten, die ihnen aber als solche immer erhalten bleiben. Sobald also ein Mitglied sich eines anderen besinnt, kann es die Menschenrechte jederzeit wieder beanspruchen und für sich einklagen.

5. Schließlich noch eine Bemerkung zur Systematik. Ich hatte bereits erwähnt, dass sich mir ein Prinzip, mit dem sich die Vollständigkeit einer Liste der Menschenrechte zeigen ließe, bisher nicht ergeben hat, und ich befürchte, dass es ein solches für die gesamten Menschenrechte auch nicht geben kann, weil sie zum Teil auf empirischen Voraussetzungen fußen. Man könnte also wohl nur versuchen, die allgemeinen Grundrechte zwecktätiger Wesen überhaupt, die unter allen empirischen Bedingungen gelten, vollständig zu erfassen. Aber wenn wir diese Frage einmal offen lassen, so bleibt die andere, ob es nicht wenigstens möglich wäre, das Recht auf Handlungsfreiheit den anderen Rechten überzuordnen, insofern sie sich alle auf das freie Handeln des Menschen beziehen, dessen Behinderung sie jeweils in bestimmter

Hinsicht verbieten. Das wäre ganz im Sinne des traditionellen Liberalismus, der ja immer wieder versucht hat, der Freiheit eine fundierende Rolle zuzumessen. Um die Frage zu beantworten, muss man sich vorher verständigen, was unter Überordnen zu verstehen sei. Wenn die bloss begriffliche Überordnung gemeint ist, könnte man in der Tat das Recht auf Handlungsfreiheit als Oberbegriff der übrigen Grundrechte ansehen. Denn ein Recht ist als Behinderungsverbot die Garantie einer Handlungsfreiheit und das könnte man auch mit „Recht auf eine Handlungsfreiheit" ausdrücken. In diesem Sinne könnte man das Recht auf Handlungsfreiheit, weil gleichbedeutend mit „Recht auf etwas", den Oberbegriff der anderen Rechte nennen. Diesen Begriff darf man aber nicht mit dem Recht auf Handlungsfreiheit gleichsetzen, das wir an erster Stelle unserer Liste aufgeführt haben. Denn dieses ist ein *besonderes* Recht, das garantiert, dass die Zwecksetzung nur durch Gesetze eingeschränkt wird und nicht willkürlich. Es ist jenem Oberbegriff daher untergeordnet. Versteht man unter Überordnung dagegen, dass das Recht auf Handlungsfreiheit die anderen Rechte fundiert, sodass sie aus ihm abgeleitet sind, dann trifft sie nicht zu. Die Menschenrechte leiten sich aus Idee und Begriff des objektiven Rechts als Inbegriffs der Bedingungen einer allgemeinen Zweckharmonie her, nicht aber aus dem Begriff eines subjektiven Rechts auf etwas.

Exkurs
Die Allgemeine Erklärung
der Menschenrechte der Vereinten Nationen
vom 10. Dezember 1948

Da ich mich bei der Auflistung der Menschenrechte an der Allgemeinen Erklärung der Menschenrechte der Vereinten Nationen vom 10. Dezember 1948 orientiert habe, möchte ich jetzt erläutern, warum ich in mehreren Punkten von ihr abgewichen bin. Zur Bequemlichkeit des Lesers gebe ich zunächst die vollständige Erklärung in der deutschen Fassung der Vereinten Nationen wieder.[29]

a) Text

Präambel

Da die Anerkennung der allen Mitgliedern der menschlichen Familie innewohnenden Würde und ihrer gleichen und unveräußerlichen Rechte die Grundlage der Freiheit, der Gerechtigkeit und des Friedens in der Welt bildet,

da Verkennung und Mißachtung der Menschenrechte zu Akten der Barbarei führten, die das Gewissen der Menschheit tief verletzt haben, und da die Schaffung einer Welt, in der den Menschen, frei von Furcht und Not, Rede- und Glaubensfreiheit zuteil wird, als das höchste Bestreben der Menschheit verkündet worden ist,

da es wesentlich ist, die Menschenrechte durch die Herrschaft des Rechtes zu schützen, damit der Mensch nicht zum Aufstand gegen Tyrannei und Unterdrückung als letztem Mittel gezwungen ist,

da es wesentlich ist, die Entwicklung freundschaftlicher Beziehungen zwischen den Nationen zu fördern,

da die Völker der Vereinten Nationen in der Satzung ihren Glauben an die grundlegenden Menschenrechte, an die Würde und den Wert der menschlichen Person und an die Gleichberechtigung von Mann und Frau erneut bekräftigt und beschlossen haben, den sozialen Fortschritt und bessere Lebensbedingungen bei größerer Freiheit zu fördern,

da die Mitgliedstaaten sich verpflichtet haben, in Zusammenarbeit mit den Vereinten Nationen die allgemeine Achtung und Verwirklichung der Menschenrechte und Grundfreiheiten durchzusetzen,

da eine gemeinsame Auffassung über diese Rechte und Freiheiten von größter Wichtigkeit für die volle Erfüllung dieser Verpflichtung ist,

verkündet
die Generalversammlung

die vorliegende Allgemeine Erklärung der Menschenrechte, als das von allen Völkern und Nationen zu erreichende gemeinsame Ideal, damit jeder einzelne und alle Organe der Gesellschaft sich diese Erklärung stets gegenwärtig halten und sich bemühen, durch Unterricht und Erziehung die Achtung dieser Rechte und Freiheiten zu fördern und durch fortschreitende Maßnahmen im nationalen und internationalen Bereiche ihre allgemeine und tatsächliche Anerkennung und Verwirklichung bei der Bevölkerung sowohl der Mitgliedstaaten wie der ihrer Oberhoheit unterstehenden Gebiete zu gewährleisten.

Artikel 1 – Freiheit, Gleichheit, Brüderlichkeit
Alle Menschen sind frei und gleich an Würde und Rechten geboren. Sie sind mit Vernunft und Gewissen begabt und sollen einander im Geiste der Brüderlichkeit begegnen.

Artikel 2 – Verbot der Diskriminierung
Jeder Mensch hat Anspruch auf die in dieser Erklärung verkündeten Rechte und Freiheiten ohne irgendeine Unterscheidung wie etwa nach Rasse, Farbe, Geschlecht, Sprache, Religion, politischer oder sonstiger Überzeugung, nationaler oder sozialer Herkunft, nach Eigentum, Geburt oder sonstigen Umständen.
Weiter darf keine Unterscheidung gemacht werden auf Grund der politischen, rechtlichen oder internationalen Stellung des Landes oder Gebietes, dem eine Person angehört, ohne Rücksicht darauf, ob es unabhängig ist, unter Treuhandschaft steht, keine Selbstregierung besitzt oder irgendeiner anderen Beschränkung seiner Souveränität unterworfen ist.

Artikel 3 – Recht auf Leben und Freiheit
Jeder Mensch hat das Recht auf Leben, Freiheit und Sicherheit der Person.

Artikel 4 – Verbot der Sklaverei und des Sklavenhandels
Niemand darf in Sklaverei oder Leibeigenschaft gehalten werden; Sklaverei und Sklavenhandel sind in allen Formen verboten.

Artikel 5 – Verbot der Folter
Niemand darf der Folter oder grausamer, unmenschlicher oder erniedrigender Behandlung oder Strafe unterworfen werden.

Artikel 6 – Anerkennung als Rechtsperson
Jeder Mensch hat überall Anspruch auf Anerkennung als Rechtsperson.

Artikel 7 – Gleichheit vor dem Gesetz
Alle Menschen sind vor dem Gesetz gleich und haben ohne Unterschied Anspruch auf gleichen Schutz gegen jede unterschiedliche Behandlung, welche die vorliegende Erklärung verletzen würde, und gegen jede Aufreizung zu einer derartigen unterschiedlichen Behandlung.

Artikel 8 – Anspruch auf Rechtsschutz
Jeder Mensch hat Anspruch auf wirksamen Rechtsschutz vor den zuständigen innerstaatlichen Gerichten gegen alle Handlungen, die seine ihm nach der Verfassung oder nach dem Gesetz zustehenden Grundrechte verletzen.

Artikel 9 – Schutz vor Verhaftung und Ausweisung
Niemand darf willkürlich festgenommen, in Haft gehalten oder des Landes verwiesen werden.

Artikel 10 – Anspruch auf rechtliches Gehör
Jeder Mensch hat in voller Gleichberechtigung Anspruch auf ein der Billigkeit entsprechendes und öffentliches Verfahren vor einem unabhängigen und unparteiischen Gericht, das über seine Rechte und Verpflichtungen oder über irgendeine gegen ihn erhobene strafrechtliche Beschuldigung zu entscheiden hat.

Artikel 11 – Unschuldsvermutung
(1) Jeder Mensch, der einer strafbaren Handlung beschuldigt wird, ist so lange als unschuldig anzusehen, bis seine Schuld in einem öffentlichen Verfahren, in dem alle für seine Verteidigung nötigen Voraussetzungen gewährleistet waren, gemäß dem Gesetz nachgewiesen ist.
(2) Niemand kann wegen einer Handlung oder Unterlassung verurteilt werden, die im Zeitpunkt, da sie erfolgte, auf Grund des nationalen oder internationalen Rechts nicht strafbar war. Desgleichen kann keine schwerere Strafe verhängt werden als die, welche im Zeitpunkt der Begehung der strafbaren Handlung anwendbar war.

Artikel 12 – Freiheitssphäre des Einzelnen
Niemand darf willkürlichen Eingriffen in sein Privatleben, seine Familie, sein Heim oder seinen Briefwechsel noch Angriffen auf

seine Ehre und seinen Ruf ausgesetzt werden. Jeder Mensch hat Anspruch auf rechtlichen Schutz gegen derartige Eingriffe oder Anschläge.

Artikel 13 – Freizügigkeit und Auswanderungsfreiheit
(1) Jeder Mensch hat das Recht auf Freizügigkeit und freie Wahl seines Wohnsitzes innerhalb eines Staates.
(2) Jeder Mensch hat das Recht, jedes Land, einschließlich seines eigenen, zu verlassen sowie in sein Land zurückzukehren.

Artikel 14 – Asylrecht
(1) Jeder Mensch hat das Recht, in anderen Ländern vor Verfolgung Asyl zu suchen und zu genießen.
(2) Dieses Recht kann jedoch im Falle einer Verfolgung wegen nichtpolitischer Verbrechen oder wegen Handlungen, die gegen die Ziele und Grundsätze der Vereinten Nationen verstoßen, nicht in Anspruch genommen werden.

Artikel 15 – Recht auf Staatsangehörigkeit
(1) Jeder Mensch hat Anspruch auf eine Staatsangehörigkeit.
(2) Niemandem darf seine Staatsangehörigkeit willkürlich entzogen noch ihm das Recht versagt werden, seine Staatsangehörigkeit zu wechseln.

Artikel 16 – Freiheit der Eheschließung, Schutz der Familie
(1) Heiratsfähige Männer und Frauen haben ohne Beschränkung durch Rasse, Staatsbürgerschaft oder Religion das Recht, eine Ehe zu schließen und eine Familie zu gründen. Sie haben bei der Eheschließung, während der Ehe und bei deren Auflösung gleiche Rechte.
(2) Die Ehe darf nur auf Grund der freien und vollen Willenseinigung der zukünftigen Ehegatten geschlossen werden
(3) Die Familie ist die natürliche und grundlegende Einheit der Gesellschaft und hat Anspruch auf Schutz durch Gesellschaft und Staat.

Artikel 17 – Recht auf Eigentum
(1) Jeder Mensch hat allein oder in Gemeinschaft mit anderen Recht auf Eigentum.
(2) Niemand darf willkürlich seines Eigentums beraubt werden.

Artikel 18 – Gedanken-, Gewissens- und Religionsfreiheit
Jeder Mensch hat Anspruch auf Gedanken-, Gewissens- und Religionsfreiheit; dieses Recht umfaßt die Freiheit, seine Religion oder seine Überzeugungen zu wechseln, sowie die Freiheit, seine Religion oder seine Überzeugung allein oder in Gemeinschaft mit anderen, in der Öffentlichkeit oder privat, durch Lehre, Ausübung, Gottesdienst und Vollziehung von Riten zu bekunden.

Artikel 19 – Meinungsäußerungs- und Informationsfreiheit
Jeder Mensch hat das Recht auf freie Meinungsäußerung; dieses Recht umfaßt die Freiheit, Meinungen unangefochten anzuhängen und Informationen und Ideen mit allen Verständigungsmitteln ohne Rücksicht auf Grenzen zu suchen, zu empfangen und zu verbreiten.

Artikel 20 – Versammlungs- und Vereinigungsfreiheit
(1) Jeder Mensch hat das Recht auf Versammlungs- und Vereinigungsfreiheit zu friedlichen Zwecken.
(2) Niemand darf gezwungen werden, einer Vereinigung anzugehören.

Artikel 21 – Allgemeines und gleiches Wahlrecht
(1) Jeder Mensch hat das Recht, an der Leitung der öffentlichen Angelegenheiten seines Landes unmittelbar oder durch frei gewählte Vertreter teilzunehmen.
(2) Jeder Mensch hat unter gleichen Bedingungen das Recht auf Zulassung zu öffentlichen Ämtern in seinem Lande.
(3) Der Wille des Volkes bildet die Grundlage für die Autorität der öffentlichen Gewalt; dieser Wille muß durch periodische und unverfälschte Wahlen mit allgemeinem und gleichem Wahlrecht bei geheimer Stimmabgabe oder in einem gleichwertigen freien Wahlverfahren zum Ausdruck kommen.

Artikel 22 – Recht auf soziale Sicherheit
Jeder Mensch hat als Mitglied der Gesellschaft Recht auf soziale Sicherheit; er hat Anspruch darauf, durch innerstaatliche Maßnahmen und internationale Zusammenarbeit unter Berücksichtigung der Organisation und der Hilfsmittel jedes Staates in den Genuß der für seine Würde und die freie Entwicklung seiner Per-

sönlichkeit unentbehrlichen wirtschaftlichen, sozialen und kulturellen Rechte zu gelangen.

Artikel 23 – Recht auf Arbeit und gleichen Lohn
(1) Jeder Mensch hat das Recht auf Arbeit, auf freie Berufswahl, auf angemessene und befriedigende Arbeitsbedingungen sowie auf Schutz gegen Arbeitslosigkeit.
(2) Alle Menschen haben ohne jede unterschiedliche Behandlung das Recht auf gleichen Lohn für gleiche Arbeit.
(3) Jeder Mensch, der arbeitet, hat das Recht auf angemessene und befriedigende Entlohnung, die ihm und seiner Familie eine der menschlichen Würde entsprechende Existenz sichert und die, wenn nötig, durch andere soziale Schutzmaßnahmen zu ergänzen ist.
(4) Jeder Mensch hat das Recht, zum Schutz seiner Interessen Berufsvereinigungen zu bilden und solchen beizutreten.

Artikel 24 – Anspruch auf Erholung und Freizeit
Jeder Mensch hat Anspruch auf Erholung und Freizeit sowie auf eine vernünftige Begrenzung der Arbeitszeit und auf periodischen, bezahlten Urlaub.

Artikel 25 – Anspruch auf soziale Fürsorge
(1) Jeder Mensch hat Anspruch auf eine Lebenshaltung, die seine und seiner Familie Gesundheit und Wohlbefinden, einschließlich Nahrung, Kleidung, Wohnung, ärztlicher Betreuung und der notwendigen Leistungen der sozialen Fürsorge gewährleistet; er hat das Recht auf Sicherheit im Falle von Arbeitslosigkeit, Krankheit, Invalidität, Verwitwung, Alter oder von anderweitigem Verlust seiner Unterhaltsmittel durch unverschuldete Umstände.
(2) Mutter und Kind haben Anspruch auf besondere Hilfe und Unterstützung. Alle Kinder, eheliche und uneheliche, genießen den gleichen sozialen Schutz.

Artikel 26 – Recht auf Bildung
(1) Jeder Mensch hat das Recht auf Bildung. Der Unterricht muß wenigstens in den Elementar- und Grundschulen unentgeltlich sein. Der Elementarunterricht ist obligatorisch. Fachlicher und beruflicher Unterricht soll allgemein zugänglich sein; die höheren

Studien sollen allen nach Maßgabe ihrer Fähigkeiten und Leistungen in gleicher Weise offenstehen.
(2) Die Ausbildung soll die volle Entfaltung der menschlichen Persönlichkeit und die Stärkung der Achtung der Menschenrechte und Grundfreiheiten zum Ziele haben. Sie soll Verständnis, Duldsamkeit und Freundschaft zwischen allen Nationen und allen rassischen oder religiösen Gruppen fördern und die Tätigkeit der Vereinten Nationen zur Aufrechterhaltung des Friedens begünstigen.
(3) In erster Linie haben die Eltern das Recht, die Art der ihren Kindern zuteil werdenden Bildung zu bestimmen.

Artikel 27 – Freiheit des Kulturlebens
(1) Jeder Mensch hat das Recht, am kulturellen Leben der Gemeinschaft frei teilzunehmen, sich der Künste zu erfreuen und am wissenschaftlichen Fortschritt und dessen Wohltaten teilzuhaben.
(2) Jeder Mensch hat das Recht auf Schutz der moralischen und materiellen Interessen, die sich aus jeder wissenschaftlichen, literarischen oder künstlerischen Produktion ergeben, deren Urheber er ist.

Artikel 28 – Angemessene Sozial- und Internationalordnung
Jeder Mensch hat Anspruch auf eine soziale und internationale Ordnung, in welcher die in der vorliegenden Erklärung angeführten Rechte und Freiheiten voll verwirklicht werden können.

Artikel 29 – Grundpflichten
(1) Jeder Mensch hat Pflichten gegenüber der Gemeinschaft, in der allein die freie und volle Entwicklung seiner Persönlichkeit möglich ist.
(2) Jeder Mensch ist in Ausübung seiner Rechte und Freiheiten nur den Beschränkungen unterworfen, die das Gesetz ausschließlich zu dem Zweck vorsieht, um die Anerkennung und Achtung der Rechte und Freiheiten der anderen zu gewährleisten und den gerechten Anforderungen der Moral, der öffentlichen Ordnung und der allgemeinen Wohlfahrt in einer demokratischen Gesellschaft zu genügen.
(3) Rechte und Freiheiten dürfen in keinem Fall im Widerspruch zu den Zielen und Grundsätzen der Vereinten Nationen ausgeübt werden.

Artikel 30 – Auslegungsregel
Keine Bestimmung der vorliegenden Erklärung darf so ausgelegt werden, dass sich daraus für einen Staat, eine Gruppe oder eine Person irgendein Recht ergibt, eine Tätigkeit auszuüben oder eine Handlung zu setzen, welche auf die Vernichtung der in dieser Erklärung angeführten Rechte und Freiheiten abzielen.

β) Erläuterungen

Die Erklärung stellt keinen Vertrag dar, den die Menschen miteinander geschlossen hätten, dass fortan die aufgeführten Rechte unter ihnen gelten sollten. Sie ist eben lediglich eine Erklärung, dass dies die Menschenrechte seien, und sie versteht sich in der Präambel als Formulierung eines Ideals, dessen Verwirklichung alle Völker erstreben sollten. Der historische Grund für diesen Status war, dass politisch mehr nicht zu erreichen war. Immerhin aber gab es bei dem Beschluss der Generalversammlung der Vereinten Nationen am 10. Dezember 1948 zwar Stimmenthaltungen, jedoch keine einzige Gegenstimme, sodass man von dem allgemeinen Konsens ausgehen darf, dass in dieser Erklärung im Wesentlichen die Grundrechte des Menschen erfasst seien. Ein Vertrag war auch gar nicht erforderlich. Denn die Menschenrechte gelten universell und bedürfen zu ihrer Inkraftsetzung keiner besonderen Willenskundgebung; sie werden, wie ich zu zeigen versucht habe, völlig unabhängig von einer solchen Bekundung von allen gewollt.

Freilich gilt das nicht für alle in der Erklärung aufgeführten Rechte. Der Grund dafür ist, dass die Liste nicht aus einem Prinzip abgeleitet, sondern empirisch zusammengestellt worden ist. Es sind die Rechte, die die Menschen nach den politischen Erfahrungen, die sie in ihrer Geschichte gemacht haben, als besonders schützenswert erachteten, weil sie ihre Missachtung als besonders schmerzlich empfunden haben. Dabei muss man berücksichtigen, dass die Zusammenstellung den Bewusstseinsstand der Zeit vor fünfzig Jahren, als die Erklärung verfasst wurde, widerspiegelt. Wären die Rechte heute aufgelistet worden, wäre das Ergebnis wahrscheinlich anders ausgefallen. Aber ein Großteil der aufgeführten Rechte sind in der Tat universelle Menschenrechte, die zeitlos gültig sind. Das möchte ich durch einen Vergleich mit der von mir aufgestellten Liste verdeutlichen, wobei ich gelegentlich von der Reigenfolge abweiche und auch nicht auf jeden einzelnen Satz der Erklärung eingehe, sondern mich auf die jeweilige Kernaussage der einzelnen Artikel beschränke.

Artikel 1 der Erklärung formuliert nicht eigentlich ein Recht und ist schwer zu deuten. Wenn es zum Beispiel heißt, alle Menschen seien gleich an Rechten geboren, so klingt dies wie die Feststellung eines Faktums. Aber dann ist die Aussage eindeutig falsch. Ein Hirtenkind wird nicht in die gleichen Rechte hineingeboren wie ein Araberprinz, ein Franzose nicht in die gleichen Rechte wie ein Deutscher usw. Wenn die Aussage also als deskriptive Tatsachenaussage schwerlich gemeint sein kann, könnte man sie normativ verstehen: Alle Menschen *sollen* bei ihrer Geburt als gleich an Rechten betrachtet werden. Aber auch dann gerät man in Schwierigkeiten. Es dürften sich zum Beispiel Konsequenzen für das Erbrecht oder das Staatsangehörigkeitsrecht ergeben, die sicherlich nicht gemeint sind. Man müsste zumindest die Rechte, die gleich sein sollen, näher qualifizieren.

Noch unklarer ist der Begriff der Würde. Nachdem er bei Kant eine wichtige Rolle gespielt hat, hat er in jüngerer Zeit wieder an Bedeutung gewonnen, sodass er in der Erklärung außer in Artikel 1 noch in den Artikeln 22 und 23 und zweimal in der Präambel vorkommt und ebenfalls in Verfassungen, zum Beispiel der Bundesrepublik Deutschland, eingegangen ist. Aber auch in der Literatur zu den Menschenrechten spielt er eine nicht unerhebliche Rolle. Trotzdem ist der Begriff bis heute völlig leer geblieben. Wenn man fragt, worin die Würde des Menschen bestehe, erhält man je nach Auffassung, die der Autor vom Menschen hat, eine andere Antwort, zum Beispiel dass sie in der Vernünftigkeit, der Personalität, der Sittlichkeit u. Ä. liege. Man kann sich daher auch gleich mit diesen Begriffen begnügen und auf die Attrappe Würde, die außen glänzend bemalt, innen aber hohl ist, besser verzichten. Mir scheint der Begriff nämlich nicht ungefährlich, weil er eine starke emotionale Konnotation besitzt. Das haben sich auch die Umweltfreunde zu Nutze gemacht und, um Tiere und Pflanzen besser schützen zu können, damit begonnen, auch ihnen eine Würde zuzusprechen. Ich halte das in diesem Fall für einen unverantwortlichen Rückfall ins magische Zeitalter, um rationale Argumentation zu umgehen. Denn mit rein rationalen Mitteln ist schwer verständlich zu machen, warum es etwa den Wachtelkönig geben muss, den kaum einer kennt. Darum beschwört man einen diffusen scheinbaren Wert, indem man fordert, man müsse die Würde der Naturwesen wahren. Am Ende tanzen wir wieder um die Bäume und bitten um gnädig gestimmte Geister.

Auch die Begriffe Gewissen und Brüderlichkeit haben ihre Probleme. Da aber der Artikel 1 ohnehin kein Recht ausdrückt, verzichte ich auf eine Interpretation. Dass er in die Erklärung aufgenommen worden ist, dürfte traditionelle Gründe gehabt haben. Er wiederholt die Schlagwörter der Französischen Revolution, die ja für die Entwicklung der Menschenrechte von großer Wichtigkeit war.

Artikel 2 (Verbot der Diskriminierung) und *Artikel 7* (Gleichheit vor dem Gesetz) entsprechen Punkt 2 meiner Liste.

Das Recht auf Freiheit in *Artikel 3* entspricht meinem Punkt 1, die Rechte auf Leben und Sicherheit der Person lassen sich daraus ableiten. Ich verstehe unter dem Recht auf Leben das Tötungsverbot, unter dem Recht auf Sicherheit der Person das Recht auf körperliche Unversehrtheit. Beide fallen unter das Gewaltverbot in Punkt 1. Denn weder die Tötung noch die Körperverletzung sind an sich verboten, sondern nur, wenn sie gegen den Willen der Betroffenen, also gewaltsam geschehen. Daher verstoßen weder die Tötung auf Verlangen gegen das Recht auf Leben noch der chirurgische Eingriff gegen das Recht auf Sicherheit der Person. Auch gegen Gewalt schützen beide Rechte nur, wenn sie unrechtmäßig ist. Wenn ein Aggressor nur durch die Tötung abgewehrt werden kann, dann ist sie rechtmäßige Gewalt, die sein Recht auf Leben nicht verletzt. Das Entsprechende gilt, wenn Polizisten randalierende Demonstranten nur durch körperliche Gewalt zurückhalten können. Auch die Todesstrafe bei Mord verstößt nicht gegen das Recht auf Leben, weil man, wie gezeigt, voraussetzen darf, dass nicht nur seine Mitbürger, sondern auch der Mörder selbst die Tötung für rechtens halten.

Das Verbot der Folter des *Artikels 5* leitet sich ebenfalls aus dem Gewaltverbot ab, sodass die Domina, die ihren Freier mit Marterwerkzeugen traktiert, nicht gegen das Verbot verstößt, weil die Folter nicht gewaltsam, sondern einvernehmlich geschieht. Die Folter kann jedoch nie rechtmäßige Gewalt sein. Gewalt ist immer nur so weit rechtmäßig, wie sie unbedingt erforderlich ist, um eine Rechtsverletzung zu verhindern. Körperliche Gewalt ist also nur als Gegengewalt zu rechtfertigen, um andere körperliche Gewalt abzuwehren. Das aber kann bei der Folter nie der Fall sein, weil der Gefolterte längst überwunden ist.

Das Verbot der Sklaverei, das *Artikel 4* ausspricht, lässt sich aus jedem anderen Menschenrecht ableiten. Da dem Sklaven keinerlei Rechte zuerkannt werden, verstößt die Sklaverei gegen alle Menschenrechte. Der Sklave ist jedoch nicht nur rechtlos. Das war der Vogelfreie auch, aber er konnte, wenn er sich geschickt verbarg, mit seiner Rechtlosigkeit ganz gut leben. Der Verlust des Rechtes auf eine Sache bedeutet ja nicht eo ipso den Verlust der Sache selbst, sodass der Vogelfreie unter günstigen Umständen freier leben konnte als seine einstigen Mitbürger, die unter der Knute des Gesetzes standen. Die Rechtlosigkeit ist jedoch nicht das eigentliche Charakteristikum des Sklaventums, sie ist nur eine Folge. Das, was den Sklaven zum Sklaven macht, ist, dass er seinem Herrn zum Eigentum gegeben ist, sodass dieser die vollständige Verfügungsgewalt über ihn hat und er nichts ohne dessen Willen tun oder haben kann. Deshalb fehlen ihm nicht nur alle Rechte, sondern ihm sind auch die Sachen selbst entzogen. Er hat nicht nur kein *Recht* auf Handlungsfreiheit, sondern er besitzt auch der Sache nach keinerlei Handlungsfreiheit, weil er schlechthin nichts ohne Einwilligung seines Herrn tun kann. Das Entsprechende gilt für die anderen Rechte: Er *wird* nicht gleich behandelt, er *ist* kein Staatsbürger, er *hat* keine Verträge usw. Die Versklavung ist daher das größte Unrecht, das einem Menschen geschehen kann.

Artikel 6 verlangt die Anerkennung als Rechtsperson. Ein entsprechender Artikel ist auch in andere Listen eingegangen, allerdings nicht in die Europäische Konvention zum Schutze der Menschenrechte und Grundfreiheiten von 1950. Der zuständige Sachverständigenausschuss hielt ihn für überflüssig, weil er aus anderen Artikeln der Konvention abgeleitet werden könne. Ich meine, dass er nicht nur überflüssig ist, sondern in keine Liste der Menschenrechte aufgenommen werden *darf*, weil das in den Widerspruch führt. Die Anerkennung als Rechtsperson ist kein besonderes Recht neben anderen, sondern die Voraussetzung dafür, dass man überhaupt Rechte haben kann. Nimmt man sie als besonderes Recht neben anderen, dann bedeutet das, dass man sie verweigern, andere Rechte aber zubilligen kann, so wie zum Beispiel in vielen Diktaturen das Recht auf freie Meinungsäußerung oder auf unabhängige Richter nicht gewährt, das Recht auf Eigentum oder auf Vertragsfreiheit aber nicht angetastet wird. Bei der Anerkennung als Rechtsperson führt das dazu, dass man jemandem Rechte zuerkennen kann, den man nicht als Rechtsperson betrachtet, der also gar keine Rechte haben kann. Dass der Artikel 6 in die Erklärung aufgenommen wurde, erklärt sich sicher daraus, dass, angesichts der Erfahrung, dass immer wieder Menschen als rechtlos behandelt wurden, von den antiken Sklaven über die Vogelfreien und die Juden im Dritten Reich bis zu den Farbigen im Apartheidsregime Südafrikas, man einen Titel suchte, um dies als Menschenrechtsverletzung brandmarken zu können. Das konnte aber nicht dadurch geschehen, dass man die Anerkennung als Rechtsperson selbst zum Gegenstand eines Rechtes machte und dieses unter die Menschenrechte aufnahm. Wo es rechtlose Menschen gibt, wird das Bestehen von Menschenrechten als Rechten, die ausnahmslos jedem Menschen zukommen, ohnehin geleugnet. Es genügt der Nachweis, wie er hier versucht wurde, dass es tatsächlich Menschenrechte gibt. Das impliziert, dass jeder Mensch Rechtsperson ist.

Artikel 8 (Anspruch auf Rechtsschutz) entspricht Punkt 12 meiner Liste, mit dem Unterschied, dass Artikel 8 nur von den Grundrechten spricht. Es ist aber klar, dass alle Rechte zu schützen sind.

Artikel 9 (Schutz vor Verhaftung und Ausweisung) fällt unter das Willkürverbot meines ersten Punktes ebenso wie *Artikel 12* (Freiheitssphäre des Einzelnen).

Artikel 10 (Anspruch auf faires Gerichtsverfahren) entspricht Punkt 11 meiner Liste.

Den Inhalt des *Artikels 11* könnte man als hypothetisches Menschenrecht bezeichnen, da er sich auf das Strafrecht bezieht, das im allgemeinen Willen zum Recht nicht notwendig enthalten ist. Der Artikel gilt also nur dann, wenn die Menschen in ihrem Gesellschaftsvertrag die Einführung eines Strafrechts vereinbart haben. Nimmt man den Artikel ohne diese Einschränkung unter die Menschenrechte auf, wie das in der Erklärung geschieht, entsteht der Eindruck, als ob auch das Strafrecht im allgemeinen Willen zum Recht eingeschlossen und daher unverzichtbar sei.

Der Kern von Absatz (1) (Unschuldsvermutung) ist nicht das Triviale, dass niemand als schuldig betrachtet werden darf, solange seine Schuld nicht feststeht. Die wesentliche Aussage ist vielmehr, dass die Schuldfrage nur in einem ordentlichen Gerichtsverfahren entschieden werden darf. Denn da die Frage, was als Wahrheitsbeweis zu gelten hat, selbst umstritten ist, lässt sich die Schuldfrage nicht mit wissenschaftlichen Mitteln allein klären, sondern es bedarf eines Entscheides. So gesehen fällt Absatz (1) unter meinen Punkt 11, nach dem im Konfliktfall ein Gericht entscheiden muss.

Absatz (2) (nulla poena sine lege) folgt aus meinem Punkt 9, der das Verbot der rückwirkenden Anwendung eines Gesetzes impliziert.

Artikel 13 garantiert Freizügigkeit und Auswanderungsfreiheit. In der Allgemeinheit, wie er formuliert ist, kann er schwerlich gemeint sein. Die Freizügigkeit zum Beispiel ist allein schon durch die Eigentumsverhältnisse stark eingeschränkt. Ich darf das Grundstück eines anderen nicht ohne dessen Einwilligung betreten, geschweige denn mich darauf niederlassen. Der entsprechende Artikel 12 des Internationalen Paktes über bürgerliche und politische Rechte von 1966 hat denn auch extra einen Absatz über die möglichen gesetzlichen Einschränkungen hinzugefügt. Artikel 13 unterscheidet außerdem nicht zwischen Ausreisefreiheit ohne Aufgabe der Staatsbürgerschaft und Auswanderungsfreiheit. Was die Letztere betrifft, so ist sie in Punkt 7 meiner Liste garantiert. Freizügigkeit und Ausreisefreiheit dagegen fallen unter die Handlungsfreiheit im Rahmen der geltenden Gesetze unter Punkt 1.

Artikel 14 (Asylrecht) ergibt nur dann einen Sinn, wenn er das Recht meint, Asyl zu *erhalten*. Ansuchen um Asyl kann jeder, dazu bedarf es keines besonderen Rechtstitels. Die Frage jedoch ist, ob er, als Mensch, ein Recht darauf hat, es zu erhalten, sodass der Staat, bei dem er ansucht, es ihm gewähren *muss*, auch wenn seine Gesetze dies nicht vorsehen. Das nun würde, wie immer man Asyl verstehen mag, mit Sicherheit gegen andere, gesicherte Menschenrechte verstoßen, sei es gegen das Recht auf Handlungsfreiheit, sei es gegen das Recht auf Vertragsfreiheit, sei es gegen das Eigentumsrecht. Man könnte denken, dass das Asylrecht aus dem Recht auf Staatsangehörigkeit folge. Aber das käme zum einen nur dann in Betracht, wenn der Verfolgte seine Staatsangehörigkeit verloren hat. Zum anderen meint das Recht auf Staatsangehörigkeit nicht, dass andere dafür sorgen müssen, dass jeder einem Staat angehört, sondern lediglich, dass niemand daran gehindert werden darf, mit anderen einen Gesellschaftsvertrag zu schließen. Das alles bedeutet natürlich nicht, dass ein internationales Asylrecht nicht wünschenswert wäre. Es ist im Gegenteil ein dringendes Bedürfnis. Allein das Asylrecht kann kein Menschenrecht, kein universales Recht sein, sondern bedarf zu seiner Etablierung einer ausdrücklichen tatsächlichen Willensbekundung, eines Paktes. Daher wäre der Internationale Pakt über bürgerliche und politische Rechte von 1966 der richtige Ort für ein solches Recht gewesen. Aber auch dort konnte man sich wegen der vielfältigen damit verbundenen Probleme nicht dazu entschließen.

Artikel 15 (Recht auf Staatsangehörigkeit) entspricht in Absatz (1) Punkt 3 meiner Liste. Absatz (2) folgt teils aus dem Willkürverbot in Punkt 1, teils aus Punkt 7.

Artikel 16 (Freiheit der Eheschließung, Schutz der Familie) fällt unter die Vertragsfreiheit unter Punkt 4. Dass die Ehe besonders hervorgehoben wird, liegt zum einen vielleicht daran, dass die Erklärung das Recht auf Vertragsfreiheit nicht enthält, vor allem aber wohl daran, dass Ehe und Familie traditionellerweise eine ungeheure Wertschätzung genießen. Inzwischen ist freilich abzusehen, dass diese soziale Form nicht ewig Bestand haben wird.

Artikel 17 (Recht auf Eigentum) entspricht meinem Punkt 10.

Artikel 18 (Gedanken-, Gewissens- und Religionsfreiheit) drückt nur in seinem zweiten Teil, wo es um die Bekundung der Religion geht, ein Recht aus. Den Wechsel der inneren Überzeugung kann ohnehin niemand behindern. Der zweite Teil folgt im Wesentlichen aus dem Recht auf freie Meinungsäußerung unter Punkt 8 meiner Liste, zum Teil aber auch aus dem Recht auf Versammlungs- und Vereinigungsfreiheit.

Artikel 19 (Meinungsäußerungs- und Informationsfreiheit) entspricht meinem Punkt 8.

Die Versammlungsfreiheit in *Artikel 20* fällt unter die Handlungsfreiheit in Punkt 1 meiner Liste, die Vereinigungsfreiheit unter die Vertragsfreiheit in Punkt 4.

Beide Rechte lassen sich auch als besondere demokratische Rechte aus Punkt 5 gewinnen. Denn einerseits muss den Wählern die Gelegenheit gegeben werden, sich über die Ziele der Kandidaten ein genaues Bild zu machen, andererseits müssen die Kandidaten die Möglichkeit haben, ihre Ziele einem breiteren Publikum werbend bekannt zu machen. Beides ist aber in ausreichendem Maße nur durch direkte, persönliche Kommunikation möglich; einem Schriftstück kann man keine Fragen stellen, wie schon Platon bemerkte. Also muss es Versammlungsfreiheit geben. Diese lässt sich in der Praxis aber nur verwirklichen, wenn es dauerhafte Vereinigungen gibt, die die Versammlungen und die Vertretung der politischen Interessen organisieren. Also bedarf es der Vereinigungsfreiheit.

Artikel 21 (Allgemeines und gleiches Wahlrecht) entspricht meinen Punkten 5 und 6.

Die *Artikel 22–26* beinhalten die so genannten sozialen Rechte. Sie gehören nicht zum Katalog des klassischen Liberalismus, sondern haben ihre Wurzeln im Sozialismus. So sind sie denn auch vor allem auf Betreiben der sozialistischen Länder in die Erklärung aufgenommen worden. Artikel 26 (Recht auf Bildung) entspricht zwar im Kern Punkt 13 meiner Liste, geht aber in der Konkretisierung weit darüber hinaus. Zweifellos sind diese sozialen Rechte in höchstem Maße schützenswert, aber ebenso zweifellos sind sie keine universellen Menschenrechte, von denen notwendig jeder will, dass jeder sie hat. Sie bedürfen zu ihrer Inkraftsetzung einer ausdrücklichen Willenserklärung und wenn sie nicht nur den Bürgern bestimmter Staaten, sondern allen Menschen zukommen sollen, müssen sie in einem internationalen Vertrag vereinbart werden, wie es im Internationalen Pakt über wirtschaftliche, soziale und kulturelle Rechte von 1966 tatsächlich geschehen ist. Infolgedessen gelten diese Rechte für alle, die dem Pakt beigetreten sind, aber die Rechtskraft kommt ihnen nicht an sich und a priori zu, sondern allein auf Grund des Paktes.

Dass dem so ist, ist leicht zu ersehen. Die sozialen Rechte sollen allen Menschen ein „menschenwürdiges" Leben sichern und es ist den Völkern, die dem Pakt beigetreten sind, hoch anzurechnen, dass sie sich dieses Ziel gesetzt haben, gerade weil sie dazu rechtlich nicht gezwungen waren. Denn wenn sie es gewesen wären, wenn die sozialen Rechte universell gölten, dann müssten diese Rechte im allgemeinen Willen zum Recht notwendig enthalten sein, d.h. eine allgemeine Zweckharmonie müsste ohne sie undenkbar sein. Es müsste also unmöglich sein, dass Menschen, die in schlechten sozialen Verhältnissen leben, friedlich miteinander umgehen. Das aber wird schon durch die Erfahrung eindeutig widerlegt. Es gibt unter den Armen so viel Frieden, wie es unter den Reichen Streit gibt. Zwar soll nicht bestritten werden, dass in einer Gesellschaft, in der große materielle Unterschiede bestehen, soziale Spannungen entstehen können, die zu Konflikten führen. Aber darin liegt keine Notwendigkeit, es kann so geschehen, muss aber nicht. Wenn nun soziale Wohlfahrt kein unabdingbares Mittel zur Herstellung der Zweckharmonie ist, dann kann es auch kein universelles Recht darauf geben. Recht ist eben der Inbegriff der Bedingungen einer allgemeinen Zweckharmonie. Es dient lediglich dazu, mögliche Zwecke zu harmonisieren, nicht aber dazu, Zwecke allererst zu ermöglichen. Anhebung des Lebensstandards dagegen heißt, dass mehr Zwecke möglich werden, dass man sich mehr Wünsche zu Zwecken machen kann. Folglich können die sozialen Rechte, die dazu dienen, einen bestimmten Lebensstandard, eine bestimmte Vielfalt möglicher Zwecke zu garantieren, nicht aus dem Begriff des Rechts abgeleitet werden und also keine universellen Rechte sein. Sie bedürfen zu ihrer Inkraftsetzung eines Vertrages. Ein solcher Vertrag ist allerdings *moralisch* gefordert, wie noch zu zeigen sein wird.

Artikel 27 (Freiheit des Kulturlebens) fällt mit Absatz (1) unter das Recht auf Handlungsfreiheit unter Punkt 1 meiner Liste. Absatz (2) fällt unter das Recht auf (geistiges) Eigentum in Punkt 10.

Artikel 28 (Angemessene Sozial- und Internationalordnung) folgt aus Punkt 12. Denn da die Menschenrechte dem Menschen nicht als Angehörigem eines Staates, sondern als selbstständigem Individuum unabhängig von seiner Staatsangehörigkeit zukommen, bedarf es, wie im Abschnitt „Anmerkungen" gezeigt, zu ihrem Schutze einer internationalen Ordnung, eines Föderationsvertrages der Staaten, der alle Menschen aller Staaten umfasst, in letzter Konsequenz also der alten stoischen Kosmopolis, des Weltstaates.

Artikel 29 (Grundpflichten) enthält keine Rechte. Allenfalls Absatz (2) wiederholt das Recht auf Handlungsfreiheit.

Artikel 30 (Auslegungsregel) ist in der deutschen Fassung missverständlich. In der englischen Fassung heißt es statt „der in dieser Erklärung angeführten Rechte und Freiheiten" „of *any* of the rights and freedoms set forth herein". Gemeint ist offenbar, dass kein Teil der Erklärung so interpretiert werden darf, dass *irgendein anderer* Teil aufgehoben wird. Die deutsche Version lässt die Deutung zu, dass eine Bestimmung so interpretiert wird, dass der ganze Inhalt der Erklärung aufgehoben wird. Das aber gliche Münchhausen, der sich an den Haaren aus dem Sumpf zieht. Der Artikel beruht offenbar auf der leidvollen Erfahrung mit der Kunst der Rabulistik, in der es ja vor allem Jurisprudenz und Theologie durch jahrtausendelange Übung zu großer Meisterschaft gebracht haben; denn in diesen beiden Disziplinen ist die Not am größten, die jeweiligen neuen Gegebenheiten in die vorgegebenen Texte „hineinzuinterpretieren".

IV. Moral

1. „Tugend ist Wissen"

Wir haben gesagt, dass Unrecht, also die Behinderung eines gesetzlich erlaubten Zweckes, also ungesetzliche Gewalt, immer aus Uneinsichtigkeit geschieht und dass daher Bildung notwendig ist, die auf eine moralische Bildung hinausläuft. Das gilt es jetzt zu erläutern.

Zunächst die These, dass Unrecht immer auf Uneinsichtigkeit beruht, die wir bisher lediglich behauptet, aber nicht weiter begründet haben. Sie erinnert stark an die sokratische Gleichung, dass Tugend Wissen sei, von der sich schon Aristoteles distanziert hat und die wohl auch heute die meisten für falsch halten, weil sie meinen, dass das Rechte erkennen und das Rechte tun zwei verschiedene Dinge seien. Auf dem Grunde einer Sollensethik ist das auch durchaus gerechtfertigt; daraus, dass ich weiß, was ich tun *soll*, folgt nicht, dass ich es auch tue. In der Wollensethik dagegen verhält es sich anders. Dort ist das Rechttun nicht etwas, das ich soll, sondern etwas, das ich will, und das impliziert, dass ich es auch tue; denn wollen heißt zum Zweck haben und das heißt in die Tat umsetzen. Wenn daher jemand das Rechtmäßige will und es dennoch nicht tut, sondern das Unrecht wählt, so kann das, sofern er Herr seiner Sinne ist, nur daran liegen, dass er nicht weiß, dass es Unrecht ist, sondern es für Recht erachtet. Dementsprechend haben wir mit Fug behauptet, dass Unrecht immer auf Uneinsichtigkeit beruht. Denn da alle das Recht wollen, weil jeder seine Zwecke erreichen will und dazu das Recht unentbehrlich ist, so geschieht Unrecht nur deshalb, weil es als solches nicht erkannt, sondern für Recht gehalten wird. Der Unrechttäter ist der Überzeugung, dass er durch Gewalt seine Zwecke erreichen kann. In unseren Begriffen heißt das, dass er meint, er könne die allgemeine Zweckharmonie dadurch herstellen, dass er die den seinen widerstreitenden Zwecke der anderen zu Gunsten der eigenen gewaltsam unterdrückt. Da nun das Recht der Inbegriff der

Bedingungen einer allgemeinen Zweckharmonie ist und der Täter private Gewalt für eine dieser Bedingungen hält, so hält er sie für ein Rechtsmittel. Das ist der Irrtum, der ihn Unrecht tun lässt.

Das ist die objektive Deutung seines Verhaltens, die sich ergibt, wenn man nur auf das äußere Tun blickt und darauf den Rechtsbegriff anwendet. Sie sollte dermaleinst überall auch die subjektive Deutung der Handelnden selbst sein, jedenfalls soweit Belehrung und Erziehung erfolgreich sein können. Ich vermute allerdings, dass sie auch bisher schon vielfach der Bewusstseinslage der Täter entspricht, sodass diese tatsächlich der Meinung sind, dass Gewalt ein rechtmäßiges Mittel sei. Und selbst wenn der Täter ein Unrechtsbewusstsein hat, habe ich den Verdacht, dass er sich oft in einem höheren Sinne im Recht fühlt (zum Beispiel weil seine Tat der Ausgleich sei für die Missachtung durch die Gesellschaft o. Ä.), sodass er zwar einräumt, gegen geltende Gesetze zu verstoßen, nicht aber eigentlich gegen das Recht. Besonders auf die politischen Gewalttäter scheint dies zuzutreffen. Doch ich gestehe frei, dass ich hier Stammtischpsychologie betreibe, wie die meisten meiner philosophischen Kollegen, wenn sie psychologisieren, weil wir alle eben, wie schon früher bemerkt, gar nicht über die finanziellen und sonstigen Mittel verfügen, um eine solide empirische Psychologie auf die Beine zu stellen. Nehmen wir also den Fall, dass jemand ein eindeutiges Bewusstsein davon hat, dass er Unrecht tut. Damit widerlegt er natürlich nicht die These vom Bestehen eines allgemeinen Willens zum Recht; denn wo es kein Recht gibt, gibt es auch kein Unrecht. Er will also sehr wohl das Recht, gestattet sich aber die eine oder andere Übertretung. Dann besteht sein Irrtum subjektiv darin, dass er glaubt, durch Unrecht seine Zwecke besser erreichen zu können. Dass das falsch ist, dass unrechtmäßige Gewalt nicht zum Ziele führt, habe ich versucht zu zeigen. Objektiv bleibt sein Fehler derselbe wie der aller Gewalttäter, ob mit oder ohne Unrechtsbewusstsein. Sie behandeln private Gewalt als ein Rechtsmittel; denn das ist das, was sich ergibt, wenn man ihr Verhalten unter den Rechtsbegriff bringt. Um sie zu kurieren, muss man ihnen also im ersten Schritt verdeutlichen, dass sie alle das Recht wollen, weil sie notgedrungen, ob sie sich darüber im Klaren sind oder nicht, auf die eine oder andere Weise eine Zweckharmonie herstellen wollen. Im zweiten Schritt muss man ihnen zeigen, dass Gewalt keine wirkliche Zweckharmonie erzeugen kann, sodass sie durch sie ihre Zwecke nicht erreichen werden. Das sollte das Grundziel aller Erziehung und Bildung sein, das möglichst jeder Mensch erreichen sollte.

Ich bin mir bewusst, dass dies wohl eine Utopie bleiben muss. Die Verwirklichung hängt von zu vielen empirischen Faktoren ab, vor allem natürlich sozialer Art. Und selbst wenn es gelänge, die sozialen Voraussetzungen überall auf der Welt zu schaffen, so bliebe immer noch die Frage nach den biologischen Bedingungen, insbesondere wieweit der Intelligenzgrad durch die Natur endgültig vorgegeben ist. Aber gesetzt auch, jemand ist zu der erforderlichen Einsicht gelangt; er will das Recht und er weiß, wie es zu verwirklichen ist. Trotzdem lässt sich a priori nicht ausschließen, dass er gewalttätig wird. Allein dann ist er nur noch ein Fall für den Psychologen. Denn wenn jemand etwas will und die richtigen Mittel dazu kennt und hat und es dennoch nicht tut, dann handelt er offenkundig gegen seinen Willen, das heißt, er ist in seinem Handeln nicht frei, sondern determiniert, zum Beispiel durch einen unüberwindbaren Aggressionsdrang. In diesem Fall ist er für die Philosophie uninteressant, denn das determinierte Verhalten zu erforschen ist Aufgabe der empirischen Wissenschaften. Man muss Sokrates also uneingeschränkt Recht geben, dass Tugend Wissen sei. Wo der Mensch frei ist, tut er Unrecht nur aus Unwissenheit und wo er unfrei ist, tut er kein Unrecht, weil auf determiniertes Naturgeschehen ethische Begriffe nicht anwendbar sind.

Ich fürchte freilich, dass noch Zweifel bestehen. Wenn ich behaupte, die Menschen müssen darüber belehrt werden, dass sie das Recht wollen, so scheint das zu implizieren, dass die Leute nicht wissen, was sie wollen, und zwar nicht in dem landläufigen Sinne, dass sie unentschlossen sind, sondern in dem Sinne, dass sie etwas Bestimmtes tatsächlich wollen, aber nicht wissen, dass sie es wollen, sodass sie es gleichsam unbewusst wollen. Das widerspräche aber dem Begriff des Wollens, das wir als bewusste Zwecktätigkeit bestimmt haben. Dennoch kann man in der Tat sagen, dass viele nicht wissen, dass sie das Recht wollen, jedoch in einem ganz harmlosen Sinn, nämlich weil sie nicht über die entsprechende Begrifflichkeit verfügen. Wenn jemand, der eine Frau begehrt, nicht weiß, dass es sich um Karin Meier handelt, so kann man über ihn sagen, dass er nicht weiß, dass er Karin Meier will. Analog lässt sich ein fehlendes Rechtsbewusstsein erklären. Nehmen wir einen Menschen von normalem Verstand, dem aber Recht und Unrecht vollkommen gleichgültig sind, der sich über diese Begriffe nie Gedanken gemacht hat. Das Einzige, was ihm wichtig ist, ist, seine Ziele möglichst effizient zu erreichen, wobei er jederzeit gewaltbereit ist. Welches Bewusstsein hat dieser Mensch bei seinen Handlungen? Da er seine Zwecke erreichen will, will er, dass die anderen sie nicht vereiteln. Das wird ihm selbst spätestens dann klar, wenn er die Erfahrung des Scheiterns an anderen Menschen macht. Er will also wissentlich das, was wir eine Zweckharmonie nennen, auch wenn er diesen Begriff gar nicht kennt und es ihn auch nicht interessiert. Der Sache nach jedoch will er diese Harmonie, zunächst zumindest zwischen seinen Zwecken und denen der anderen. Aber auch, wie sich die Zwecke der anderen untereinander verhalten, ist ihm nicht gleichgültig. Denn wiederum spätestens aus Erfahrung weiß er, dass er die meisten seiner Zwecke nur mit fremder Mitwirkung verwirklichen kann. Es ist ihm selbstverständlich, dass er die gesamten Segnungen unserer Zivilisation in Anspruch nimmt. Er kauft sich Nahrung, Kleider, Wohnung, geht zum Arzt, vertraut auf den Schutz der Polizei usw. Dabei erwartet er, dass wegen der mannigfachen Interdependenzen auch die anderen untereinander sich nicht willkürlich verhalten; er wird das Buch vom Einzelhändler nur erhalten, wenn dieser vom Grossisten vertragsgemäß beliefert wird. Das heißt, er will, dass alle sich an bestimmte Regeln halten, die festlegen, was jeder darf und was nicht. Das ist das, was er bewusst will. Was unser hypothetischer Mensch nicht weiß, ist, dass das, was er will, das ist, was wir eine allgemeine Zweckharmonie unter Rechtsgesetzen nennen. In diesem Sinne also darf man sagen, dass er das Recht will, ohne es zu wissen. Und wenn er bei Gelegenheit zur Gewalt greift, dann weiß er auch nicht, dass er damit das Unrecht als Recht behandelt, und eine ethische Belehrung wird ihn auch kaum beeindrucken oder von seinem Vorhaben abbringen. Das erreicht man nur, wenn man ihn dahin bringt zu verstehen, dass die ethischen Überlegungen kein akademisches Geschwätz, sondern an den Erfordernissen der Praxis orientiert sind und dass sie allein ihm den richtigen Weg weisen können, das zu erreichen, was er selbst will, weil sie eben dieses Wollen klären. Alle Menschen wollen also der Sache nach tatsächlich das Recht, nur reflektieren die meisten nicht darüber, weil sie keine philosophische Ausbildung haben. Es verhält sich damit ähnlich wie mit den logischen Begriffen. Alle wollen bei den Schlüssen, die sie im täglichen Leben ziehen, zum richtigen Ergebnis kommen. Wenn sie schließen „Immer wenn die Zeiger meiner Uhr sich über der Zwölf decken, ist es zwölf; jetzt tun sie es; also ist es zwölf", so wollen sie, dass das stimmt. Aber die meisten werden nicht wissen, dass sie dabei den Modus ponens anwenden, oder gar, dass sie der Regel der allgemeinen Transitivität folgen. Alle wollen also tatsächlich der Regel der Transitivität folgen, aber kaum einer weiß es.

2. Legalität und Moralität

Die nächste Frage, die wir zu beantworten haben, ist, warum eine Bildung wie die geforderte moralisch heißen soll. Vor allem seit Kant und seiner Unterscheidung zwischen Legalität und Moralität einer Handlung ist es üblich, zwischen Recht und Moral streng zu unterscheiden, sodass die rechtliche und die moralische Beurteilung einer Handlung nicht zusammenfallen müssen. Wenn jemand seinen Kompagnon beim Finanzamt anzeigt, um ihn aus der Firma zu drängen, so ist ihm rechtlich nichts vorzuwerfen; er tut genau das, was die Rechtsgesetze von ihm verlangen, nämlich einen Betrüger vor den Richter bringen. Unter moralischem Gesichtspunkt dagegen wird man seine Tat keinesfalls als gut, sondern eher als schlecht bewerten. Nach Kant ist es für die rechtliche Beurteilung einer Handlung ausreichend zu prüfen, ob sie dem Gesetz gemäß ist. Für die moralische Bewertung genügt dies jedoch nicht. Die Moralität hängt wesentlich ab vom „Bestimmungsgrund des Willens", d.h. vom Motiv, aus dem heraus sie geschieht. Moralisch gut ist sie dann, wenn der alleinige Bestimmungsgrund des Willens die „Achtung fürs Gesetz" ist.[30] Auf die Schwierigkeit dieses Begriffs habe ich bereits früher hingewiesen. Aber Kant ist nicht der Erste, der die Bedeutung des Motivs für die sittliche Beurteilung betont. Die Stoiker tun dies in ähnlicher Weise bei ihrer Einteilung der „angemessenen Handlungen" (καθήκοντα) in „mittlere" und „vollkommene" (κατορθώματα). Mittlere Handlungen sind solche, die zwar tugendgemäß sind, aber nicht aus dem richtigen Motiv geschehen. Sie heißen mittlere, weil sie ja weder vollkommen falsch sind, da das äußere Verhalten richtig ist, noch auch vollkommen richtig, da das richtige Motiv fehlt. Die vollkommenen Handlungen weisen auch dieses auf. Sie sind nicht nur tugendgemäß, sondern geschehen auch aus Einsicht in den Sinn der Tugend, aus der Einsicht nämlich, dass diese der alleinige Weg zur Glückseligkeit sei.[31]

Im Grunde ist auch bei Kant die Einsicht das Wesentliche. Er schreibt: „Man könnte mir vorwerfen, als suchte ich hinter dem Worte *Achtung* nur Zuflucht in einem dunkelen Gefühle, anstatt durch einen Begriff der Vernunft in der Frage deutliche Auskunft zu geben. Allein wenn Achtung gleich ein Gefühl ist, so ist es doch kein durch Einfluss *empfangenes*, sondern durch einen Vernunftbegriff *selbstgewirktes* Gefühl und daher von allen Gefühlen der ersteren Art, die sich auf Neigung oder Furcht bringen lassen, spezifisch unterschieden. Was ich unmittelbar als Gesetz für mich erkenne, erkenne ich mit Achtung, welche bloß das Bewusstsein der *Unterordnung* meines Willens unter einem Gesetze, ohne Vermittelung anderer Einflüsse auf meinen Sinn, bedeutet. Die unmittelbare Bestimmung des Willens durchs Gesetz und das Bewusstsein derselben heißt *Achtung*, sodass diese als *Wirkung* des Gesetzes aufs Subjekt und nicht als *Ursache* desselben angesehen wird."[32] Das Entscheidende ist also die Erkenntnis der Geltung des Sittengesetzes, auf die die Achtung vor ihm unmittelbar folgt. Kant braucht die Achtung nur, weil sich das Sittengesetz für ihn in einem kategorischen, unbedingten Imperativ, einem absoluten Sollen ausdrückt. Die bloße Erkenntnis eines Sollens ist aber noch nicht seine Befolgung, mag der Gehorsam noch so unbedingt verlangt sein. Es bedarf irgendeines Motivs, das bewirkt, dass man sich „das Gesetz auch zur Maxime macht". Daher nimmt Kant seine Zuflucht zum Begriff der Achtung vor eben dem Gesetz selbst, der verhindern soll, dass etwas anderes als das Gesetz selbst als Motiv gedacht wird.

Solche Probleme hatten die Stoiker nicht, weil sie kein unbedingtes Sollen kannten (weshalb man καθῆκον auch nie mit Pflicht übersetzen sollte). Sie gingen aus von der in der Antike allgemein geteilten Auffassung, dass alle Menschen nach Glück als dem höchsten Gut strebten. Wenn sie dann nachwiesen, dass nur die Tugend zum Glück führe, dann gab es keine Motivationsprobleme, weil die Tugend Mittel zu etwas war, das die Menschen tatsächlich wollten. Erforderlich war nur die Einsicht in diesen Zusammenhang zwischen Tugend und Glück und daher war eine tugendgemäße Handlung dann sittlich vollkommen, wenn sie auf dieser Einsicht gründete. Hier können wir anknüpfen und bestimmen, dass eine legale Handlung dann moralisch gut ist, wenn sie aus der Einsicht in den Sinn des Rechts entspringt, d.h. aus der Einsicht, dass allein das Recht eine allgemeine Zweckharmonie garantiert, die unverzichtbares Mittel zur Erreichung aller eigenen Zwecke ist.

Wenn gesagt wurde, dass über die Moralität einer Handlung das Motiv entscheidet, dann darf man diesen Begriff nicht missverstehen. Motiv ist wollensethisch natürlich keine psychische Ursache, die zur Handlung determiniert. Das Motiv ist vielmehr der Zweck, der mit der Handlung verfolgt wird. Wenn nach dem Motiv gefragt wird, so will man nicht wissen, welche Charaktereigenschaften oder sonstigen psychischen Gegebenheiten den Handelnden zur Tat veranlasst haben, sondern was er mit ihr erreichen wollte, zu welchem Zweck er sie als Mittel wollte. Die Frage nach dem Motiv der Legalität lautet demnach: Was sollte mit ihr erreicht werden, zu welchem Zweck diente sie als Mittel? Soll die legale Handlung moralischen Wert haben, so kann die Antwort nach unserer Bestimmung der Moralität nur sein, dass der Handelnde die Legalität deshalb gewollt hat, weil er sie als unverzichtbares Mittel zu *allen* seinen Zwecken will.

Wenn dieses Wollen über die Moralität entscheidet, welche Rolle spielt dann die Einsicht? Um auf diese Frage zu antworten, müssen wir das Motiv genauer analysieren, damit erkennbar wird, worin eigentlich die Moralität liegt. Sie liegt jedenfalls im Motiv und das Motiv einer Handlung ist der Zweck, zu dem man sie als Mittel will. Das Motiv scheint also aus zweierlei Wollen zu bestehen: einmal dem Wollen des Zwecks, das andere Mal dem Wollen des Mittels. Nun haben wir bereits früher erörtert, dass im Wollen des Zwecks das Wollen des Mittels schon enthalten ist. Genauer hieß es, dass das Wollen des *notwendigen* Mittels im Wollen des Zwecks enthalten ist. Diese Einschränkung ist notwendig, wenn man a priori ein *bestimmtes* Wollen, das Wollen einer bestimmten Sache, nachweisen will; das geht nur dann, wenn das

Mittel unabdingbar ist. Wenn es aber darauf nicht ankommt, sondern ganz allgemein über das Wollen von Mitteln und Zwecken geredet wird, kann man die Einschränkung fortlassen und sagen, dass im Wollen des Zwecks das Wollen der Mittel beschlossen ist. Denn der Übergang vom bloßen Wunsch zum Zweck findet erst dann statt, wenn der Handelnde die Mittel zu kennen und über sie zu verfügen meint und sie akzeptiert. Wenn jemand Feuer machen möchte, so schreitet er erst dann zur Tat, wenn er seine Streichhölzer für ein akzeptables Mittel hält. Der Entschluss zum Zweck ist also zugleich der Entschluss zum Mittel, es bedarf keines besonderen Willensentschlusses. „Dies ist mein Zweck" heißt „Ich will dies auf diese Weise". Das Motiv enthält demnach nur einerlei Wollen, das Zweck und Mittel umfasst. Was außer diesem Wollen noch vorhanden sein muss, damit aus einem Wunsch ein Motiv wird, ist die Erkenntnis der Mittel und deren Akzeptanz. Die Akzeptanz ist lediglich die Feststellung, dass die Mittel nicht zu Konflikten mit anderen Zwecken führen. Die Erkenntnis der Mittel ist die Erkenntnis der jeweiligen Gesetzmäßigkeiten, seien sie logischer, kausaler oder auch rechtlicher (wer Arzt werden will, muss Medizin studieren) Natur. In beiden Fällen, bei der Akzeptanz sowohl wie bei der Erkenntnis der Mittel, handelt es sich um rein theoretische Erkenntnis. Ein Motiv setzt sich also zusammen aus einem Wollen und theoretischer Erkenntnis. Im Wollen nun, im Bezwecken, kann die Moralität einer legalen Handlung nicht liegen. Denn der Zweck der Legalität ist das Erreichen der eigenen Zwecke und das wollen alle in allen ihren Handlungen. In der Akzeptanz des Rechts kann die Moralität ebenfalls nicht liegen; denn auch das Recht wollen alle, wie gezeigt. Also muss die Moralität in der Erkenntnis der Mittel zu suchen sein, in der Einsicht, dass die Legalität das unverzichtbare Mittel zur Erreichung aller eigenen Zwecke ist; denn diese Einsicht bewirkt, dass das Wollen der Legalität im Wollen jedes beliebigen Zwecks eingeschlossen ist. Diese Einsicht ist also das, was die Moralität eigentlich ausmacht, sodass sich die sokratische Gleichung von Tugend und Wissen auch unter diesem Aspekt bestätigt.

Aus unseren Überlegungen wird nun auch deutlich, dass es durchaus sinnvoll ist, die Motive einzubeziehen und zwischen Legalität und Moralität zu unterscheiden, und dass zu Recht die

Moralität höher bewertet wird als die bloße Legalität. An sich, könnte man denken, müsste die Legalität hinreichen. Wenn alle sich immer strikt an die Rechtsgesetze halten, ist alles gegeben, was nottut, um eine allgemeine Zweckharmonie zu erhalten, sodass man die Motive außen vor lassen kann. Dabei würde man jedoch nicht berücksichtigen, dass das Einzige, was die durchgängige strikte Einhaltung des Rechts gewährleisten kann, die eigene Einsicht in dessen Sinnhaftigkeit ist. Wollte man auf sie verzichten und sich nur auf die Legalität der äußeren Handlungen beschränken, wäre das einzige Mittel, sie zu sichern, der äußere Zwang. Das heißt, die durchgängige Legalität wäre nur durch einen durchgängigen Zwang zu garantieren, der jede Gesetzesübertretung verhinderte. Das aber ist aus empirischen Gründen unmöglich. So wie die Welt bis heute beschaffen ist, lassen sich Übertretungen durch äußeren Zwang nicht ausschließen. Es ist wie bei den Bakterien: Die Täter werden mit der Zeit gegen die Schutzmaßnahmen „resistent" und finden immer neue Wege, sodass man sagen kann: Je raffinierter der Schutz, desto raffinierter das Verbrechen. Deswegen ist es unentbehrlich, über die Legalität hinaus auch die Moralität zu fordern, weil nur durch sie die Legalität aller Handlungen gewährleistet ist. Wem die moralische Einsicht fehlt, der wird die Legalität nur für diesen oder jenen Zweck wollen und sich bald legal, bald rechtswidrig verhalten, je nachdem, wie es seine Absichten gerade verlangen. Und er kann die Legalität auch als Mittel zum Unrecht benutzen, wie es der Geschäftsmann unseres Beispiels tut, der seinen Kompagnon beim Finanzamt anzeigt; denn das Motiv, der Zweck, den er mit dieser legalen Handlung erreichen will, ist Unrecht, nämlich seinen Kompagnon gegen dessen Willen aus der Firma zu drängen. Wenn dagegen jemand die Legalität als unverzichtbares Mittel zu *allen* seinen Zwecken will, dann kann dergleichen nicht geschehen; ein solcher Mensch wird sich in allen seinen Handlungen legal verhalten und seine Legalität wird nie ein Unrecht zum Motiv haben. Er wird seinen Kompagnon zwar genauso beim Finanzamt anzeigen, aber sein Motiv wird allein die Sicherung des Rechts sein. Das ist zwar ebenfalls ein egoistisches Motiv, denn er will das Recht nur, weil er erkannt hat, dass es zur Erreichung seiner eigenen Zwecke unverzichtbar ist. Aber dadurch ist das Motiv keineswegs unmoralisch. Im Gegenteil, nur wenn man Moral auf

Egoismus gründet, lassen sich ihre Forderungen verständlich machen, sodass die Frage, warum man moralisch sein solle, gegenstandslos wird.

Wenn die Moralität unentbehrlich für die Sicherstellung der Legalität genannt wurde, so scheint das die Unterscheidung zwischen Legalität und Moralität wieder aufzuheben. Denn dann müsste die Moralität eigentlich zum Recht gehören. Sie scheint ja ein unverzichtbares Mittel zur Legalität aller Handlungen und damit zur Wahrung einer allgemeinen Zweckharmonie zu sein und folglich zum Inbegriff der Bedingungen einer solchen Harmonie, also zum Recht zu gehören. Sie ist gleichsam das Komplement zum Zwang. An sich wären beide für sich allein ausreichend. Wenn alle Menschen moralisch dächten, brauchten wir keinen Zwang und wenn ein durchgängiger Zwang möglich wäre, brauchten wir keine Moralität, jedenfalls nicht im Interesse der Legalität. Da aber sowohl der Zwang als auch die Moralität nur unvollkommen realisiert sind, sind beide unverzichtbar und müssten komplementäre Teile des Rechts sein. Allein die Moralität kann kein Rechtsmittel sein und zwar deshalb, weil sie nicht in unserer Macht steht. Denn worüber wir nicht verfügen, das kann für uns kein Mittel zu irgendeinem Zweck sein. Man kann es zwar wünschen, aber es kann kein Gegenstand des Wollens sein. Wer kein Geld besitzt, kann nichts mittels Kaufs erreichen wollen. Aber während man sich Geld beschaffen kann, entzieht die Moralität sich prinzipiell unserer Verfügung, sowohl die eigene wie die fremde.

Die eigene Moralität entzieht sich uns aus logischen Gründen. Moralität besteht in einer bestimmten Einsicht, nämlich in die Sinnhaftigkeit des Rechts für den Einzelnen, und eine bestimmte Einsicht kann man nicht zum Zweck haben, weil man sie dann schon hätte. Ich kann mir nicht vornehmen zu erkennen, dass die Wurzel aus 355 444 gleich 596,19 ist, denn dann weiß ich es schon. Was ich mir vornehmen kann, ist herauszufinden, welches die Wurzel aus 355 444 ist, aber eben nicht, dass sie 596,19 beträgt. Man darf sich durch unsere Alltagsrede nicht irre machen lassen. Wenn mein Taschenrechner das Ergebnis geliefert hat, so kann ich es natürlich „verstehen" wollen, so wie jemand vielleicht die Relativitätstheorie verstehen möchte. Aber das kann zweierlei bedeuten: Entweder ich misstraue dem Rechner (oder Einstein) und will ihn überprüfen (was wohl die meisten taten, als diese Geräte neu waren); dann ist mein Zweck herauszufinden, ob das Ergebnis stimmt, was gleichbedeutend ist mit der Frage, welches das richtige Ergebnis ist. Oder ich glaube dem Rechner, möchte aber wissen, in welchen Schritten er zu dem Ergebnis gekommen ist; dann ist eben dies mein Zweck. In keinem Fall aber ist der Zweck die Erkenntnis, dass das Ergebnis 596,19 ist. Ebenso kann die eigene Moralität, als bestimmte Einsicht, nicht mein Zweck sein und das heißt, dass ich sie nicht aus eigener Kraft verwirklichen kann. Das Einzige, was in meiner Macht steht, ist, mich zu fragen, ob ich stets legal handeln sollte, und mich um eine Antwort zu bemühen, aber das ist eben kein direktes Streben nach Moralität, weil die Antwort ja auch negativ ausfallen könnte.

Die fremde Moralität entzieht sich uns teils aus empirischen, teils aus rechtlichen Gründen. Moralität ist als Einsicht ein psychisches Phänomen, das psychischen Gesetzmäßigkeiten gehorcht, und solange wir diese nicht vollkommen beherrschen, können wir über Erkenntnisse und Einsichten nicht zuverlässig verfügen. Aber selbst wenn wir eines Tages einen Nürnberger Trichter konstruieren können sollten, mit dem sich jede beliebige Einsicht vermitteln ließe, wäre damit die Vermittlung von Einsichten nicht vollständig in unsere Macht gegeben. Denn sie setzt voraus, dass der zu Belehrende, als freies Wesen, bereit ist, sich belehren zu lassen, weil er nicht gezwungen werden darf. Zwang ist nur rechtmäßig als Gegengewalt. Wer sich aber einer Einsicht verweigert, übt dadurch keine Gewalt auf andere aus. Zwar gilt, dass alle unrechtmäßige Gewalt aus Uneinsichtigkeit entspringt, aber es gilt nicht umgekehrt, dass Uneinsichtigkeit notwendig zu Gewalt führen muss. Es ist durchaus möglich, dass jemand sein Leben lang kein Unrecht begeht, ohne sich je um die moralische Einsicht gekümmert zu haben. Selbst wenn einer gewalttätig geworden ist, darf man ihn nicht zur moralischen Einsicht zwingen. Denn das begangene Unrecht wird dadurch nicht getilgt und für sein zukünftiges Verhalten lassen sich aus seiner Tat keine zwingenden Rückschlüsse ziehen; er *kann* rückfällig werden, *muss* aber nicht. Wenn wir also auch die empirischen Hindernisse überwinden könnten, blieben noch die rechtlichen.

Da die Moralität demnach kein möglicher Gegenstand für ein Wollen ist, kann sie auch nicht im allgemeinen Willen zum Recht enthalten sein. Das Einzige, was wir im Interesse der Moralität wollen und bewirken können, ist, dass wir jedem die Möglichkeit gewähren, sich um moralische Einsicht zu bemühen. Das ist das Mittel, das in unserer Gewalt ist und das daher für uns ein unverzichtbares Mittel zu einer allgemeinen Zweckharmonie ist. Es ist deshalb auch Teil des Rechts und begründet das Menschenrecht auf Bildung, das deswegen ein Recht auf moralische Bildung ist. Die Moralität selbst dagegen können wir nicht direkt bezwecken, sie bleibt immer ein bloßer Wunsch, was nicht ausschließt, dass er sich erfüllt, aber zuverlässig bewirken können wir sie nie, weder die eigene noch die der anderen.

3. Güte und Moralität

Weil das so ist, weil die Moralität nicht Gegenstand des Wollens, sondern nur des Wünschens sein kann, deswegen ist sie ein empirischer Begriff. Denn anders als das Wollen, das Zum-Zweck-Haben, ist das Wünschen in seinen Gegenständen an keinerlei Gesetzmäßigkeiten gebunden, weder an logische noch natürliche noch rechtliche. Wünschen kann man sich alles, vom eckigen Kreis über das Perpetuum mobile bis zum legalen Diebstahl. Deshalb lässt sich über die Gegenstände der Wünsche der Menschen a priori nichts aussagen. Man kann nur empirische Untersuchungen anstellen. Wer über Moralität philosophiert, muss daher darauf achten, ob und wie weit sein Begriff mit dem übereinstimmt, was die Menschen tatsächlich unter Moralität verstehen. Ich habe an die sokratische, die stoische und die kantische Tradition angeknüpft und die Moralität im Motiv der Handlung angesiedelt und als die Einsicht in die Sinnhaftigkeit des Rechts bestimmt. Damit meine ich wenigstens teilweise mit den gängigen Vorstellungen übereinzustimmen, zum einen weil es ein sinnvoller Begriff von Moralität ist, sodass alle konsequent Denkenden sie in dieser Form eigentlich wünschen müssten. Zum anderen scheint mir mindestens so weit tatsächliche Einhelligkeit zu bestehen, dass die Legalität nicht ausreicht, um eine Handlung gut zu nennen, sondern dass man dazu auch das Motiv kennen muss. Worin dieses bestehen muss, damit eine Handlung moralisch gut ist, darüber gehen die Meinungen freilich auseinander. Die Gläubigen werden sagen, man müsse dem Gesetz folgen, weil es Gottes Wille sei; die Utilitaristen, weil das das Glück der meisten maximiere; Kant verlangt, dass es aus Achtung vor dem Gesetz geschehe; Schopenhauer, aus Mitleid; Scheler, um den höheren Wert zu realisieren (wobei er ebenfalls, wenngleich nicht im selben Sinne und aus ganz anderen Gründen, zu dem Ergebnis kommt, dass man die Moralität nicht direkt anstreben könne, sondern der Wert „gut" sich immer „auf dem Rücken" des Willensaktes befinde[33]), usw.

Vor allem dürfte die Gesetzestreue für die meisten nur einen Teil der Moral ausmachen und für viele nicht einmal den wesentlichen. Wenn man jemanden fragt, wann für ihn eine Tat moralischen Wert habe, so wird man spontan wohl in den meisten Fällen zur Antwort bekommen, dass es dann der Fall sei, wenn sie uneigennützig geschehe, um anderen zu helfen. Schopenhauer nennt als obersten Grundsatz der Moral: „Neminem laede; imo omnes, quantum potes, juva", tue niemandem Unrecht; vielmehr hilf allen, soviel du kannst. Für ihn ist es der „Grundsatz, über dessen Inhalt alle Ethiker eigentlich einig sind, in so verschiedene Formen sie ihn auch kleiden ...". Es „ist eigentlich der Satz, welchen zu begründen alle Sittenlehrer sich abmühen, das gemeinsame Resultat ihrer so verschiedenartigen Deduktionen ...". Auch die Goldene Regel „Was du nicht willst, das man dir tu', das füg' auch keinem andern zu" und Kants kategorischer Imperativ seien nur Umschreibungen dieses Grundsatzes. Entsprechend diesem obersten Grundsatz gebe es zwei Kardinaltugenden, aus denen sich alle anderen ableiten ließen: Gerechtigkeit und Menschenliebe.[34] Die Begründung, die Schopenhauer für seinen Grundsatz gibt, überzeugt nicht. Ich meine indessen, dass er mit ihm das getroffen hat, was das Wesentliche der gängigen Moralvorstellungen ausmacht. Dass Unrechttun unmoralisch ist, wird wohl überall auf der Welt so gesehen und ähnlich gilt, anderen zu helfen, überall als gut, wenn auch nicht im gleichen Ausmaß. Ich zitiere Schopenhauer: „Die Gerechtigkeit ist also die erste und grundwesentliche Kardinaltugend. Als solche haben auch die Philosophen des Alterthums sie anerkannt, jedoch ihr drei andere unpassend gewählte koordinirt. Hingegen haben sie die Menschenliebe, *caritas*, ἀγάπη, noch nicht als Tugend aufgestellt: selbst der in der Moral sich am höchsten erhebende Plato gelangt doch nur bis zur freiwilligen, uneigennützigen Gerechtigkeit. Praktisch und faktisch ist zwar zu jeder Zeit Menschenliebe da gewesen: aber theoretisch zur Sprache gebracht und förmlich als Tugend, und zwar als die größte von allen, aufgestellt, sogar auch auf die Feinde ausgedehnt, wurde sie zuerst vom Christenthum, dessen allergrößtes Verdienst eben hierin besteht: wiewohl nur hinsichtlich auf Europa; da in Asien schon tausend Jahre früher die unbegränzte Liebe des Nächsten eben so wohl Gegenstand der Lehre und Vorschrift, wie der Ausübung gewesen war, indem Veda und Dharma-Sastra, Itihasa und Purana, wie auch die Lehre des Buddha's Schakia Muni, nicht müde werden, sie zu predigen. – Und wenn wir es streng nehmen wollen, so lassen sich auch bei den Alten Spuren der Anempfehlung der Menschenliebe finden, z. B. beim Cicero, *De finib.*, V, 23; sogar schon beim Pythagoras, nach Jamblichos, *De vita Pythagorae*, c. 33."[35] Die genannte Cicero-Stelle schildert anschaulich das sich steigernde Ausmaß der Menschenliebe und gibt wohl in etwa die tatsächliche historische Entwicklung wieder. Sie lautet: „Unter all dem Tugendgemäßen, von dem wir sprechen, hat nichts ein solches Ansehen und einen so weiten Umkreis, wie die Verbindung der Menschen untereinander, das Streben nach dem allgemeinen und gemeinsamen Nutzen und schließlich die Liebe zum Menschengeschlecht überhaupt. Sie beginnt gleich bei der Geburt, sofern die Nachkommen von den Eltern geliebt werden und die ganze Familie durch die Ehe und die Nachkommenschaft zusammengehalten wird. Sie dehnt sich allmählich über den Bereich des Hauses hinaus aus, ergreift zuerst die weitere Verwandtschaft, dann die Bekannten, dann die Freunde, dann die Nachbarn und auch alle Mitbürger und diejenigen, die politisch die Verbündeten und Freunde des Staates sind und zuletzt die Gesamtheit des Menschengeschlechtes."[36] Aus Cicero spricht der stoische Kosmopolitismus mit seiner Gemeinschaft aller vernünftigen Wesen. Die übliche antike Maxime war „Nütze deinen Freunden und schade deinen Feinden" und Schopenhauer hat sicher Recht, dass diese Haltung erst durch das Christentum überwunden worden ist, freilich mit dem Nachteil, dass die Nächstenliebe theologisch fundiert war. Dem Nichtgläubigen lässt sich auf christliche Weise nicht verständlich machen, warum um alles in der Welt er einen wildfremden Menschen vor dem Ertrinken retten soll, gar unter Einsatz des eigenen Lebens.

Nichtsdestotrotz lässt sich einem solchen Handeln ein Sinn verleihen, der jedem einleuchten müsste, er sei nun Christ oder nicht. Dabei darf man sich allerdings nicht auf die Liebe zu den anderen oder die Achtung vor den Mitmenschen oder gar ein spontanes, gegenwärtiges Bedürfnis zu helfen berufen, weil dies Gefühle sind, die man nicht jedem zuschreiben kann. Wer für die Menschen keine Liebe oder keine besondere Achtung empfindet, dem besagt eine solche Berufung nichts, sodass man gegenüber dem christlichen Glauben nichts gewonnen hätte. Es gelingt auch nicht, die Achtung so zu universalisieren, wie es Ernst Tugendhat versucht, indem er an Kants zweite Formel des kategorischen Imperativs „Handle so, dass du die Menschheit, sowohl in deiner Person, als in der Person eines jeden anderen, jederzeit zugleich als Zweck, niemals bloß als Mittel brauchst" anknüpft, sie als „Instrumentalisiere niemanden!" deutet und so zu einer „Moral der universellen Achtung" gelangt.[37] Warum jeder diese Achtung haben müsse, kann Tugendhat freilich eingestandenermaßen nicht zeigen, er erhebt nur Anspruch auf Plausibilität. Und dass auch Kant für seine zweite Formel keine genaue Begründung gibt, hatte ich schon erwähnt. Unter unseren Voraussetzungen ließe sich jedoch eine Begründung konstruieren. Wenn man die Formel so interpretiert, dass man einen anderen nie *gegen dessen Willen* für seine Zwecke gebrauchen darf, dann fällt sie unter das Gewaltverbot, wie wir es abgeleitet haben. Aber dann drückt sie bereits eine Forderung des Rechts aus, nicht erst der Moral und dann gilt sie in der Tat allgemein, jedoch beruht ihre Geltung nicht auf einer universellen Achtung, sondern auf dem allgemeinen Willen zum Recht, der völlig unabhängig ist von der Achtung vor den Menschen, weil jeder das Recht will, auch wenn er die Menschen abgrundtief verachtet.

Es bedarf demnach einer anderen Begründung, die nicht auf Gefühle wie Liebe oder Achtung rekurriert, um zu verstehen, warum die Menschen gegenseitiger Hilfe allgemein einen so hohen Wert beimessen. Es ist daher auch nicht zweckmäßig, mit dem Christentum von Nächsten*liebe* oder mit Schopenhauer von Menschen*liebe* zu sprechen. Besser wäre es, diese Tugend Menschenhilfe oder Hilfsbereitschaft zu nennen. Aber das scheint mir nicht ratsam, weil der Begriff zu weit ist. Die meiste Hilfe, die die Menschen einander angedeihen lassen, geschieht gegen Entgelt.

Doch solcher Hilfe wird kein moralischer Wert beigelegt; das geschieht nur dann, wenn die Hilfe uneigennützig ist. Der Arzt, der sich mit seinen Hilfeleistungen eine goldene Nase verdient, wird deswegen nicht als guter Mensch betrachtet; wenn er aber dem Armen hilft, von dem kein Honorar zu erwarten ist, dann wird man dies eine gute Tat nennen. Um das deutlich zum Ausdruck zu bringen, ist es vielleicht besser, von der Tugend der Selbstlosigkeit zu sprechen. Aber auch das ist noch zu weit: Wenn der Vater seinem Sohn zum Abitur einen Porsche schenkt, so tut er das zwar uneigennützig, aber niemand wird es eine besonders gute Tat nennen; wenn er dagegen seinen alten Mercedes einem mittellosen Handelsvertreter schenkt, damit dieser seinen Beruf ausüben kann, so hat die Tat moralischen Wert. Der Unterschied ist, dass im einen Fall der Empfänger der Hilfe bedarf, im anderen nicht. Die Hilfe muss also einem Bedürftigen zukommen, um gut genannt zu werden.

Das führt uns auf den Grund, warum selbstlose Hilfe so hoch geschätzt wird. An sich hat jede Leistung ihren Preis oder es kann grundsätzlich ein Preis für sie festgesetzt werden, sodass auch jede Leistung sich entgelten lässt, sei es durch Gegenleistung, sei es durch Geld. Gewiss ist das Leben eines Menschen unbezahlbar – für den Geretteten, aber nicht unbedingt für den Retter. Und gewiss kann der Ertrinkende nicht vorher mit dem Retter einen Preis aushandeln wie mit einem Taxifahrer und gegebenenfalls auf die Rettung verzichten. Aber es ist durchaus denkbar, dass man einen allgemeinen Tarif festlegt, nach dem alle derartigen Leistungen Nichtprofessioneller entlohnt werden, wie es bei den professionellen Helfern selbstverständlich ist. Niemand wundert sich, wenn der Arzt, der einem Kranken das Leben gerettet hat, dafür nach der allgemeinen Gebührenordnung für Ärzte liquidiert, und auch Polizei und Feuerwehr kommen nicht umsonst, sondern wir bezahlen sie mit unseren Steuern. Ebenso findet die elterliche Fürsorge ihr Entgelt in der Altersversorgung nach dem Generationenvertrag. Selbst wenn der Helfer seine Gesundheit oder gar sein Leben einsetzt, so ist eine Bezahlung nicht unüblich, wie man am Söldnertum sieht. Der Grund für die Wertschätzung der Selbstlosigkeit ist also nicht, dass sich bestimmte Leistungen nicht schätzen und entgelten ließen. Der Grund ist vielmehr, dass viele Menschen das Entgelt nicht erbringen können, weil ihnen die

Mittel dazu fehlen. Sie sind es eigentlich, die auf selbstlose Hilfe angewiesen sind, alle anderen können sie entbehren. Da man nun die Situation, dass jemandem die Mittel fehlen, sich in der Not helfen zu lassen, eine soziale Notlage zu nennen pflegt, so wäre die moralisch gute Hilfe die soziale Hilfe und die Tugend, aus der sie geschieht, wäre die soziale Hilfsbereitschaft, die man pointiert auch Sozialismus nennen könnte, solange man darunter keine politische Richtung versteht, sondern eben nur die soziale Hilfsbereitschaft, die wiederum definiert ist als die Bereitschaft, selbstlos mittellosen Bedürftigen zu helfen.

Warum nun sollte jemand soziale Hilfe leisten? Die Antwort ist natürlich leicht gegeben: weil jeder in eine soziale Notlage geraten kann, in der er uneigennütziger Hilfe bedarf. Auch ein Magnat kann Pleite gehen und auf der Flucht vor den Gläubigern verunglücken. Aber das ist nur die eine Seite und sicher nicht die, die den Magnaten am meisten schreckt, weil er die Wahrscheinlichkeit für gering erachten wird. Die andere Seite zeigt sich, wenn man sich das Fehlen jeglicher unentgeltlicher Hilfe nur radikal genug vorstellt. Uns ist es durch unsere Erziehung so in Fleisch und Blut übergegangen, dass man in der Not hilft, ohne nach dem Lohn zu fragen, dass es uns schwer fällt, uns in ein anderes Empfinden anderer Kulturen zu versetzen, das wir oft als skandalös empfinden (zum Beispiel Lukrez' Lob der Schadenfreude[38]). Daher gelingt es uns schlecht, uns eine ausschließlich entgeltabhängige Hilfe zu denken. Aber gesetzt, es würde nur geholfen, wenn die Bezahlung sichergestellt wäre. Kann der Magnat sich darauf verlassen, dass er von dem Indio als zahlungskräftig erkannt wird, wenn er über den Anden abgestürzt ist? Wird der Indio wissen, dass seine Kleidung von Lacoste stammt, während die Perlen der Stewardess wertloser Tand sind? Bei strikt entgeltabhängiger Hilfe kommt es also nicht so sehr darauf an, dass man vermögend ist; viel wichtiger ist, dass man dafür gehalten wird, und das immer und überall zu garantieren dürfte unmöglich sein, wobei ich es mir erspare, die verschiedenen Kennzeichnungsmöglichkeiten kasuistisch durchzugehen. Folglich muss ausnahmslos jeder ein Interesse daran haben, dass ihm unabhängig von seiner Zahlungskraft in Not geholfen wird; jeder muss wünschen, dass jeder ihm uneigennützig hilft, ohne zu fragen, wer er ist und was er hat, gleichsam „ohne Ansehen der Person". Das ist auch der Grund, weshalb wir uns des ursprünglich sozialen Charakters unserer Hilfe in der Regel nicht bewusst sind: eben weil die Forderung ist, dass sie jedem völlig unabhängig von seiner sozialen Lage zuteil wird, gleich als ob sie ihm bloß als hilfsbedürftigem Wesen überhaupt zukäme. Das ändert aber nichts daran, dass die Forderung ursprünglich sozialer Natur ist; wenn alle genug hätten, wäre selbstlose Hilfe sinnlos – wenn man sie nüchtern betrachtet und von aller emotionalen Aufladung, die sie erfahren hat, absieht. Das Wesentliche an ihr ist die Bereitschaft, auch dem zu helfen, der es nicht vergelten kann.

Warum aber sollte jemand das wollen? Dass jeder möchte, dass ihm selbst uneigennützig geholfen werde, ist nach dem Gesagten klar. Warum aber sollte er seinerseits bereit sein, selbstlose Hilfe zu leisten? Welches Motiv hätte er? Die Antwort ist: Sein Wunsch muss sein, dass *jeder* bereit ist, ihm in Not selbstlos zu helfen. Da er im Voraus nicht weiß, wann und wo er eventuell in Not gerät, und daher nicht vorsorgen kann, ist er darauf angewiesen, dass derjenige, der dann zufällig gerade zugegen und in der Lage sein wird, auch bereit ist, ihm beizuspringen. Weil er aber nicht wissen kann, wer das sein wird, muss er wünschen, dass grundsätzlich jeder diese Bereitschaft besitzt. Wie aber kann er das erwarten, wenn nicht einmal er selbst, der diesen Wunsch hegt, die Bereitschaft besitzt? Er würde dann verlangen, dass alle ihm beistehen, er selbst aber niemandem. Das wäre zwar ein möglicher Wunsch, weil auf dem Felde des Wünschens alles möglich ist, aber er wäre unsinnig, weil in höchstem Maße unrealistisch. Der Hilfsunwillige müsste doch eher damit rechnen, dass viele, wenn nicht alle, seine Haltung teilten, sodass sein Wunsch nach Hilfe gänzlich ins Leere ginge. Der Wunsch nach sozialer Hilfe impliziert, dass derjenige, der sie wünscht, auch gewillt ist, sie zu leisten. Zwar muss man dem, der im Zweifel ist, ob es für ihn gut ist, einem Bedürftigen zu helfen, natürlich einräumen, dass sich aus dem eigenen Verhalten keine zwingenden Folgen für das Verhalten der anderen ergeben. Wenn ich jetzt nicht helfe, so besagt das nicht, dass auch mir in entsprechender Lage nicht geholfen wird, und umgekehrt, wenn ich jetzt einem anderen helfe, so folgt nicht, dass auch mir von anderen geholfen werden wird. Aber in der Idee des Wunsches nach sozialer Hilfe liegt, dass ausnahmslos jeder sie leistet. Denn wenn nur ein Teil der Menschen dazu willens ist, dann hängt meine Rettung davon ab, ob unter den Anwesenden zufällig Hilfsbereite sich finden. Das entspricht zwar zweifellos den Tatsachen, aber ich kann es nicht sinnvollerweise wünschen. Dann wäre mein Wunsch nämlich nicht, dass mir in der Not geholfen werde, sondern ich würde stattdessen wünschen, dass meine Rettung von den wechselnden Zufälligkeiten der möglichen Helfer abhängig sein solle. Das aber wird niemand bei einigermaßen klarem Verstand wünschen. Warum sollte jemand schon in seinen bloßen Wünschen, in denen er vollkommen frei ist, seine Rettungsmöglichkeiten einschränken? Insofern ist im Sinn meines Wunsches nach sozialer Hilfe beschlossen, dass jeder sie leistet und also auch ich selbst. Das Motiv, soziale Hilfe zu leisten, der Zweck, zu dem dies für mich Mittel ist, ist also unmittelbar die Sicherung der allgemeinen sozialen Hilfe überhaupt. Aber das ist selbst wiederum nur Mittel zu dem Zweck, dass *mir* in Not geholfen werde, worin das eigentliche Motiv besteht. Es handelt sich somit durchaus um eine selbstsüchtige Selbstlosigkeit, einen egoistischen Altruismus.

Ich betone, dass man sich nicht dazu verleiten lassen darf, dieses Ergebnis als einen Fall oder gar eine Bestätigung der ins Positive gewendeten Goldenen Regel zu verstehen, wie sie sich zum Beispiel in der Bergpredigt findet: „Alles nun, das ihr wollet, das euch die Leute tun sollen, das tut ihr ihnen auch."[39] Die absurden Konsequenzen, zu denen diese Regel führen kann, sind ausreichend diskutiert, ganz abgesehen davon, dass unklar ist, weshalb man sich so verhalten solle, wie sie vorschreibt. Wenn ich gesagt habe, dass man hilft, damit einem geholfen werde, so ist dies allein als Motiv der *sozialen* Hilfe gemeint, eine Verallgemeinerung nach Art der Goldenen Regel ist unzulässig.

Auch ist es natürlich nicht das einzig denkbare Motiv. Wir haben nach einem Motiv gesucht, das jedem einleuchten müsste und das so die allgemeine Wertschätzung selbstloser Hilfe erklärt. Zu diesem Motiv gehört die Einsicht, dass jeder in die Lage kommen kann, dass er seine Zwecke nur mit uneigennütziger Hilfe anderer erreichen kann und dass man solche Hilfe nur sinnvoll wünschen kann, wenn man selbst sie zu gewähren gewillt ist. Daneben sind jedoch andere Beweggründe denkbar, die weniger wünschenswert erscheinen. Wenn zum Beispiel jemand karitativen Verbänden großzügige Spenden zukommen lässt, um sie von der Steuer abzusetzen und dadurch die Progressionsstufe seiner Einkommenssteuer zu senken, so ist dies zweifellos gegenüber dem Spendenempfänger eine selbstlose Hilfe; denn es wird von ihm keinerlei Gegenleistung erwartet. Ob man einer solchen Tat aber moralischen Wert zubilligen wird, ist eher zweifelhaft. Und das mit Recht. Denn die Spenden erfolgen nur wegen der geltenden Steuergesetze; wenn diese Bedingung nicht mehr gegeben ist, werden sie unterbleiben. Der Wunsch nach sozialer Hilfe jedoch enthält, dass jeder sie jedem, also unbedingt, gewährt (wobei diese Unbedingtheit nicht mit der der Sollensethik zu verwechseln ist, da sie lediglich Gegenstand eines Wunsches ist, der darüber hinaus keinen *schlechthin* unbedingten Willen verlangt, sondern einen durchaus eigennützigen). Ähnliches gilt, wenn die Gefühle der Liebe zu den Mitmenschen oder der Achtung vor ihnen zu Grunde liegen. Dass daraus ebenfalls selbstlose Taten entspringen können, ist nicht zu bestreiten. Ob es sich dabei allerdings um die wünschenswertesten Motive handelt, ist wohl auch nicht unbezweifelbar. Denn Gefühle unterliegen Schwankungen oder fehlen ganz und wenn man in Not an jemanden gerät, der solche Gefühle entweder überhaupt nicht oder gerade nicht in ausreichendem Maße hegt, so ist man allein gelassen. Wenn die Hilfe dagegen aus der Einsicht entspringt, dass man sie nur erwarten kann, wenn man sie zu geben bereit ist, so hat man erstens ein verlässliches Motiv, das keinerlei Schwankungen unterliegt, und zweitens eines, das sehr viel besser vermittelbar als ein gefühlsbedingtes, weil es wesentlich aus einer Erkenntnis entsteht. Zwar sind auch Erkenntnisse, wie schon erwähnt, nicht vollständig beherrschbar, aber immerhin besitzen wir ausgefeilte und erfolgreiche didaktische Methoden, während der Liebestrank bisher dem Märchen vorbehalten ist. Wenn wir also das Ziel unserer moralischen Bildung nicht darauf beschränken, die Sinnhaftigkeit des Rechts zu vermitteln, sondern auch die der sozialen Hilfsbereitschaft lehren, so ist die Wahrscheinlichkeit, dass wir viele Menschen erreichen, sehr viel größer, als wenn wir uns auf Gefühle stützen müssten.

Weil demnach die Motive sozialer Hilfe nicht als gleichwertig zu betrachten sind, halte ich es für sinnvoll, wie wir im Hinblick auf die Gerechtigkeit zwischen der Legalität und der Moralität einer Handlung unterschieden haben, so auch im Hinblick auf die soziale Hilfsbereitschaft zwischen der Güte und der Moralität zu unterscheiden. Das Wort „gut" wird im Deutschen vielfältig gebraucht. Wollensethisch ist gut das, was wir uns wünschen, wobei wünschen im prägnanten Sinne zu nehmen ist im Unterschied zum Wollen, zum Bezwecken. (Darüber mehr im nächsten Kapitel.) Was nur einer oder einige sich wünschen, ist ein subjektives Gut, das nur für die Betreffenden gilt; was alle sich wünschen, ist ein objektives Gut. In diesem Sinne kann man sagen, dass selbstlose Hilfe immer objektiv gut ist, weil man annehmen darf, dass alle sie wünschen. Ob sie darüber hinaus auch moralischen Wert hat, hängt vom Motiv ab, aus dem heraus sie geschieht. Sie hat ihn dann, wenn sie aus Einsicht in den Sinn selbstloser Hilfe geschieht. Moralität gründet sich also auch hier, wie bei der Gerechtigkeit, auf Einsicht.

Ich bin mir bewusst, dass eine solche Rationalisierung der Moralität nicht unbedingt Anklang findet, wie man seit der Wirkung der kantischen Ethik auf ihre Rezipienten weiß. Die Probleme, die sie ausgelöst hat, beruhen allerdings zum Teil darauf, dass man Kant missverstanden, weil nicht genau gelesen, hat. Außerdem hat Kants Ethik mit der Achtung vor dem Gesetz selbst ein irrationales Fundament, das sie letztlich in eine Reihe mit den Gefühlsethiken stellt. Zwar hat Kant große Anstrengungen unternommen, die Achtung zu rationalisieren, aber damit musste er, wie gezeigt, scheitern. Die Antirationalisten mögen bedenken, dass nach meinem Vorschlag selbstlose Hilfe immer eine gute Tat ist, auch wenn sie aus „Neigung" geschieht. Dem in Not Befindlichen kann es vor Ort auch gleichgültig sein, aus welchen Gründen ihm geholfen wird, wenn ihm nur geholfen wird. Trotzdem ist es sinnvoll, die Motive nicht gleich zu behandeln, sondern zu bewerten, weil Einsicht verlässlicher ist als Neigung. Unsere Gefühle beherrschen wir nicht vollkommen und soweit wir es tun, läuft es ohnehin über die Vernunft. Eine einmal gewonnene Einsicht dagegen ist ein zuverlässiger Antrieb. Ein warmes, liebendes Herz ist somit immer eine gute, weil wünschenswerte, Sache, aber noch wünschenswerter ist vernünftige Einsicht und deswegen müssen wir alle ein Interesse daran haben, sie höher zu bewerten und sie überall mit allen Kräften zu fördern. Gewiss ist eine Utopie, die ein wesentlich vernunftbestimmtes Zusammenleben entwirft, für die meisten ein Schreckensgemälde, weil sie meinen, dass ein Leben ohne Gefühle den Namen nicht wert sei. Aber davon ist auch gar keine Rede. Die Gefühle sollen keineswegs unterdrückt oder ausgerottet werden, sie sollen nur nicht den bestimmenden Einfluss auf unser *moralisches* Handeln (um das es hier allein geht) haben. Dass sie es begleiten, ohne es zu beherrschen, ist durchaus wünschenswert. Wenn jemand, der zur moralischen Einsicht gekommen ist, die Menschen auch noch liebt, umso besser; es wird seine Motivation nur verstärken. Die Einsicht muss aber immer das eigentliche, bestimmende Motiv seiner sozialen Hilfe sein, damit sie, wenn die Liebe sich wandelt, nicht unterbleibt und die Einsicht im Konfliktfalle immer obsiegt. Auch Kant hat nie behauptet, dass nur der Hartherzige moralischer Handlungen fähig sei. Was er gemeint hat, ist nur, dass man beim Hartherzigen am sichersten den moralischen Charakter seines Handelns *erkennen* könne, weil eine Motivation aus Neigung ausfalle. Im Übrigen aber darf auch bei Kant die Neigung gern vorhanden sein, solange sie nicht der eigentliche „Bestimmungsgrund des Willens" ist. Überdies möge man bedenken, dass durch Gefühle mindestens ebenso viel, wenn nicht erheblich mehr Übles als Gutes in die Welt gesetzt wird, wie uns durch völlig unverständliche, weil irrationale, Grausamkeiten immer wieder in Erinnerung gerufen wird.

4. Die beiden Kardinaltugenden: Gerechtigkeit und Sozialismus

Die Moralität einer Handlung liegt also in ihrem Motiv. Der Grund, das Motiv in die Bewertung einer Handlung einzubeziehen, besteht darin, dass es Rückschlüsse auf das künftige Verhalten gestattet. An sich geht der Wille zum Recht und zu sozialer Hilfe nur auf das äußere Verhalten. Es kommt darauf an, dass die Menschen sich äußerlich legal und sozial verhalten; was in ihrem Inneren vorgeht, welche Motive sie haben, ist an sich gleichgültig. Da es aber erforderlich ist, dass die Menschen sich nicht nur bei Gelegenheit, sondern *immer* legal und sozial verhalten, ist es wichtig, die Maxime zu kennen, nach der das Verhalten beschlossen wurde. Denn mit ihr hat man einen allgemeinen Grundsatz, der Verhaltenskonstanz verspricht. Die Maximen eines freien Wesens sind jedoch änderbar, sodass ihre Kenntnis noch keine sicheren Vorhersagen gestattet. Man muss darüber hinaus das Motiv ihrer Wahl wissen, den Zweck, zu dem ihre Befolgung das Mittel ist. Wenn sich dann zeigt, dass das Motiv etwa die Befriedigung von Gefühlen und Neigungen ist, wird man sich keine übergroße Zuverlässigkeit im Handeln erwarten. Ist das Motiv dagegen nichts weiter, als die eigenen Zwecke zu erreichen, dann kann man mit einer unveränderlichen Maxime rechnen; denn die eigenen Zwecke will notwendig jeder immer erreichen und die Einsicht, dass legales und soziales Verhalten unverzichtbare Mittel dazu sind, folgt nur den unwandelbaren Gesetzen der Logik. Die Konstanz des äußeren Verhaltens ist daher der letztlich erwünschte Wert, aus dem der Wert der Festigkeit der Maximen sich ableitet, der seinerseits den Wert der Moralität begründet, weil sie das Mittel zur Garantie fester Maximen ist. Ein „unerschütterlicher Charakter", also Festigkeit der Maximen, hat von jeher als ein hoher Wert gegolten und der Grund ist leicht auszumachen: Wer treu zu seinen Grundsätzen steht, ist leicht auszurechnen, während man beim Wankelmütigen nie weiß, woran man gerade ist. Inzwischen hat der Wankelmut aber angesichts der immer rascher sich ändernden Verhältnisse eine Aufwertung erfahren und ist mit dem positiven Namen der Flexibilität belegt worden. In moralischen Dingen jedoch ist Festigkeit der Maximen unverzichtbar.

Nennt man die Arten der Moralität Tugenden, dann ergeben sich zwei Tugenden: Gerechtigkeit und soziale Hilfsbereitschaft.

Gerechtigkeit ist die Einsicht in den Sinn des Rechts, die die Maxime erzeugt, sich stets an die Gesetze zu halten. Gerechtigkeit ist ein mehrdeutiger Begriff. Aber in moralischer Bedeutung geht es letztlich immer um die Konstanz des äußeren Verhaltens und was dieses betrifft, kann Gerechtigkeit nur die Übereinstimmung mit dem Gesetz bedeuten, weil das Recht sich, wie wir gesehen haben, ausschließlich in Gesetzen manifestiert; es ist seinem Begriff nach der Inbegriff der Bedingungen einer allgemeinen Zweckharmonie und die oberste dieser Bedingungen ist das Bestehen zweckregelnder Gesetze. Ich verwende hier natürlich nicht den prägnanten juristischen Gesetzesbegriff, nach dem zum Beispiel eine Verordnung kein Gesetz ist. Ich hatte Gesetz definiert als allgemein geltende Regel, wobei sich die Allgemeinheit nicht etwa auf den Inhalt bezieht, sodass keine Individualausdrücke, wie Eigennamen, vorkommen, sondern eben auf die Geltung, sodass die Regel für jedermann an jedem Ort zu jeder Zeit gilt. In diesem Sinne sind auch die so genannten individuellen Rechtsnormen, wie sie zum Beispiel durch Gerichtsurteile oder Privatverträge aufgestellt werden, Gesetze. Wenn ein ordentliches Gericht urteilt, dass Hans Meier an Peter Müller 10000,- Euro zu zahlen habe, dann gilt dieser Spruch allgemein. Niemand darf ihn bestreiten, es sei denn durch Anrufung eines höheren Gerichts, oder gar die Vollstreckung behindern, indem er etwa dem Schuldner behilflich ist, die Zahlung zu umgehen. (Das Entsprechende gilt auch im theoretischen Bereich; wenn es heißt „Hans Meier wohnt Rosenstraße 9", so ist das zwar eine singuläre Aussage, aber der Geltungsanspruch ist allgemein.) Das objektive Recht besteht aus Gesetzen in diesem Sinne, d. h. Regeln der Zwecksetzung, die für alle gelten. Deshalb kann Gerechtigkeit äußerlich nichts anderes sein als Gesetzestreue und wo es keine Gesetze gibt, da gibt es weder Recht noch Gerechtigkeit.

Nehmen wir die Verteilungsgerechtigkeit. Sie ist dann gegeben, wenn die Verteilung nach den geltenden Verteilungsgesetzen geschieht. Wenn keine solchen vorliegen, gilt das universale Rechtsgesetz der Gleichheit, das heißt, jede Person erhält den gleichen Anteil. Von diesem egalitären Universalrecht kann jederzeit durch Vereinbarung abgewichen werden, aber auch nur durch Vereinbarung. Zum Beispiel kann beschlossen werden, als Verteilungsmaßstab nicht die Rechtsperson als solche, sondern ihre Leistung zu nehmen, sodass der Chef mehr erhält als der Lehrling, weil von seinen Entscheidungen mehr abhängt. Das muss aber zuerst durch einen Vertrag aller Betroffenen, der sicherstellt, dass alle diese Verteilungsregel wollen, Gesetzeskraft erhalten, bevor man eine solche Verteilung gerecht nennen kann. Das ist aber auch die einzige Bedingung gerechter Verteilung, dass sie vertraglich vereinbart wird; welche Art der Verteilung dabei jeweils beschlossen wird, ist ins Belieben der Beteiligten gestellt. So könnte man festlegen, dass die Blonden immer doppelt so viel erhalten wie die Schwarzen, wenn die Schwarzen einverstanden sind. Deshalb halte ich es für müßig, nach einem bestimmten inegalitären Verteilungsschlüssel zu suchen, der allgemein gerecht wäre, wie es John Rawls und andere tun, um die bestehenden Ungleichheiten in unseren Gesellschaften zu rechtfertigen. Ein wesentlicher Teil der Lösung, die Rawls gibt, ist, dass eine ungleiche Verteilung nur dann gerecht sei, wenn auch die am wenigsten Begünstigten Vorteil daraus zögen.[40] Das mag ein rationales Vorgehen sein, aber ich habe mit meinem – intuitiven – Gerechtigkeitssinn nie verstehen können, wie man es gerecht nennen könne. Mir scheint es eher einen gewissen Zynismus zu offenbaren, mit dem die besser Gestellten argumentieren: „Ihr bekommt zwar viel weniger als wir, aber beschwert euch nicht, denn immerhin habt ihr mehr als vorher." Einen allgemein gerechten inegalitären Verteilungsschlüssel gibt es nicht. Die Suche nach ihm hat unbeantwortbare Fragen hervorgebracht wie, ob es gerechter sei, nach Bedürftigkeit zu verteilen, sodass die, die es am nötigsten haben, auch am meisten bekommen; oder nach Leistung, damit diejenigen, die am meisten dazu beigetragen haben, dass es etwas zu verteilen gibt, auch am meisten bekommen; oder nach Stand, sodass die Höhergestellten mehr bekommen, usw. Eine Antwort ist deshalb nicht möglich, weil nach etwas gefragt wird, das es nicht gibt. Daher lassen sich nach dem Prinzip, ex falso quodlibet, auch für alle Positionen gleich gute Gründe angeben. Aber es sind keine Gründe für die größere Gerechtigkeit, sondern allenfalls für die größere Zweckmäßigkeit. Wer erreichen will, dass irgendwann einmal alle gleich wohlhabend sind, wird nach Bedürfnis verteilen; wer eine dynamische Leistungsgesellschaft anstrebt, wird nach Leistung austeilen und wer Traditionalist ist, nach Stand. Je nach Absicht ist die eine Verteilungsweise sicher zweckmäßiger als die anderen, aber es ist ein Kategorienfehler zu meinen, dass sie darum gerechter sei. Gerecht oder ungerecht ist ein Verteilungsschlüssel nie seinem Inhalt nach, d.h. wie er die Verteilung organisiert, sondern immer nur dem Grund seiner Geltung nach. Er ist gerecht, wenn er auf Vertrag beruht, ungerecht, wenn er oktroyiert wurde. Dabei mag der Schlüssel inhaltlich so absonderlich sein, wie er wolle; hat man sich auf ihn geeinigt, ist er in jedem Fall gerecht nach dem Grundsatz „Volenti non fit iniuria", dem, der will, geschieht kein Unrecht. An sich, nach dem allgemeinen Willen, hat jeder wegen der grundsätzlichen Gleichberechtigung Anrecht auf den gleichen Anteil; er kann aber auf dieses Recht verzichten und nach Belieben einen anderen Schlüssel vereinbaren. Die Verteilung ihrerseits ist dann gerecht, wenn sie sich streng an den vereinbarten Schlüssel hält. Verteilungsgerechtigkeit setzt also immer ein geltendes Verteilungsgesetz voraus.

Entsprechendes gilt für die anderen Bereiche der Gerechtigkeit. Ein Lehrer ist dann gerecht, wenn er seine Noten nur nach Leistung verteilt, wie es das Gesetz vorsieht. Ein Richter ist gerecht, wenn er sich in allen seinen Urteilen streng an die geltenden Gesetze hält. Besonders bei der Strafgerechtigkeit sind ebenso unbeantwortbare Fragen aufgeworfen worden wie bei der Verteilungsgerechtigkeit. Ist es zum Beispiel gerechter, bei gleichem Vergehen allen die gleiche Geldbuße aufzuerlegen, oder sollten die Reichen mehr zahlen, damit ihnen die Strafe ebenso empfindlich sei wie den Armen? Auch hier liegt derselbe Kategorienfehler vor. Es handelt sich nicht um eine Frage der Gerechtigkeit, sondern der Zweckmäßigkeit für die Absicht, die man mit der Strafe verfolgt. Soll sie der Vergeltung dienen, wird man das Vergehen entscheiden lassen und das gleiche Vergehen immer mit der gleichen Strafe belegen. Soll sie der Abschreckung dienen, wird ihre Wirkung entscheiden und der Reiche wird mehr bezahlen müssen. Gerecht dagegen kann eine Strafe dann und nur dann heißen, wenn sie sich an die beschlossenen Strafgesetze hält, und falls keine solchen vorhanden sind, wie etwa bei der elterlichen Strafe, ist sie dann gerecht, wenn sie sich im Rahmen des jus talionis bewegt. Auch wenn wir nach der Gerechtigkeit der geltenden Gesetze selbst fragen, gilt dasselbe Schema: Sie sind dann gerecht, wenn sie sich an das Universalrecht halten und keine Menschenrechte verletzen.

Gerechtigkeit ist äußerlich also immer Gesetzestreue. Das erklärt zugleich, weshalb der Unparteilichkeit immer wieder eine entscheidende Rolle in der Frage der Gerechtigkeit zugeschrieben worden ist. Gesetzestreue bedeutet, dass man sich strikt an die geltenden Gesetze hält und die Mitmenschen nur so behandelt, wie es die Gesetze tun, nämlich als reine Rechtspersonen ohne Ansehen ihrer als Personen mit natürlichen, gesellschaftlichen oder sonstigen Eigenschaften, so wie es die Augenbinde der Justitia symbolisiert. Das aber heißt, dass man sie unparteilich behandelt, denn mit diesem Ausdruck ist gemeint, dass man niemanden auf Grund von Eigenschaften, die außerhalb der gesetzlichen Relevanz liegen, bevorzugt oder benachteiligt. Unparteilichkeit ist also in der Tat eine wesentliche Bedingung der Gesetzestreue und damit der Gerechtigkeit.

Wir haben bislang nur auf die äußere Seite der Gerechtigkeit geschaut und wenn man den Begriff auf Sachen, wie Schulnoten,

Gerichtsurteile, Gesetze, anwendet, dann erschöpft er sich auch darin; er wird zum Synonym für Legalität und hat keine moralische Bedeutung. Als moralischer Begriff dagegen bezieht er sich zugleich auf den inneren Aspekt, die Motivation. Zwar geht es auch hier letztlich um das äußere Verhalten, jedoch nicht schlechthin, sondern um dessen Konstanz, die eben das moralische Motiv verbürgt. Der Begriff ist dann nur anwendbar auf Handlungen und Personen: Eine Handlung ist gerecht, wenn sie legal ist aus Einsicht in den Sinn des Rechts, eine Person ist gerecht, wenn sie diese Einsicht besitzt.

Die Tugend der sozialen Hilfsbereitschaft ist die Einsicht in den Sinn der sozialen Hilfe, die die Maxime erzeugt, stets solche Hilfe zu leisten. Da die Tugend aus einer Einsicht besteht, habe ich sie pointiert auch Sozialismus genannt, weil wir mit solchen -ismen ja vor allem geistige Richtungen zu bezeichnen pflegen. Man darf die Tugend natürlich nicht mit dem politischen Sozialismus gleichsetzen. Sie ist das eigentliche Fundament der so genannten sozialen Menschenrechte, wie sie in den Artikeln 22–26 der Allgemeinen Erklärung der Menschenrechte von 1948 aufgeführt sind, also der Rechte auf soziale Sicherheit, auf Arbeit und gleichen Lohn, auf Erholung und Freizeit, auf soziale Fürsorge und auf Bildung. Sie sind, wie gezeigt, zwar keine Menschenrechte in dem Sinne, dass sie im allgemeinen Willen zum Recht notwendig enthalten wären. Sie bedürfen zu ihrer Inkraftsetzung einer ausdrücklichen Willenserklärung durch einen Vertrag. Sie gehören aber wesentlich zu unserem moralischen Willen, sodass der Abschluss eines solchen Vertrages eine moralische Forderung ist.

Gerechtigkeit und Sozialismus sind also die beiden Kardinaltugenden. Da wir die Tugenden als Arten der Moralität bezeichnet haben, kann man fragen, was das Gemeinsame der beiden Tugenden, also die Moralität selbst sei. Man könnte versucht sein, den Sozialismus als die Obertugend anzusehen, aus der die Gerechtigkeit ableitbar sei, weil ja Hilfsbereitschaft, also das Bestreben, die Zwecke der anderen zu befördern, a fortiori bedeute, dass man sie nicht behindere. Wenn man uneingeschränkte Hilfsbereitschaft meint, trifft das auch zu. Aber der bloß *sozialen* Hilfsbereitschaft widerspricht es nicht, wenn man einen Reichen in seinen Rechten beschneidet, ihn also ungerecht behandelt. Was dann ist Moralität? Sie lässt sich definieren als die Einsicht, wieweit es notwendig ist, die Zwecke der anderen zu berücksichtigen, um die eigenen Zwecke zu erreichen; oder kürzer: die Einsicht in die Sinnhaftigkeit der Rücksichtnahme auf die Zwecke der anderen.

5. Zwei Bedenken

Schließlich müssen noch zwei Bedenken gegen unsere Darstellung der Moralität zerstreut werden. Ich habe gesagt, Moralität sei ein empirischer Begriff, und das mag manchen, vor allem in der kantischen Tradition Stehenden, seltsam vorkommen, zumal ich in der Vorrede und im II. Kapitel betont habe, dass die ethischen Begriffe nicht aus der Erfahrung genommen, sondern selbst gemacht seien. Moralität ist natürlich kein empirischer Begriff wie Kuh oder Stern oder Wasser, abstrahiert von Dingen, die wir in der Natur vorfinden. Das ist sie zwar auch, insofern sie Einsicht und damit ein psychisches Phänomen ist. Aber als solches ist sie kein Gegenstand der Ethik. Das ist sie als Wert, als etwas, das die Menschen sich wünschen und das Einfluss auf ihr Handeln haben kann, und als Wertbegriff ist sie zweifellos selbst gemacht. Gewertet wird eine bestimmte Einsicht und deren Gegenstände, Recht und soziale Hilfe, sind nicht etwas, das die Menschen in der Welt vorfanden, sondern sie haben diese Begriffe selbst hervorgebracht, um durch sie den Umgang miteinander zu regeln. Die Begriffe lassen sich an unserem äußeren Verhalten nicht ablesen, sie existieren nur in unserem Denken, sodass ein Beobachter aus einer fremden Welt sie nicht erfassen könnte. Und auch der Wunsch, sie möchten aus Einsicht das Handeln leiten, ist zumindest mittelbar selbst erzeugt; denn wenn wir diese Begriffe nicht geschaffen hätten, könnten wir auch nicht wünschen, sie möchten verstanden und befolgt werden. Obwohl also Moralität ein selbst gemachter Begriff ist, können wir dennoch a priori nichts über sie aussagen. Denn als Gegenstand unseres Wünschens ist sie an keinerlei Gesetze, nicht einmal die logischen, gebunden. Anders als bei den Zwecken kann man bei den Wünschen nie sagen, wer dieses wünsche, müsse auch jenes wünschen, etwa weil es das Mittel sei. Beim Wünschen kann man sich auf das Resultat beschränken und die Sorge um die Mittel getrost der Glücksfee überlassen, da man sich ja nicht selbst, solange es beim Wünschen bleibt, an die Realisierung macht. Um etwas über die Wünsche der Menschen zu erfahren, ist man daher auf das angewiesen, was sie darüber äußern. In diesem Sinne ist der ethische Begriff der Moralität ein empirischer Begriff, im selben Sinne wie etwa Begriffe der Soziologie oder Geschichtswissenschaft oder Philologie empirische Begriffe sind. Den Blankvers haben die Menschen selbst erfunden; da sie ihn aber nicht notwendig erfinden mussten, konnte man a priori nicht wissen, dass es ihn geben muss. Fragt man nun nach der empirischen Basis der Behauptung, dass die Menschen unter Moralität vor allem Gerechtigkeit und Sozialismus verstehen, so muss ich gestehen, dass sie alles andere als wissenschaftlich gesichert ist. Sie ist vielmehr nichts anderes als die Intuition eines normal gebildeten Abendländers. Daher muss ich meine Bemerkung über den empirischen Charakter dieses Moralitätsbegriffs etwas abschwächen. Meine Absicht war nicht, das Ergebnis einer methodisch soliden empirischen Erhebung zu präsentieren. Dazu fehlen mir die Kenntnisse und die Mittel. Sie war vielmehr neben einer intuitiven empirischen Erfassung zugleich prognostisch und normativ. Ich bin der Überzeugung, dass es sinnvoll ist, Gerechtigkeit und Sozialismus zu wünschen und für gut zu halten, und wenn man den Menschen Vernunft nicht absprechen will, so ist es zumindest nicht unwahrscheinlich, dass sie sie auch tatsächlich für gut halten. Diese Überlegung bestärkt die intuitive Erkenntnis. Wenn man ferner beobachtet, wie die Vernunft im Abendland langsam immer mehr Einfluss auf das Leben der Menschen gewinnt, so darf man vielleicht die Prognose wagen, dass sich diese Entwicklung über die ganze Menschheit ausweiten wird, sodass es einst Gewissheit sein könnte, dass alle Menschen Gerechtigkeit und Sozialismus wünschen. Soweit sie es jedoch bislang nicht tun, so *sollten* sie es doch im eigenen Interesse tun und wir sollten mit allen Mitteln darauf hinwirken, dass sie es tun. Insofern möchte ich den Moralitätsbegriff also auch prognostisch einerseits und normativ andererseits verstanden wissen.

Das zweite Bedenken, das es auszuräumen gilt, betrifft das Verhältnis von Moralität und Freiheit. Wenn ich gesagt habe, dass wir die Moralität nicht direkt anstreben können, weil sie nicht vollständig in unserer Macht steht, so scheint das zu bedeuten, dass wir in unserem moralischen Verhalten nicht frei sind. Das dürfte wiederum vor allem den Kantianern gegen den Strich gehen, da Kant ja mit besonderem Nachdruck betont, dass Freiheit Voraussetzung der Moralität sei, sodass er die Wirklichkeit der Willensfreiheit aus der Geltung des kategorischen Imperativs deduziert. Aber nicht erst Kant, sondern schon Aristoteles, der sich als Erster über das Verhältnis Gedanken gemacht hat (obwohl er über den Begriff der Willensfreiheit noch nicht verfügt), lehrt, dass sittliches Lob oder Tadel an die Freiwilligkeit der Handlung gebunden sei. Sofern Lob und Tadel als Handlungsregulatoren dienen sollen, muss man Aristoteles zweifellos beipflichten; wo wir determiniert sind, haben Lob und Tadel keinen Sinn. Aber zum einen büßt dadurch die Moralität nichts von ihrem Wert ein. Selbst wenn unser moralischer Charakter uns in die Wiege gelegt wäre und wir keinerlei Einfluss auf ihn hätten, würde die Moralität ihren hohen Wert besitzen, so wie etwa Schönheit oder Intelligenz oder ererbter Reichtum Güter für uns darstellen. Denn Güter sind die Dinge, die wir uns wünschen, unabhängig davon, ob wir sie selbst schaffen können. Zum andern ist die Moralität, da sie aus einer Einsicht besteht, bis zu einem hohen Grade unserem Einfluss zugänglich. Es liegt bei uns, ob wir uns um moralische Bildung bemühen oder nicht. Dass wir trotzdem nicht vollständig über die Moralität verfügen, ist kein Grund, ihren Besitz nicht zu loben und ihr Fehlen zu tadeln. Denn ohne eigenes Bildungsbemühen ist Moralität nicht erreichbar. Niemand kommt mit einem moralischen Bewusstsein auf die Welt. Wie bei jeder Einsicht, so muss auch bei der moralischen Einsicht jeder sich selbst anstrengen und unter normalen Bedingungen ist das auch erfolgreich, sodass fast jeder die Moralität erlangen kann. Wenn daher jemand sie besitzt, so wird man ihn uneingeschränkt loben. Denn wenn er sich nicht selbst um den Erwerb bemüht hätte, so wäre er nicht möglich gewesen und da der Erwerb unter normalen Bedingungen (d.h. wenn keine irgendwie gearteten psychischen Hemmnisse es verhindern) notwendig gelingt, so lag es ganz und allein bei ihm, ob er zur moralischen Einsicht gelangte oder nicht. Wenn aber jemand, der sich ebenso redlich bemüht hat, die moralische Einsicht nicht erreicht, so wird man ihn ebenso uneingeschränkt loben, weil er alles getan hat, was in seiner Macht stand und ihm sein Scheitern nicht zugerechnet werden kann, da er offenbar von der Natur benachteiligt wurde. Tadeln dagegen wird man den, der sich nicht oder nicht in ausreichendem Maße um seine moralische Bildung kümmert. Die Moralität besitzt also in jedem Falle ihren hohen Wert und dieser Wert verliert auch nichts von seiner Steuerungsfunktion für das Verhalten der Menschen und zwar deshalb, weil eine notwendige Bedingung der Moralität, das *Bemühen* um moralische Bildung, vollkommen in unserer Macht liegt. Es erscheint also nicht vergeblich, wenn wir weiterhin durch Lob und Tadel die Menschen zur Moralität zu ermuntern trachten.

V. Glück

1. Rückblick

Wir haben unsere bisherigen Überlegungen aufgebaut auf dem Satz, dass jeder seine Zwecke erreichen will. Die Frage, warum jeder das will, ist bereits beantwortet, weil der Satz analytisch ist. Auch die Frage, warum jemand sich überhaupt Zwecke setzt, ist analytisch beantwortet; denn Handeln ist Zwecktätigkeit und Nichthandeln unmöglich. Offen dagegen ist die Frage, warum jemand sich die bestimmten Zwecke setzt, die er sich setzt, und keine anderen. Die Antwort lautet: um seine Wünsche zu befriedigen. Das führt auf einen einigermaßen brauchbaren Glücksbegriff.

Das Glück oder die Glückseligkeit, griechisch Eudaimonia, spielt in der antiken Philosophie eine zentrale Rolle. Im Hellenismus wird es zum Ziel der Philosophie überhaupt; deren eigentliche Aufgabe ist es, den Weg zum Glück zu weisen. So definiert Epikur die Philosophie als „eine Tätigkeit, die durch Argumentation und Diskussion das glückselige Leben verschafft",[41] und die Definitionen der übrigen hellenistischen Schulen lauten entsprechend. Seither ist das Interesse der Philosophen am Glück merklich gesunken und erst in jüngster Zeit besinnt man sich wieder eingehender auf diesen Begriff.

Wenn man heute jemanden fragt, was er unter Glück verstehe, so wird man in den allermeisten Fällen zur Antwort bekommen, dass es eine Art Hochgefühl sei, das uns gelegentlich erfülle. Glück wäre demnach ein bestimmtes psychisches Phänomen, ein Gefühl, das, wie andere Gefühle auch, zuweilen in uns auftritt, zuweilen nicht und das als im höchsten Grade positiv empfunden wird. Die Konsequenz dieser Glücksauffassung ist, dass jeder nur allein entscheiden kann, ob er glücklich ist. Zu unseren Gefühlen haben andere keinen unmittelbaren Zugang, sodass jeder nur über sich selbst urteilen kann, von welchen Gefühlen er zurzeit beherrscht wird. Wir rechnen durchaus mit der Möglichkeit, dass jemand, der offenbar vom Glück verwöhnt wird, der gesund und wohlhabend ist, im Beruf erfolgreich, mit einem zuverlässigen Partner in Liebe verbunden, woraus ein strebsamer Sohn und eine schöne Tochter entsprungen sind, und dem auch sonst zuteil wurde, was immer man für positiv halten mag – dass also ein solcher „wahrer Glückspilz" uns dennoch betrübt anblickt und behauptet, er sei todunglücklich. Und wenn wir ihm alle seine Vorteile herzählen und er dabei bleibt, dass er unglücklich sei, so sehen wir uns mit unserem Latein am Ende. Das Gleiche gilt für die entgegengesetzte Situation. Wenn einer krank, bettelarm, erfolglos, vom Partner verlassen usw. ist und dennoch behauptet, er sei rundum glücklich, so werden wir das letztlich akzeptieren, weil eben Glück für uns eine reine Privatsache ist, über die kein anderer urteilen kann.

Daher unsere verbreitete Auffassung, dass sich keine allgemeinverbindlichen Glücksregeln aufstellen ließen, sondern jeder „auf seine Fasson selig werden" müsse. Wenn Glück ein subjektives Gefühl ist, muss jeder seine eigenen Erfahrungen mit ihm machen, um zu ergründen, bei welcher Gelegenheit es auftritt und welche Umstände ihm entgegenwirken. Aber nicht einmal für die eigenen Glücksmöglichkeiten lassen sich sichere Regeln aufstellen, weil sie sich auf empirische Erkenntnisse stützen müssen, die – zumal bei der so schmalen Basis einer Einpersonenerfahrung – keine absolut zuverlässigen Vorhersagen gestatten. Das hat bereits Kant anschaulich erläutert: „Nun ist's unmöglich, dass das einsehendste und zugleich allervermögendste, aber doch endliche Wesen sich einen bestimmten Begriff von dem mache, was er hier eigentlich wolle. Will jemand Reichtum, wie viel Sorge, Neid und Nachstellung könnte er sich dadurch nicht auf den Hals ziehen. Will er viel Erkenntnis und Einsicht, vielleicht könnte das ein nur um desto schärferes Auge werden, um die Übel, die sich für ihn jetzt noch verbergen und doch nicht vermieden werden können, ihm nur um desto schrecklicher zu zeigen, oder seinen Begierden, die ihm schon genug zu schaffen machen, noch mehr Bedürfnisse aufzubürden. Will er ein langes Leben, wer steht ihm dafür, dass es nicht ein langes Elend sein würde? Will er wenigstens Gesundheit, wie oft hat noch Ungemächlichkeit des Körpers von Ausschweifung abgehalten, darein unbeschränkte Gesundheit würde haben fallen lassen usw."[42] Für Kant lassen sich daher allenfalls unverbindliche „Ratschläge" für das menschliche Glücksstreben geben.

Diese Auffassung war nicht immer die herrschende. Sie ist letztlich eine Konsequenz des abendländischen Individualismus, der vom Hellenismus seinen Ausgang nimmt. Die vorausgehende Epoche der griechischen Klassik hat einen ganz anderen, objektiven Glücksbegriff. Platon sieht die Eudämonie in der Gerechtigkeit und diese besteht für ihn darin, dass jeder „das Seine tut".[43] So geht es dem Staat dann wohl, wenn jeder Stand sich darauf beschränkt, die ihm von der natürlichen Ordnung zugewiesene Aufgabe genau zu erfüllen, und in analoger Weise ist der Einzelne dann glücklich, wenn jeder seiner Seelenteile sich mit seiner natürlichen Funktion begnügt, was insbesondere heißt, dass die Vernunft die Leitung innehat, wie auch im glücklichen Staat die Philosophen die Könige sind. Ähnlich Aristoteles. Er definiert die Eudämonie als „Tätigsein der Seele im Sinne der ihr wesenhaften Tüchtigkeit".[44] Damit ist Folgendes gemeint: Für Aristoteles bildet die Welt einen sinnvoll geordneten Kosmos, in dem jedem Ding und jedem Wesen sein bestimmter Platz und seine bestimmte Rolle zugewiesen sind. Daher hat auch jedes Wesen eine bestimmte für es spezifische Tätigkeit. Für den Schuster ist es das Schuhemachen, für den Zitherspieler das Zitherspielen, für das Pferd der schnelle Lauf. Und so muss es auch für den Menschen als solchen eine spezifische Tätigkeit geben. In der Körperlichkeit nun kann sie nicht liegen, denn diese haben wir mit allen, selbst mit den anorganischen Dingen gemein. In der Lebendigkeit kann sie ebenfalls nicht liegen, denn diese besitzen auch schon die Pflanzen. Im Beseeltsein kann sie wiederum nicht liegen, weil wir es mit den Tieren teilen. Also kann sie nur in einem bestimmten Teil der Seele liegen, nämlich in der Vernunft, denn diese ist es, die uns vor allen anderen vergänglichen Wesen auszeichnet. Vernünftiges Denken ist also die „wesenhafte Tüchtigkeit" des Menschen, sein eigentlicher Zweck in der Welt. Somit verwirklicht er dann die Eudämonie, wenn er ganz seiner Vernunft lebt.

Man sieht leicht, dass hier ein anderer Glücksbegriff vorliegt als der heute gängige. Glück ist für die Klassiker kein subjektives Gefühl, über das nur der Betroffene befinden kann, sondern die vollendete Erfüllung der natürlichen Weltordnung, also ein objektiver Zustand, der im Prinzip durch jeden anderen kontrollierbar ist. Es ist daher durchaus denkbar, dass jemand anders besser über meinen Glückszustand Auskunft geben kann als ich selbst, für den Fall nämlich, dass er die besseren metaphysischen Kenntnisse besitzt; denn um zu beurteilen, ob ich glücklich bin, muss ich wissen, welche Aufgabe mir in der Welt zugedacht ist. Infolge dieses Objektivismus haben die Klassiker denn auch keine Schwierigkeiten, allgemeinverbindliche Regeln des Glückserwerbs aufzustellen: Glück ist die vollkommene Verwirklichung der natürlichen Weltordnung. Der Mensch als das Vernunftwesen erreicht es also dadurch, dass er sich in vollkommener Weise in den Dienst seiner Vernunft stellt, was in weiterer Konsequenz heißt, dass er ein tugendhaftes Leben führt.

Im Hellenismus findet dann eine radikale Subjektivierung des Glücks statt, die es zu einem rein privaten Bewusstseinsphänomen macht. So schreibt Epikur: „Alles Gut und Übel ist in der Wahrnehmung",[45] und Seneca zitiert einen Komödiendichter, vermutlich Publilius Syrus, mit dem Vers: „Non est beatus, esse se qui non putat."[46] Hier finden wir genau die heutige Auffassung ausgedrückt und das ist eine Folge des hellenistischen Individualismus, der seither das abendländische Denken zu großen Teilen beherrscht und der eine radikale Privatisierung des Glücks bewirkt hat. Für die Hellenisten lag der Sinn alles Daseins im Heil des Einzelnen selbst. Das hatte zur Folge, dass der Mensch sich nicht mehr als Teil eines übergeordneten Kosmos begreifen konnte, der ihm die Rolle vorschrieb, in deren Erfüllung das Glück bestand. Der Einzelne musste sich seine Rolle selbst suchen und für sich allein über sein Glück urteilen.[47] Das bedeutete freilich noch nicht, dass man das Glück als ein Gefühl betrachten musste. Diese Gleichsetzung dürfte letztlich auf Epikur zurückgehen, der folgendermaßen gedacht hat: Das Glück des Einzelnen ist das höchste Gut, von dem alle anderen Güter abgeleitet sind. Dieser letzte Wertgeber nun kann nicht aus der Vernunft stammen, da sie als ein bloß formales Vermögen keine ursprünglichen Inhalte setzen kann. All unser Wertbewusstsein stammt letztlich aus der Sinnlichkeit und beruht somit auf Lust als derjenigen Sinnesempfindung, die Wertcharakter hat. Das höchste Gut, das Glück des Einzelnen, ist folglich Lust.[48]

Die Privatisierung des Glücks ist demnach ein Erbe des Hellenismus, das schließlich dazu geführt hat, dass der Glücksbegriff immer mehr an Inhalt verlor; denn dadurch, dass jeder nur allein über sein Glück entscheiden konnte, deckte der Begriff alles Beliebige. So wurde er für die Ethiker immer uninteressanter, weil sich aus ihm keine objektiven Verhaltensregeln mehr gewinnen ließen. Es ist deshalb zweckmäßig, sich nach einem alternativen Begriff umzuschauen, der nicht nur ein subjektives Gefühl beinhaltet, und dabei wird man am häufigsten finden, dass Glück als Zufriedenheit aufgefasst wird. Diese Bestimmung scheint mir fruchtbarer, sofern man unter Zufriedenheit die Erfüllung der eigenen Wünsche versteht. Das macht es freilich notwendig, den Begriff des Wunsches näher zu erläutern.

2. Glück als Erfüllung der Wünsche

a) Wünsche

Wenn man versucht, „Wunsch" zu definieren, gerät man rasch in Schwierigkeiten. Wir haben den Begriff bisher nur als Gegensatz zum Zweck behandelt und gesagt, dass Wünschen heißt, dass man die Verwirklichung einer Sache gern sähe, ohne sie selbst in Angriff zu nehmen. Aber was bedeutet „gern sehen"? Es ist letztlich, wie viele ähnliche Ausdrücke auch, nur ein Synonym für „wünschen" und man ist am Ende gezwungen, es seinerseits durch „wünschen" zu definieren. In eine ähnliche Diallele gerieten wir, wenn wir „wünschen" mit „gut finden" definieren wollten, weil wir „gut" im vorigen Kapitel als das, was wir wünschen, bestimmt haben. Ich möchte deswegen versuchen, den Begriff des Wünschens durch seine handlungstheoretische Funktion zu bestimmen; er ist nämlich notwendig, um die Zwecktätigkeit zu erklären.

Unsere Zwecke werden von uns frei gewählt. Aber welche Wahl treffen wir bei den unendlich vielen Möglichkeiten, vor denen wir stehen? Ein Mann liegt am Strand und schaut aufs Meer. Er könnte sich auf die linke Seite drehen, er könnte sich auf die rechte Seite drehen, er könnte aufstehen und im Meer baden gehen, er könnte einen Flirt mit seiner aparten Nachbarin beginnen, er könnte an die Bar gehen, um etwas zu trinken, er könnte seine Sachen zusammensuchen und nach Hause gehen ... Warum bleibt er liegen? Wir haben gesagt, dass eine Handlungsentscheidung nur so möglich ist, dass man eine der Alternativen unter eine seiner Maximen bringt, für die man sich schon früher entschieden hat. Der Mann habe also irgendwann beschlossen, jeden Tag von 14 bis 16 Uhr am Strand zu liegen und tatenlos aufs Meer zu schauen. Was aber, wenn ein kalter Wind aufkommt? Aus früherer Erfahrung möge er in seine Maxime bereits die Klausel aufgenommen haben, nur so lange am Strand zu bleiben, wie kein kalter Wind aufkomme. Auch dass lärmende Kinder ein Ballspiel über ihn hinweg beginnen, wäre vorherzusehen und könnte in die Maxime eingebaut werden. Aber es ist klar, dass nicht alle unendlich vielen einzelnen konkreten Eventualitäten in die Maxime aufgenommen werden können, weil sie dann selbst unendlich werden würde. Man muss also zu allgemeineren Begriffen greifen. In unserem Beispiel hatten die Eventualitäten das Gemeinsame, dass sie den Mann am Strand stören, dass sie ihm unangenehm sind. Aber Begriffe wie Stören oder Unangenehmsein haben keinen unmittelbaren Bezug zum Handeln, sodass kein Grund besteht, die Maxime abzuwandeln. Ein solcher wäre erst dann gegeben, wenn das Stören, das Unangenehmsein in dem Mann den Wunsch erweckt, seine Lage am Strand zu verändern. Also könnte die Maxime zum Beispiel lauten „Ich will jeden Tag von 14 bis 16 Uhr am Strand ruhen, wenn nicht aus irgendwelchen Gründen der Wunsch in mir entsteht, es zu ändern" oder, positiv gewendet, „Ich will jeden Tag von 14 bis 16 Uhr am Strand ruhen, wenn in mir der Wunsch dazu besteht".

Die Maxime delegiert also gleichsam die Entscheidung an das Wünschen. Wir stoßen hier auf dasselbe Problem, das uns schon bei der Anwendung der Rechtsgesetze begegnet ist und das die Notwendigkeit der Institution eines unabhängigen Richters erwiesen hat, die es ermöglicht, dass unsere Gesetzestexte endlichen Inhalts bleiben. Eine ähnliche Rolle wie der Richter spielen auch unsere Wünsche, nur auf einer viel grundsätzlicheren Ebene, denn es geht nicht nur um die Rechtsgesetze, sondern um die Zwecktätigkeit überhaupt. Dem Wollen, als freiem, sind ursprünglich alle unendlich vielen Handlungsmöglichkeiten gleichrangig, sodass es auch zu keiner Maximenbildung kommen kann, durch die bestimmte Handlungsweisen allgemein ausgezeichnet werden. Wäre der Wille auf sich allein gestellt, so würden wir in den Wahnsinn getrieben, weil wir weder nicht handeln noch alle Alternativen realisieren noch eine auswählen könnten. Es bedarf also einer vom Willen unabhängigen Instanz, die es ermöglicht, die Handlungsalternativen zu gewichten und so eine Entscheidung zu treffen. Diese Instanz sind die Wünsche. Der Wille ist also genötigt, sich an den Wünschen zu orientieren, sodass seine fundamentale Maxime sein muss, den Wünschen zu folgen. Das bedeutet freilich nicht, dass er durch sie determiniert wäre. Es steht ihm jederzeit frei, ihnen die Gefolgschaft zu verweigern, wenn er dafür besondere Gründe hat, zum Beispiel weil sie einander widerstreiten oder Unmögliches verlangen oder gegen das Recht verstoßen o. Ä. Darüber mehr im letzten Kapitel. Die Fundamentalmaxime jedoch, den Wünschen im Prinzip Folge zu leisten, ist dem Willen von der Logik zwingend auferlegt.

Nach diesen Überlegungen können wir nunmehr definieren: Es gibt eine vom Wollen unabhängige bewusste Beziehung des Subjekts zu bestimmten Sachverhalten, derart dass es ihre Wirklichkeit ihrer Nichtwirklichkeit vorzieht. Diese Beziehung heißt Wünschen, die Sachverhalte heißen Güter, ihre Wirklichkeit heißt Glück.

Das bedarf der Erläuterung. Zunächst zu den Wünschen. Sie unterscheiden sich von den Zwecken vor allem dadurch, dass sie nie unmittelbar zur Verwirklichung führen. Der Wunsch tut nur kund, wessen Wirklichkeit das Subjekt vorzieht, ohne etwas darüber zu enthalten, ob, wie oder durch wen es zur Verwirklichung kommt oder kam. Natürlich kann man sich auch einen bestimmten Urheber wünschen, zum Beispiel dass der Chefkoch selbst das Essen zubereitet. Aber dann ist eben dies der Gegenstand des Wunsches, zu dessen Verwirklichung er nichts beiträgt. Sie geschieht erst, wenn der Wunsch zum Zweck wird und man Schritte unternimmt, um den Chef in die Küche zu bringen. Dass die Wünsche sich nicht um die Verwirklichung kümmern, ist auch der Grund, weshalb sie an keinerlei Gesetzlichkeiten gebunden sind, sondern sich auf alles Mögliche und Unmögliche richten können. Die Zwecke richten sich immer auf mögliches Zukünftiges. Die Wünsche dagegen können sich auch auf Unmögliches, auf Gegenwärtiges und Vergangenes, auf Nichtwirkliches und Wirkliches richten. Alle diese Möglichkeiten lassen sich auch in der Alltagssprache ausdrücken. Unmögliches: Ich wünsche mir eine Villa auf der Venus. Nichtwirkliches in den drei Zeitdimensionen: Ich wünsche mir einen angenehmen Tod. – Ich wünsche, es wäre Nacht oder die Preußen kämen. – Ich wünsche, ich wäre nie geboren. Wirkliches in Gegenwart und Vergangenheit: Es ist so und ich wünsche mir auch, dass es so ist. – Dass Cäsar ermordet wurde, entspricht genau meinen Wünschen. Im Übrigen ist es aber für den philosophischen Begriff unerheblich, ob alle seine Möglichkeiten im Alltagsdenken oder der Alltagssprache realisiert sind.

In einschlägigen Zusammenhängen tauchen vielfach auch Begriffe von unbewussten Regungen wie Trieb, Instinkt u.ä. auf. Von diesen lassen sich die Wünsche dadurch unterscheiden, dass sie ausschließlich im Bewusstsein des Subjekts vorkommen, sodass es unbewusste Wünsche, von denen das Subjekt nichts wüsste, nicht gibt. Das folgt aus ihrer (sie definierenden) Funktion, die Zwecksetzung, die ein bewusster Vorgang ist, zu ermöglichen. (Wenn in der Alltagssprache dennoch von geheimen Wünschen die Rede ist, so liegt entweder ein anderer Wunschbegriff vor oder es ist gemeint, dass man die Wünsche anderen oder auch sich selbst gegenüber nicht eingestehen mag.)

Ich habe die Wünsche allein durch ihre Funktion definiert und fasse unter ihrem Begriff alles zusammen, was diese Funktion erfüllt. Die Frage, welcherart psychisches Phänomen sie sind, als das sie diese Funktion ausüben, ob eine Art Gefühl oder etwas anderes; desgleichen, ob es verschiedene Arten gibt (Neigungen etwa könnte man als Dauerwünsche verstehen), gehört in die empirische Forschung, ebenso wie die Frage nach den Ursachen der Wünsche. Vermutlich werden viele durch die vitalen Bedürfnisse hervorgerufen, wie die Wünsche nach Essen, Trinken, Sexualität usw. Der größte Teil aber dürfte uns anerzogen sein. Das reicht bis in die vitalen Belange hinein. Die erste Auster ist vielen eher eklig, die später viel Geld für ein Dutzend Colchester ausgeben. Und auch die erste Zigarette und der erste Alkohol munden meist nicht sonderlich und trotzdem ist die Welt voller Raucher und Säufer. Für unsere ethischen Absichten genügt es, die Wünsche als reine, faktische Gegebenheiten zu nehmen. Ihre Annahme beruht auch nicht auf besonderen anthropologischen Voraussetzungen, mit einer Vermögenslehre, in der etwa der Begriff eines Begehrungsvermögens auftauchte. Wir sind zu ihrer Annahme durch bloße begriffliche Analyse der Zwecktätigkeit gelangt, sodass, wenn Wünsche nicht schon als Gegebenheiten akzeptiert wären, man nach ihnen suchen müsste wie nach einem vorausberechneten Himmelskörper – oder die Rede von zwecktätigen Wesen aufgeben.

b) Güter und Übel

Weil die Wünsche im Gegensatz zu den Zwecken nicht auf mögliches Zukünftiges eingeschränkt sind, deshalb ist ihr Begriff auch geeignet, um den Begriff des Guten zu definieren. Denn auch von den Gütern nehmen wir an, dass sie in allen drei Zeitdimensionen lokalisiert, dass sie wirklich und nicht wirklich und dass sie auch unmöglich (wie etwa das Perpetuum mobile) sein können.

Wenn nun Gut durch das, was wir wünschen, definiert ist, wie verhalten sich dann Güter und Zwecke zueinander? Klar ist, dass nicht alle Güter Zwecke sind, weil diese immer nur etwas mögliches Zukünftiges sind. Schwieriger ist die Frage zu beantworten, ob alle Zwecke Güter sind. Einerseits möchte man annehmen, dass, da unsere Zwecke sich an unseren Wünschen orientierten, jedem Zweck ein Wunsch zu Grunde liege, sodass dann, weil alles, was wir wünschten, ein Gut sei, auch jeder Zweck ein Gut sei (jedenfalls für den Handelnden). Andererseits wird man zögern zuzugeben, dass der Besuch des Zahnarztes dasjenige sei, was jemand sich wünsche, obwohl er ihn unternehme, also zum Zweck habe. Man könnte versuchen, hier Klarheit zu schaffen, indem man argumentierte, dass der Besuch beim Zahnarzt nicht der wirkliche Zweck sei. Das sei vielmehr die Gesundheit, zu der der Arztbesuch nur als Mittel diene, und wer den Zweck wünsche, brauche, anders als beim Wollen, das Mittel nicht zu wünschen. Dem wäre zu entgegnen, dass die Begriffe Zweck und Mittel relativ sind, weil Zwecke immer wieder Mittel zu anderen Zwecken sein können. Deshalb kann man sehr wohl den Zahnarztbesuch als Zweck angeben etwa dafür, dass man den Wagen aus der Garage holt und losfährt. Die Lösung ist, dass die Annahme, dass jedem Zweck ein Wunsch zu Grunde liege, falsch ist. Sie trifft nur auf diejenigen Zwecke zu, die für uns zurzeit nicht Mittel zu anderen Zwecken sind. Wo sie dies dagegen sind, spielen die Wünsche keine Rolle; denn die Wahl der Zwecke, die nur Mittel sind, ist durch vorgegebene Gesetzmäßigkeiten festgelegt. Das heißt nicht, dass diese Zwecke nicht frei gewählt würden. Ich kann sehr wohl einen Zweck, der nur Mittel ist, ablehnen, muss dann freilich auch den Endzweck aufgeben. Nur wo mehrere Mittel möglich sind, können die Wünsche wieder eine Rolle spielen, zum Beispiel bei der Wahl Dr. Meiers statt eines anderen Zahnarztes. Doch auch dann gilt der Wunsch nicht dem Arztbesuch, sondern der Wahl Dr. Meiers. Gewiss haben wir keine Bedenken zu sagen „Es ist wünschenswert, dass du zum Arzt gehst" oder „Es ist gut, dass du zum Arzt gehst". Aber dann meinen wir diese Ausdrücke im Sinne von: Es ist richtig, d.h. zweckmäßig im Interesse der Gesundheit. Demnach sind weder alle Güter Zwecke noch alle Zwecke Güter.

Die Übel lassen sich so definieren, dass bei ihnen die Sachverhalte, deren Wirklichkeit wir ihrer Nichtwirklichkeit vorziehen, negativ sind („Ich ziehe vor, nicht arm zu sein"). Verkürzt kann man bestimmen: Güter sind die Dinge, deren Wirklichkeit wir wünschen, Übel diejenigen, deren Nichtwirklichkeit wir wünschen. Es ist also ein und dieselbe Beziehung des Subjekts zu bestimmten Sachverhalten, durch die wir diese positiv oder negativ bewerten, nämlich das Wünschen, d.h. die Bevorzugung ihrer Wirklichkeit. Sind die Sachverhalte positiv, sprechen wir von Gütern, sind sie negativ, von Übeln. Das Wünschen ist somit die alleinige Quelle all unserer Wertungen, der positiven wie der negativen. Konsequenterweise hat das Deutsche auch keinen eigentlichen Gegenbegriff zum Wünschen ausgebildet, sondern behilft sich mit metaphorischen Umschreibungen wie „ablehnen", „zurückweisen" u.ä. Man könnte natürlich auch die Terminologie auf der Objektseite vereinfachen und auf die Rede von Übeln verzichten, weil ja die Vermeidung eines Übels, seine Nichtwirklichkeit, etwas ist, das wir wünschen, also ein Gut. Ob wir sagen „Es ist übel, arm zu sein" oder „Es ist gut, nicht arm zu sein" ist nur eine façon de parler.

Ebenso könnte man den Spieß auch umdrehen und auf die Rede von Gütern verzichten. Glück besteht dann statt in der Wirklichkeit der Güter in der Nichtwirklichkeit der Übel. So verfährt zum Beispiel Epikur, weil für ihn Lust gleich Freisein von Unlust ist, oder Schopenhauer, weil er im Leiden „das Positive, das unmittelbar Empfundene"[49] sieht. Man muss beim Wechsel zwischen positiver und negativer Ausdrucksweise nur darauf achten, dass Güter und Übel stets in kontradiktorischem, nicht nur konträrem Gegensatz stehen. Der Wunsch, nicht arm zu sein, ist nicht identisch mit dem Wunsch, reich zu sein. Selbstverständlich kann man auch eine Kombination aus beiden Redeweisen wählen, wie es die Alltagssprache nahe legt, sodass das Glück im Erlangen der Güter und Vermeiden der Übel besteht. Mir kommt es nur darauf an, dass das Glück immer die Erfüllung der Wünsche ist, ihre Gegenstände seien nun alle positiv oder alle negativ oder teils teils.

3. Alle Menschen streben notwendig nach Glück

Dieser Glücksbegriff scheint auch für die gängigen Vorstellungen vom Glück wesentlich zu sein. Fragt man nämlich nach, ob Glück denn wirklich nur in einem Hochgefühl bestehe, wird man doch auf Zweifel stoßen. Wenn Glück nur dadurch charakterisiert ist, dass es ein positives Gefühl ist, dann lässt es sich von der Lust im weiten Sinn (der nicht auf Sinnengenuss eingeschränkt ist) nicht unterscheiden und dann müsste es ein Widerspruch sein, wenn jemand von sich sagte, dass er mit angenehmen, lustvollen Gefühlen angefüllt sei, dennoch aber behauptete, nicht glücklich zu sein. Das wird aber offenkundig nicht als Widerspruch empfunden. Denn abgesehen von asketischen Lehren, die die Lust ganz aus dem Glück eliminieren möchten, wird auch im täglichen Leben durchaus zwischen Lust und Glück unterschieden. Man denke an einen gläubigen Katholiken, der sich an indizierter Lektüre ergötzt, oder an eine konservative Ehefrau, die ihren Mann betrügt. In beiden Fällen müsste der unzweifelhafte Lustgewinn das Glück eigentlich mehren. Es ist aber fraglich, ob die Betreffenden sich bei ihrem Tun glücklich schätzen. Es ist eher wahrscheinlich, dass ihr Glaube, gegen hoch stehende Werte zu verstoßen, ihr Glück verhindert. Lust wird demnach nicht schlechthin als glücksfördernd angesehen, sondern nur, sofern sie nicht gegen höhere Werte verstößt. Nimmt man dagegen Glück als Zufriedenheit und macht auch hier die Gegenprobe, indem man fragt, ob es wohl als Widerspruch empfunden würde, wenn jemand versicherte, er habe alles, was er sich wünsche, und sei dennoch nicht glücklich, so glaube ich, dass man in diesem Fall schon eher geneigt sein würde, den Mann für seltsam zu halten. Man würde hier vielleicht einen Fall geheimer Wünsche vermuten, die unerfüllt seien, die der Mann sich aber aus irgendwelchen, zum Beispiel moralischen, Gründen nicht eingestehen möge. Eine derartige Deutung liefe allerdings Gefahr, zu einer petitio principii zu werden, indem man annimmt: Es steht fest, dass das Glück in der Erfüllung der Wünsche besteht; wenn also jemand behauptet, damit nicht glücklich zu sein, dann zeigt das an, dass er irgendwelche unerfüllten geheimen Wünsche hat.

Dessen ungeachtet möchte ich an der Definition des Glücks als Erfüllung der Wünsche festhalten, auch wenn sie vielleicht nicht jedermanns Glücksbegriff deckt. Im Zusammenhang der Wollensethik ergibt diese Definition einen fruchtbaren Begriff, der es ermöglicht, einige alte Fragen zu beantworten. So wird erstens die immer wieder problematisierte Behauptung, dass alle Menschen nach Glück streben, zu einer analytischen Wahrheit, sodass man nicht mehr nach empirischen Bestätigungen, womöglich unter Rückgriff auf das Tierreich, suchen muss. Wir haben gesagt, dass der Wille durch die Logik genötigt ist, sich an den Wünschen zu orientieren, sodass seine fundamentale Maxime sein muss, die Wünsche zu erfüllen. Wenn nun das Glück in der Erfüllung der Wünsche besteht, so ist aus logischen Gründen klar, dass alle Menschen notwendig nach Glück streben.

Das bedarf freilich näherer Erläuterung. Mit welchem Recht darf man behaupten, dass alle Menschen das Glück *notwendig wollen*? Wir waren ausgegangen davon, dass wir einerseits nicht nicht handeln können, andererseits aber alle alternativen Handlungsmöglichkeiten dem freien Willen gleichrangig sind. D.h. da wir uns nicht keine Zwecke setzen können und alle Alternativen gleichrangig sind, müssten wir uns eigentlich alle alternativen Handlungsmöglichkeiten zum Zweck nehmen. Das aber würde bedeuten, dass wir eine Reihe unserer Zwecke aufgeben müssten, weil sie als echte Alternativen einander ausschließen und daher nicht alle realisierbar sind. Zwecke aufzugeben aber können wir nicht wollen, weil es unserem analytischen Grundsatz, alle unsere Zwecke erreichen zu wollen, widerspricht. Also müssen die Handlungsmöglichkeiten vor der Zwecksetzung gewichtet sein. Das leisten die Wünsche und deswegen wollen wir sie erfüllen und damit wollen wir das Glück. Der Wille zum Glück ist demnach im Willen, unsere Zwecke zu erreichen, ebenso enthalten wie der Wille zum Recht. Glücksstreben und Rechtsstreben sind unverzichtbare Mittel zur Verwirklichung unserer Zwecke. Die Glücksgesetze, d. h. die Strukturgesetze unserer Wünsche, verhindern, dass unsere eigenen Zwecke miteinander im Streit liegen, die Rechtsgesetze verhindern, dass es zu Konflikten mit den Zwecken anderer kommt. Die Glücksgesetze ermöglichen die innere Zweckharmonie, die Rechtsgesetze die äußere.

Das setzt freilich voraus, dass unsere Wünsche nicht völlig chaotisch sind. Es muss wenigstens ein hinreichender Teil der Wünsche sich auf Mögliches richten und harmonieren; was nicht bedeutet, dass sie nicht gegensätzlich sein dürfen, sofern sie sich dann hierarchisieren lassen. Ob das zutrifft, lässt sich a priori nicht entscheiden; denn unsere Wünsche müssen für uns faktische Gegebenheiten bleiben, weil sie sonst ihre Funktion als unabhängig wertende Instanz nicht erfüllen könnten, und sie sind an keine Gesetze gebunden, weil sie nicht unmittelbar zur Verwirklichung führen. Die Harmonie unserer Wünsche lässt sich jedoch durch einen empirischen Schluss allgemein nachweisen, ohne dass man jeden Einzelnen nach seinen Erfahrungen mit seinen Wünschen befragen müsste: Ohne eine hinreichende Harmonie unserer Wünsche können wir keine Zwecke setzen; wir tun es aber; also stehen unsere Wünsche in hinreichender Harmonie. Der Obersatz dieses Schlusses, dass ohne Wunschharmonie keine Zwecktätigkeit möglich ist, steht a priori fest. Der Untersatz, dass wir uns Zwecke setzen, ist empirisch. Also gilt auch der Schlusssatz nicht schlechthin a priori, sondern nur für Wesen, die sich tatsächlich Zwecke setzen. Der Schluss will nicht besagen, dass es keine gleichrangigen widerstreitenden Wünsche gebe. Das ist vielmehr etwas, das wir alltäglich erfahren und das den Großteil unserer Entscheidungsschwierigkeiten ausmacht: dass wir nicht wissen, was wir lieber möchten (ob in die Karibik oder auf die Malediven). Aber hierbei handelt es sich um ganz normale Entscheidungsprozesse, bei denen wir versuchen, die eine oder die andere Alternative unter eine Maxime zu bringen, die wir schon früher akzeptiert haben. Was der Schluss dagegen ausschließen soll, ist, dass unsere Wünsche sich *grundsätzlich* im Chaos befinden, sodass es auch nie zu einer Maximenbildung kommen kann und konnte. – Dabei sei daran erinnert, dass der Begriff des Wunsches, wie ich ihn verwende, kein rein empirischer Begriff ist, sondern seine Notwendigkeit sich daraus ergibt, dass er Bedingung der Möglichkeit der Zwecktätigkeit ist. Unsere Überlegungen haben dazu geführt, dass es eine unabhängige Instanz geben muss, die die alternativen Handlungsmöglichkeiten gewichtet, und dasjenige in uns, das wir Wünschen nennen, erfüllt offenbar diese Funktion.

4. Ist das Streben nach Glück die oberste Maxime?

Diese Herkunft des Begriffs ist auch bedeutsam für die Beantwortung der zweiten alten Frage, ob nämlich das Streben nach Glück für alle die oberste Norm, unser aller oberste Maxime sei, sodass das Glück unser höchster Zweck wäre, zu dem alles andere nur Mittel wäre, während es selbst kein Mittel zu etwas anderem wäre. So hat es die gesamte Antike gesehen (wobei ich Aristipp hier übergehe) und weite Teile des Mittelalters und der Neuzeit ebenfalls. Zur Stützung dieser Auffassung könnte man vorbringen: Unsere Zwecke müssen sich letztlich an unseren Wünschen orientieren. Folglich ist die Erfüllung unserer Wünsche der letzte Zweck all unseres Handelns. Auch der Wille zum Recht ist ihm untergeordnet; denn das Recht dient allein dem Erreichen unserer Zwecke, das seinerseits der Erfüllung unserer Wünsche dient. Also ist das Glück als die Erfüllung unserer Wünsche unser höchster Zweck und das Streben danach unsere oberste Maxime. Dem widerspricht auch nicht, dass wir gesagt haben, eine oberste Maxime könne es nicht geben, weil diese nicht als frei gewählt angesehen werden könnte. Das Streben nach Glück ist in der Tat keine frei gewählte Maxime, sondern aus logischen Gründen notwendig, sodass es von daher als oberste Maxime tauglich wäre. (Auf dieses Problem werde ich im nächsten Kapitel noch zurückkommen.)

Entgegen dieser Argumentation habe ich das Glücksstreben mit Bedacht nur eine *fundamentale* Maxime genannt, um nicht den Eindruck zu erwecken, ich betrachtete es als oberste Maxime in sensu stricto. Denn das ist es keineswegs. Dazu müsste es zwei Bedingungen erfüllen: Es müsste Selbstzweck sein, der nicht mehr hinterfragbar wäre, und es müssten sich alle anderen Maximen aus ihm ableiten lassen. Beides ist nicht der Fall. Dass das Glücksstreben nicht Selbstzweck ist, ist daraus zu ersehen, dass es aus dem Willen, die eigenen Zwecke zu erreichen, abgeleitet ist; es ist nur Mittel zur inneren Zweckharmonie. Das mutet freilich seltsam an, dass wir nicht zwecktätig werden, um unsere Wünsche zu erfüllen, sondern dass wir unsere Wünsche erfüllen, um zwecktätig sein zu können. Das scheint den gesunden Menschenverstand auf den Kopf zu stellen. Und trotzdem ist es so, wie sich bei richtiger Sichtweise zeigt. Die Wünsche können von sich aus nicht den Anstoß dazu geben, dass wir sie uns zu Zwecken nehmen, weil sie keinerlei unmittelbaren Bezug zu ihrer Verwirklichung haben. Es ist ihnen gleichsam vollkommen egal, auf welche Weise sie erfüllt werden, ob durch unser eigenes Bemühen oder durch äußere Ursachen oder durch Wunder oder sonst wie. Die meisten hätten es sogar lieber, wenn sie eine Million im Lotto gewönnen, als wenn sie sie durch eigene Anstrengung erarbeiten müssten. Die Zwecktätigkeit dagegen ist darauf angewiesen, dass eine von ihr unabhängige Instanz die Handlungsmöglichkeiten gewichtet. Das Wollen fordert also das Wünschen und nicht umgekehrt. Man kann dies auch in evolutionstheoretischer Sprache ausdrücken: Ein Wesen, das zwar Wünsche ausgebildet hätte, aber keine Zwecktätigkeit, wäre durchaus lebensfähig, weil die Wünsche, sofern sie überhaupt befriedigt werden müssten, auch auf andere Weise erfüllt werden könnten, zum Beispiel durch Instinkthandlungen. Ein zwecktätiges Wesen indessen hätte ohne so etwas wie Wünsche nicht überlebt; Zwecktätigkeit konnte nur entstehen in Wesen, die schon die Fähigkeit zu wünschen ausgebildet hatten. Auch aus subjektiver Perspektive, aus der Sicht des Handelnden, ist der Vorrang des Wollens vor dem Wünschen einleuchtend. Eine Maxime, sie sei nun die oberste oder nicht, entspringt – als etwas, das man will – in jedem Fall dem Wollen. Der Wille nun steht vor der Alternative, ob er den Wünschen folgen will oder nicht. Beide Seiten der Alternative sind ihm, als freiem, gleichrangig. Selbst wenn die Wünsche gegenüber ihrer Verwirklichung nicht gleichgültig wären, sondern vom Willen forderten, ihn drängten, sie zu erfüllen, hülfe ihm das nicht weiter, weil er sich fragen müsste, ob er der Forderung nachgeben wolle oder nicht. Einzig der Wille, seine Zwecke zu erreichen, ist für den Handelnden ein Grund, seinen Wünschen zu folgen, weil es anders nicht möglich ist. Es bestätigt sich also, dass das Streben nach Glück eine abgeleitete Maxime ist, und deshalb ist es zur allgemein geltenden obersten Maxime nicht tauglich.

Aus dem gleichen Grund erfüllt es auch die zweite Bedingung nicht. Denn wenn es selbst eine abgeleitete Maxime ist, können nicht alle anderen aus ihm abgeleitet sein, zumindest nicht die, aus denen es selbst abgeleitet ist. Auch der Wille zum Recht lässt sich nicht mit dem Streben nach Glück begründen, wie es die obige Argumentation nahe legt. Denn der Wille zum Recht ist, wie das Glücksstreben selbst, aus dem Willen, die eigenen Zwecke zu erreichen, hergeleitet und zwar ohne das Glücksstreben zu Hilfe zu nehmen, sodass er ihm neben-, nicht untergeordnet ist und auch ohne es existieren würde. Wollte man das Glücksstreben dem Willen zum Recht eindeutig überordnen, müsste man zeigen, dass alle das Recht nur um des Glücks willen wollen, wozu nötig wäre zu zeigen, dass wir nur dadurch in den Genuss des Glücks kommen, dass wir es selbst in die Hand nehmen, also unsere Wünsche zu Zwecken machen, die dann nur mit Legalität zu erreichen sind. Das aber lässt sich nicht zeigen, weil es falsch ist. Dass wir unser Glück selbst in die Hand nehmen, geschieht keineswegs deshalb, weil wir nur so in seinen Genuss kommen können, sodass es ein notwendiges Mittel wäre. Viele sind sogar der Überzeugung, dass es nicht einmal ein geeignetes Mittel sei; dass man besser auf das Schicksal hoffe und geduldig abwarte. Dass wir uns unsere Wünsche zu Zwecken nehmen, geschieht deswegen, weil wir zwecktätige Wesen sind, die ihre Zwecke erreichen wollen. Man kann also wohl sagen, dass Legalität ein Mittel zum Glück sei, aber nur, soweit wir es aus eigener Anstrengung zu erreichen suchen, und ob das das beste oder nur ein geeignetes Mittel zum Glück sei, ist keineswegs ausgemacht. Jedenfalls ist es kein notwendiges Mittel. Es ist sogar die These vertreten worden, dass wir dadurch, dass wir das Glück direkt anstrebten, es notwendig verfehlten. Das würde bedeuten, dass, wenn uns das Glück zuteil wird, dies nie eine Folge unseres Strebens wäre, sondern andere Ursachen hätte.

5. Ist das Glück das höchste Gut?

Damit, dass das Glücksstreben nicht die oberste Maxime, das Glück nicht der letzte Zweck ist, ist freilich die dritte alte Frage noch nicht entschieden: ob das Glück das höchste Gut sei. Da Güter und Zwecke nicht zusammenfallen müssen, wäre es durchaus denkbar, dass das Glück, obwohl nicht höchster Zweck, dennoch das höchste Gut wäre. Denn wie wir gesehen haben, müssen die Wünsche und damit ihre Gegenstände, die Güter, in einer gewissen Hierarchie stehen, damit sie ihre Funktion als Zwecksetzungsgrundlage erfüllen können. Was könnte dann das höchste Gut sein? Da ein Gut das ist, was man sich wünscht, und da die Wünsche in keinem inhaltlichen Zusammenhang, wie einer Zweck-Mittel-Beziehung, stehen müssen, sodass der eine Wunsch nicht notwendig den anderen nach sich zieht; da sie vielmehr völlig unabhängig von einander entspringen können, bleibt nur, das höchste Gut als dasjenige anzusehen, was man sich am meisten wünscht, sodass das Ordnungsprinzip der Güter die Stärke des entsprechenden Wunsches wäre. Das Glück nun besteht in der Erfüllung der Wünsche, in der Wirklichkeit der Güter. Wenn es das höchste Gut sein soll, dann müsste die Erfüllung unserer Wünsche dasjenige sein, was wir uns am meisten wünschen. Das scheint in der Tat prima facie plausibel, denn was können wir uns mehr wünschen, als dass alle unsere Wünsche in Erfüllung gehen. Man könnte dafür auch eine Begründung versuchen: Im Wunsch nach der Erfüllung eines Wunsches ist dieser selbst enthalten. Wenn jemand sich wünscht, sein Wunsch nach einem Sohn möge in Erfüllung gehen, so wünscht er sich zugleich, dass seine Frau einen Sohn zur Welt bringt, also genau den Gegenstand des ursprünglichen Wunsches. Folglich sind im Wunsch nach Glück alle anderen Wünsche enthalten, sodass das Glück notwendig dasjenige ist, was wir uns am meisten wünschen.

Ich verzichte darauf, diesen Gedanken auf seine logische und sachliche Haltbarkeit zu untersuchen, weil er ohnehin nicht anwendbar wäre und zwar deshalb, weil unsere Wünsche an keine logischen oder anderen Gesetze gebunden sind. Das zeigt sich auch hier. Mit dem Wunsch nach Glück befinden wir uns auf einer anderen Ebene, als wenn wir zum Beispiel Gesundheit wünschen. Denn der Gegenstand des Glückswunsches sind selbst wiederum Wünsche, sodass wir uns gewissermaßen auf der Metaebene bewegen. Die Wünsche dieser Ebene müssen nun keineswegs mit den korrespondierenden der Objektebene übereinstimmen. Es ist durchaus denkbar, und jeder hat vermutlich schon die Erfahrung gemacht, dass wir Wünsche ausbilden, von denen wir wünschen, dass sie besser *nicht* in Erfüllung gehen. Das führt zwar zum Widerspruch; denn wenn jemand einerseits wünscht, der gewalttätige Vater möge sterben, andererseits, der Wunsch möge nicht in Erfüllung gehen, dann wünscht er zugleich, dass der Vater sterbe und nicht sterbe. Aber das ist auf dem Felde des Wünschens kein Ausschließungsgrund. In einem solchen Fall ist die Erfüllung des Wunsches, also das Glück, kein Gut, sodass man nicht einmal davon sprechen kann, dass das Glück durchgängig als Gut angesehen werde, geschweige denn als höchstes Gut. Es ist sogar möglich, und auch das belegt die Erfahrung, dass jemand wünscht, dass keiner seiner Wünsche in Erfüllung gehe, einschließlich dieses Wunsches selbst, indem er wünscht, dass einige Wünsche doch in Erfüllung gehen, usw. Für ihn ist das Unglück ein Gut und das Glück ein Übel. Er strebt zwar, wie alle Menschen, notwendig nach Glück, aber er wünscht sich stets zu scheitern, etwa weil er sich als den großen Scheiterer stilisiert. Diese Überlegungen schließen natürlich nicht aus, dass das Glück tatsächlich für viele oder die meisten das höchste Gut ist. Ob es das ist, hängt von der Struktur ihrer Wünsche ab und um diese zu erkunden, ist man auf empirische Untersuchungen angewiesen. Irgendwelche logischen Notwendigkeiten sind nicht vorhanden.

Und um solche ging es uns hier nur. Die Fragen waren, ob alle Menschen notwendig nach Glück streben, ob dies notwendig die oberste Maxime ist, sodass sie für alle gilt, und ob das Glück notwendig für alle das höchste Gut ist. Die Antworten lauten, dass zwar jeder notwendig nach Glück strebt, dass dies aber nicht notwendig für jeden die oberste Maxime ist, ebenso wenig wie das Glück notwendig für jeden das höchste Gut ist. Das schließt indessen nicht aus, dass beides oft faktisch wahr ist: dass für jemanden de facto das Glück das höchste Gut oder für jemanden de facto das Streben danach die oberste Maxime ist, die er de facto nicht mehr hinterfragt und der er alle anderen unterordnet. Für ihn ist das Glück dann als höchster Zweck Selbstzweck, für den alles andere nur Mittel ist (einschließlich dann natürlich auch der Legalität). Ich vermute, dass, in mehr oder minder reflektierter Form, beides zusammen auf die meisten Menschen zutrifft: dass für die meisten sowohl das Glück das höchste Gut als auch das Streben danach die oberste Maxime ist, die ihr ganzes Tun bestimmt. Für die antiken Philosophen stand dies außer Zweifel, die Griechen hatten für höchstes Gut und letzten Zweck auch nur einen Begriff: Telos. An dieser Auffassung dürfte sich aber bis heute nichts Wesentliches geändert haben, wenn man auf die unter den Leuten gängigen Vorstellungen blickt. Auf jeden Fall steht fest, dass wir alle überhaupt nach Glück streben, ob an erster Stelle oder nicht, weil wir dazu gewissermaßen „verdammt" sind.

6. Glücksregeln

Deswegen hat auch die vierte alte Frage nichts von ihrer Aktualität eingebüßt: auf welche Weise man das Glück sicher erreicht oder – aus heutiger Sicht vorsichtiger formuliert – ob sich bestimmte Regeln zum Glücklichwerden allgemein gültig angeben lassen. Die Alten hatten damit keine Probleme. Für die griechischen Klassiker ergaben sich aus ihrem objektiven Glücksbegriff selbstverständlich auch objektive, für jedermann geltende Glücksregeln. Wer glücklich sein wollte, musste ein vernunftbestimmtes, d. h. tugendhaftes Leben führen. Doch auch die Hellenisten hielten trotz ihrer Subjektivierung des Glücksbegriffs an objektiven Glücksregeln fest. Zwar bestand das Glück für sie in der Erreichung aller *subjektiven* Zwecke. Aber da diese eben nicht mehr durch eine kosmische Ordnung vorgegeben, sondern selbst gewählt waren, stand es einem frei, sich nur solche Zwecke zu wählen, die sicher erreichbar waren. Welche Zwecke aber erreichbar waren und welche nicht, unterlag nicht der subjektiven Entscheidung des Einzelnen, sondern war ein objektiver Tatbestand. In der Folge hat dann freilich die hellenistische Privatisierung des Glücks dazu geführt, dass keine allgemein geltenden Glücksregeln mehr möglich schienen, wie es das weiter oben angeführte Kant-Zitat zum Ausdruck bringt. Ich meine indessen, dass sich auch dann, wenn man das Glück in die Erfüllung der subjektiven Wünsche setzt, Regeln formulieren lassen, die jeder befolgen muss, der das Glück ganz aus eigener Kraft erreichen will und sich nicht, wie es das chinesische Sprichwort empfiehlt, an die Biegung des Flusses setzt und wartet, bis die Leiche seines Feindes vorbeischwimmt.

Besteht das Glück in der Befriedigung der Wünsche, dann mehrt jeder befriedigte Wunsch das Glück, das dann vollkommen ist, wenn alle Wünsche befriedigt sind. Um dieses Ideal zu erreichen, ist die oberste Regel, nur solche Wünsche zu haben, deren Erfüllung gesichert ist. Das setzt freilich voraus, dass wir überhaupt Einfluss auf unsere Wünsche haben; denn sie stellen für uns ja eine Gegebenheit dar, als eine von unserem freien Willen unabhängige Instanz. Das verhindert jedoch nicht, dass wir sie beeinflussen können, allerdings nicht, wie bei den Zwecken, durch eine freie Setzung, sondern indem wir die empirischen Gesetzmäßigkeiten, denen sie gehorchen, erforschen und sie mit deren Hilfe zu manipulieren versuchen. In wie weitem Maße das möglich ist, dafür legt die moderne Werbebranche ein beredtes Zeugnis ab. Die Philosophen können hier freilich nicht weiterhelfen. Gefordert sind in erster Linie die Psychologen und Soziologen, um uns die Mittel, unsere Wünsche zu steuern, an die Hand zu geben. Aber der Philosoph kann und muss das Ziel und die Richtung vorgeben, in der die Wünsche beeinflusst werden sollen. Und da ist als oberste Regel für das eigene Glücksbemühen zu nennen, dass man nur solche Wünsche ausbilden darf, deren Erfüllung gesichert ist.

Aus dieser obersten Regel lassen sich drei weitere gewinnen, weil a priori feststeht, unter welchen Bedingungen die Erfüllung aller Wünsche *ausgeschlossen* ist. Dass wir uns selbst um unser Glück bemühen, bedeutet, dass wir uns unsere Wünsche zu Zwecken machen, und das heißt, dass sie dann denselben apriorischen Gesetzmäßigkeiten unterliegen, denen die Zwecke unterliegen. Daraus folgt als erste Unterregel, dass die Wünsche in innerer Harmonie stehen müssen, dass sie also einander nicht widersprechen und somit ausschließen dürfen. Als zweite Unterregel ergibt sich, dass die Wünsche in äußerer Harmonie stehen müssen, also nicht die Rechtsgesetze verletzen dürfen. Als dritte Unterregel schließlich folgt, dass die Wünsche nicht gegen die sozialen Forderungen (im oben erläuterten Sinne) verstoßen dürfen; denn sonst müsste absolut gesichert sein, dass wir nie in Not geraten und den Wunsch nach sozialer Hilfe haben können. Die in den vorigen Kapiteln abgeleiteten allgemein gültigen Normen sind somit zugleich Glücksregeln, die man in folgendem allgemein geltenden Leitsatz zusammenfassen kann: Wenn du dein Glück selbst in die Hand nehmen willst, gestatte dir nur erfüllbare Wünsche, was insbesondere heißt: Sorge für innere Harmonie (womit kein Gefühlszustand, sondern ein logisches Verhältnis gemeint ist), halte dich an die Rechtsgesetze und erfülle die sozialen Forderungen. Denn ein innerlich Zerrissener oder ein Gewalttäter oder ein Unsozialer werden aus eigener Kraft ein vollkommenes Glück nie erreichen, weil ihnen immer Wünsche offen bleiben werden: dem Zerrissenen, weil die Erfüllung des einen Wunsches die Nichterfüllung des anderen bedeutet; dem Gewalttäter zumindest der Wunsch, nicht dingfest gemacht zu werden; und dem Unsozialen, niemals in Not zu geraten und nach sozialer Hilfe zu verlangen. Diese Wünsche werden sie durch eigene Anstrengung nie los; es müsste schon ein gnädiges Schicksal sie ihnen nehmen. Wohlgemerkt, wir sprechen hier von einem *vollkommenen* Glück im strengen Sinne, das keine Wünsche offen lässt; über ein relatives Glück ist damit nichts ausgesagt.

Der genannte „Leitsatz zum Glück" ist allgemein gültig, weil a priori feststeht, unter welchen Bedingungen unser Streben nach Glück *nicht* zum Erfolg führt. Obwohl wir alle notwendig nach Glück streben, lässt er sich nur als hypothetischer Satz formulieren, weil das eigene Bemühen nicht für jedermann der beste Weg zu einem vollkommenen Glück sein muss. Es könnte zum Beispiel jemand der Überzeugung sein, dass gerade die innerlich Zerrissenen irgendwann von den Göttern mit einem vollkommenen Glück gesegnet werden. Der Leitsatz mag vielleicht manchen etwas dürftig erscheinen. Mit den Forderungen nach Legalität und sozialer Hilfe betrifft er aber immerhin einen nicht unerheblichen Teil unserer alltäglichen Entscheidungen. Die übrigen Glücksbemühungen, bei denen es nicht so sehr darum geht, wie man es verfehlt, sondern darum, wie man es erlangt, hängen von den empirischen Möglichkeiten ab. Im Grundsätzlichen lassen sich zwei Strategien unterscheiden. Wenn das Glück in der Befriedigung der Wünsche besteht, kann man entweder versuchen möglichst viel Befriedigung zu erlangen oder möglichst wenig Wünsche auszubilden. Beide Wege sind in verschiedenen Epochen beschritten worden. Die Neuzeit hat den ersten Weg gewählt, indem sie durch technische Beherrschung der Natur die vielfältigsten Wünsche zu befriedigen trachtet. Statt diese zu begrenzen, ist sie im Gegenteil seit langem dazu übergegangen, im Interesse des Wirtschaftswachstums immer neue Wünsche zu erzeugen. Im Gegensatz dazu sind die hellenistischen Denker den alternativen Weg gegangen, nicht weil sie die Gefahren des neuzeitlichen Weges hätten voraussehen können, sondern sie haben den alternativen Weg von vornherein eingeschlagen, weil er der näher liegende und logischere ist, wie aus dem Folgenden deutlich werden wird.

Glück ist nach obiger Definition die Wirklichkeit der Güter, also die Erfüllung der Wünsche. Über die Zahl der erfüllten Wünsche ist in diesem Begriff nichts enthalten, ebenso wenig im Begriff des vollkommenen Glücks, der verlangt, dass *alle* Wünsche erfüllt sind; denn auch das indefinite „alle" enthält keinen Zahlbegriff. Jemand, der nur einen Wunsch hat, ist demnach, wenn er erfüllt ist, genauso glücklich zu nennen wie jemand, dessen hundert Wünsche erfüllt sind. Das gilt korrelativ ebenso für die Güter, weil diese nicht objektiv und unabhängig vorgegeben sind, sondern von den Wünschen geschaffen werden. Jemand, der von seinen hundert Gütern umgeben ist, ist um nichts glücklicher als jemand, für den es nur eine einzige Sache gibt, die er für gut hält und die ihm zuteil wurde; denn die vielen Güter des anderen sind ihm gänzlich gleichgültig und berühren sein Glück in keiner Weise. Man kann daher das Glück nicht direkt quantifizieren. Das gelingt nur auf dem Umweg über das Unglück, die unerfüllten Wünsche. Wenn jemand mehr unerfüllte Wünsche hat als ein anderer, dann ist er weiter vom vollkommenen Glück entfernt und in diesem Sinne weniger glücklich zu nennen als der andere, ganz gleich, wie viel erfüllte Wünsche jeder haben mag. Für die Beheizung eines Raumes ist es gleichgültig, wie viele Fenster geschlossen sind, nicht aber, wie viele offen stehen. Wenn wir gesagt haben, dass jede Erfüllung eines Wunsches das Glück mehrt, so war das in diesem Sinne zu verstehen, dass sie das Unglück mindert. Ein höherer Grad des Glücks ist nichts anderes als ein geringerer Grad des Unglücks.

Das bedeutet jedoch keineswegs, dass ein negativer Glücksbegriff vorläge. Man kann nicht etwa im Gefolge Epikurs Glück mit Freisein von Unglück gleichsetzen. Das Letztere würde bedeuten, dass man keine unerfüllten Wünsche hätte, und das würde auch auf jemanden zutreffen, der überhaupt keine Wünsche, weder erfüllte noch unerfüllte, hätte. Einen solchen könnte man indessen nach unserem Begriff nicht glücklich nennen, weil Glück danach per definitionem erfüllte Wünsche verlangt. Wohl aber darf man, wenn man sich negativ ausdrücken will, das Glück in das Vermeiden der Übel setzen, weil diese auf negativen Wünschen beruhen, sodass die Vermeidung eines Übels die Erfüllung eines Wunsches ist. Hingegen kann man wiederum nicht im Anschluss an Schopenhauer im Unglück das Positive, das unmittelbar Empfundene erblicken. Dann müssten uns die Wünsche ursprünglich immer als unerfüllte gegeben sein und das Glück bezöge seinen positiven Charakter nur daraus, dass es Befreiung vom Unglück wäre. Eine solche Auffassung ist mit unserem Glücksbegriff keineswegs verknüpft. Es ist durchaus denkbar, dass jemand von der Wiege bis zur Bahre ein vollkommen glückliches Leben führt, dass er nie einen einzigen unerfüllten Wunsch hegt. Zwar ist dies durch die empirischen Bedingungen ausgeschlossen, der Betreffende dürfte ja niemals den Wunsch zu essen oder zu trinken oder zu lieben haben. Aber theoretisch ist ein vollkommen glückliches Leben mit unserem Glücksbegriff durchaus vereinbar und führt zu keinem Widerspruch. Wenn das Glück in der Wirklichkeit der Güter, der Erfüllung (im Sinne von Erfülltsein) der Wünsche besteht, dann ist darin nirgendwo enthalten, dass die Wünsche vorher unerfüllt gewesen sein müssen. Viele Leute verstehen allerdings unter Wunsch etwas, das sich stets auf Nichtwirkliches bezieht, sodass ein Wunsch, wenn er erfüllt wird, aufhört zu bestehen. Das ist indessen, wie wir gesehen haben, ein zu enger Begriff. Wir haben Wünschen als Vorziehen der Wirklichkeit vor der Nichtwirklichkeit bestimmt und das kann sich auf Wirkliches wie auf Nichtwirkliches beziehen.

Eine andere Frage freilich ist, ob ein vollkommen glückliches Leben mit dem Begriff eines zwecktätigen Wesens vereinbar wäre. Dass es unserem Glücksbegriff nicht widerspricht, haben wir gesehen. Aber wie steht es mit der Zwecktätigkeit? Jemand könnte argumentieren: Die Wünsche sollen durch Gewichtung der Handlungsmöglichkeiten die Zwecksetzung ermöglichen. Zwecke aber richten sich nur auf Nichtwirkliches. Also können erfüllte Wünsche ihre Funktion nicht erfüllen. Das hätte zur Konsequenz, dass ein vollkommen glückliches Leben ohne offene Wünsche für ein zwecktätiges Wesen grundsätzlich unerreichbar wäre. Allein das Argument würde übersehen, dass nicht jedes Wollen von einem Wünschen abhängt, zum Beispiel der Wille zum Recht und das Streben nach Glück nicht, weil beide in unserer Zwecktätigkeit begründet liegen. Auch das Wollen der Mittel folgt im Allgemeinen nicht den Wünschen, sondern ist an Gesetzmäßigkeiten anderer Art gebunden. Nehmen wir also jemanden, der vollkommen glücklich ist und keine offenen Wünsche hat. Er wäre durchaus nicht handlungsunfähig. Denn das Streben nach Glück besteht nicht nur darin, offene Wünsche zu befriedigen, sondern ebenso sehr darin, befriedigte so zu erhalten. Der Kranke muss sehen, gesund zu werden, der Gesunde darauf achten, nicht krank zu werden. Es ist also keineswegs so, dass ein vollkommenes Glück Zwecktätigkeit ausschlösse, weil die Annahme eines „wunschlos Glücklichen" in den Widerspruch führte, dass er einerseits nicht nicht handeln, andererseits nicht handeln könnte. Er hätte mit der Bewahrung des Glücks, der Erhaltung der Güter genug zu tun, wobei die Wahl der Mittel zu diesem Zweck von den Wünschen unabhängig geschähe. Wir können die Sache noch auf die Spitze treiben und uns einen Menschen denken, der in ein Schlaraffenland geboren wird, in dem für die Bewahrung seines Glücks in einer Weise vorgesorgt ist, dass ihm selbst nichts mehr zu tun übrig bleibt. Auch dieser Schlaraffe wäre handlungsfähig, indem er die Hände in den Schoß legte und sein Glück genösse und wartete, dass ihm die gebratenen Tauben in den Mund flögen. Diese Untätigkeit, der absolute Verzicht auf jede freiwillige körperliche oder geistige Tätigkeit wäre nicht das unmögliche Nichthandeln, sondern sein Beitrag zur Wahrung seines Glücks. Da für alles restlos vorgesorgt wäre, wäre es am zweckdienlichsten, das Geschehen nicht zu stören. Obwohl untätig, handelte er dennoch, weil er die Untätigkeit als Mittel zum Glück selbst wollte. Ich darf noch einmal daran erinnern, dass diese Überlegungen nichts mit der Realität zu tun haben. Sie stellen ein rein akademisches Gedankenspiel dar, das nur der Klärung der Begriffe dient.

Der Anlass, mich mit dem vollkommenen Glück zu beschäftigen, war die Begründung meiner Behauptung, dass die alternative hellenistische Glücksstrategie die näher liegende und logischere sei. Nach den obigen Ausführungen müsste das eigentlich jedem einleuchten. Oberstes Ziel des Glücksstrebens muss in jedem Fall sein, möglichst nur solche Wünsche zu entwickeln, deren Erfüllung gesichert ist, weil nur so auch das Glück gesichert ist. Es ist also nicht zweckmässig, den Wünschen freien Lauf zu lassen, sondern wir sollten uns nach der Formel richten: Damit wir bekommen, was wir wünschen, müssen wir wünschen, was wir bekommen. Angewendet auf unser eigenes zwecktätiges Glücksbemühen ergibt das, dass wir uns nur das zum Zweck nehmen sollten, von dem wir sicher sind, dass wir es durch unser eigenes Handeln verwirklichen können: Damit wir können, was wir wollen, müssen wir wollen, was wir können. Diese Übereinstimmung von Wollen und Können ist offenbar das, was auch der Stoa-Gründer Zenon von Kition meinte, wenn er „einstimmig leben" als das Telos nannte. Jedenfalls halte ich das für die plausibelste Deutung.[50]

Die Frage ist nun: Wie lässt sich diese Einstimmigkeit am leichtesten und sichersten herstellen? Auf unser Können dürfen wir nie restlos vertrauen. Denn das Erfülltwerden und das Erfülltbleiben von Wünschen bzw. der Erwerb und der Erhalt von Gütern sind an empirische Gesetzmässigkeiten gebunden, sodass wir uns ihrer nie a priori sicher sein können. Andererseits ist die Zahl der befriedigten Wünsche für den Grad des Glücks völlig unerheblich, nicht aber die Zahl der offenen. Folglich kann der sicherste Weg zum Glück nur sein, die Zahl der Wünsche überhaupt möglichst zu beschränken, möglichst wenige Wünsche überhaupt erst entstehen zu lassen. Jeder Wunsch mehr, er sei erfüllt oder nicht, kann das Glück nie mehren, immer aber gefährden, insofern seine Erfüllung nie absolut gesichert ist. Und selbst wenn es unverlierbare Güter, also Wünsche, deren Erfüllung unaufhebbar wäre, geben sollte, hätte das gegenüber ihrer Nichtexistenz keinerlei Vorteil. Denn im Hinblick auf das Glück ist ein nicht vorhandener Wunsch mindestens ebenso gut wie ein erfüllter, in aller Regel aber besser. Da man nun, wenn alle Wünsche fehlen, nicht von Glück sprechen kann, weil Glück Wunscherfüllung ist, so gilt, dass jeder zweite Wunsch nur die Unglückschancen verbessern kann, nie die des Glücks.

Wie man seine Wünsche reduzieren kann, ist zwar ebenfalls eine empirische Frage und somit mit den gleichen grundsätzlichen Unsicherheiten behaftet wie die Erfüllung der Wünsche. Doch man darf wohl annehmen, dass die Beherrschung des eigenen Bewusstseins wesentlich weniger Aufwand erfordert als die der gesamten Natur. Ein Blick auf asiatische Traditionen scheint das zu bestätigen. Da die Kulturwissenschaft derzeit so in Mode ist, schlage ich vor, ihr einen weiteren Zweig hinzuzufügen: die Wissenschaft von der Kultur der Wünsche. Unabhängig von deren Ergebnissen ergibt sich aus unseren Überlegungen jedoch eines mit Sicherheit: dass es absolut unsinnig ist, wenn man die Menschen glücklicher machen will, in ihnen neue Wünsche zu erwecken. Aber das geschieht ja auch nicht, um die Menschen glücklicher zu machen, sondern um das Wirtschaftswachstum zu fördern, das seinerseits allerdings dann das Glück der Menschen sichern soll. Ich frage daher: Wozu der Umweg? Dass solche Bedarfserweckung eher das Unglück als das Glück vermehrt, lässt sich leicht am Beispiel der Dritten Welt ersehen, deren Völker, wenn man den Berichten glauben darf, ein relativ glückliches Dasein genossen, ehe sie unser Bedarfsleben kennen lernten. Man sage mir nicht: Wenn unsere Urväter schon so gedacht hätten, säßen wir heute noch in deren Höhlen. Im Hinblick auf das Glück kann man darauf nur antworten: Na und? Wer würde sich trauen zu behaupten, dass die Urmenschen im Durchschnitt unglücklicher waren, als wir es sind? Er müsste denn zeigen, dass sie notwendig mehr ungestillte Wünsche hatten als wir. Das dürfte indessen kaum möglich sein. Die Erfahrung lehrt eher, dass steigende Zivilisation und steigender Wohlstand die unbefriedigten Bedürfnisse nicht vermindern, sondern nur verändern. Der Reiche hat zwar keinen Hunger, aber dafür Angst um sein Geld. Es ist zu vermuten, dass die Glücksbedrohung auf jeder Entwicklungsstufe gleich ist, weil jede neue Bedürfnisse schafft. Ob der Steinzeitmensch ein neues Steinbeil braucht oder der heutige eine neue Motorsäge, ist für das Glück gleichgültig. Zwar lässt sich mit der Motorsäge viel effektiver arbeiten, aber da der Steinzeitmensch das nicht weiß, weil er so etwas nicht kennt, ist er mit seinem Beil ebenso zufrieden wie der andere mit der Motorsäge. Jeder, der beruflich mit Schreiben zu tun hat, benutzt heute einen Computer. Jedoch noch vor dreißig Jahren hatte niemand den Wunsch nach einem solchen Gerät, weil er sich gar keine Vorstellung davon machen konnte. Es hat sogar den Anschein, dass die alternative Strategie der Wunschökonomie nicht nur der kürzere und sicherere Weg zum

Glück ist, sondern auch der einzig mögliche. Denn, wie sich herausstellt, zwingt auch der neuzeitliche Weg zu einer Wunschökonomie, weil er offenbar widerstreitende Wünsche erzeugt, von denen jeweils nur die einen befriedigt werden können, sodass die anderen unterdrückt werden müssen. So schaffen Kernkraftwerke zwar billige Energie, aber sie gefährden unsere Sicherheit, sodass zwischen dem Verlangen nach ausreichender Energie und dem nach Sicherheit entschieden werden muss. Ebenso gewährt die Züchtung neuer Arten zwar größere Erträge, aber diese Produkte schmecken nicht mehr usw.

Häufig hört man das Argument, dass ein Leben ohne offene Wünsche fade und langweilig sei; dass das wahrhaft glückliche Leben in einem Auf und Ab von Verlangen und Erfüllung, von Sicherheit und Risiko bestehe und dass das höchste Glück nicht im Erfüllt*sein* der Wünsche, sondern in ihrem Erfüllt*werden* liege. Am glücklichsten sei man, wenn einem der Lottogewinn mitgeteilt werde; nach zehn Jahren sei er schal geworden. Ich würde sagen, dass es sich hier um eine Geschmackssache handelt. Dass das Glück das Unglück, die ungestillten Wünsche nicht *voraussetzt*, habe ich bereits gezeigt. Wenn daher jemand das Auf und Ab des Lebens liebt, so ist das der besonderen Struktur seiner Wünsche zuzuschreiben. Sein oberster Wunsch, in dessen Erfüllung sein Glück liegt, ist eben, dass *nicht* immer alle Wünsche erfüllt sind. Wir haben schon erwähnt, dass man sich sogar als großer Scheiterer glücklich schätzen kann. Im Bereich des Wünschens ist eben alles möglich.

7. Glück als Hochgefühl

Diese Grundlegung ist nicht der geeignete Ort, um allen diesen Fragen genauer nachzugehen. Ich verschiebe die Beantwortung deshalb auf eine andere Gelegenheit. Eine Antwort auf die fünfte alte Frage sollten wir hier allerdings noch versuchen: was es mit dem Glücks*gefühl* auf sich hat. Wir haben zu Beginn dieses Kapitels gefunden, dass die erste Antwort, die man auf die Frage, was das Glück sei, erhält, in der Regel lautet, dass es eine Art Hochgefühl sei. Wegen der Schwierigkeiten dieses Begriffs haben wir uns dann nach einer Alternative umgesehen und sind auf den

Begriff des Glücks als Zufriedenheit, als Erfüllung der Wünsche gekommen. Wie aber verhalten sich diese beiden Glückbestimmungen zueinander?

Diese Frage hat die Philosophen seit Platon beschäftigt. Für die Griechen stellt sie sich in der Form, welche Rolle der Lust, der ἡδονή, beim Glücklichsein zuzuschreiben sei. Für die Hedonisten von Aristipp bis zu den Epikureern war dies kein Problem, weil für sie das Glück in der Lust bestand. Die Nichthedonisten haben sich dagegen mit der Frage herumgeschlagen. Es gibt nur wenige, die die Lust ganz aus dem Glück verbannt haben. In der Antike vor allem die Kyniker – von Antisthenes ist der Ausspruch überliefert, dass er lieber wahnsinnig wäre als Lust zu empfinden[51] – und die Stoiker, für die die Lust ein Affekt und damit eine Glücksbedrohung war, eine Lehre, die allerdings die größte Schwachstelle ihrer Ethik war und schließlich dazu geführt hat, dass nicht einmal ihre bedeutendsten Köpfe sich für Weise hielten.[52] Platon hingegen, obwohl er in der Entwicklung seines Denkens immer lustfeindlicher wurde, wagte nicht, die Lust ganz zu ächten. Aber er suchte ihre Rolle so gering wie möglich anzusetzen. In seinem Spätdialog „Philebos" lässt er nur die reinen (ästhetischen) Lüste zu und auch sie nur an fünfter und letzter Stelle unter den Glücksgütern. Auch in Aristoteles' Glücksbegriff ist die Lust eigentlich nicht enthalten. Aber auch er möchte nicht auf sie verzichten und nennt sie eine „hinzutretende Vollendung, so wie in der Blüte der Jahre sich die Schönheit einstellt"[53]. Nach der Antike verlor das Problem an Brisanz, weil das Interesse am entleerten Glücksbegriff überhaupt zurückging.

Für die Griechen ist die Lust ein πάθος, eine sinnliche Empfindung, und zwar diejenige, die sich dadurch von allen anderen Empfindungen unterscheidet, dass sie einen positiven Wert trägt. Alles, was wir sinnlich als positiv empfinden, ist Lust; was wir sinnlich als negativ empfinden, ist Unlust. Das gängige antike Modell zur Erklärung der Lust macht sie zu einem Übergangsphänomen, das dann auftritt, wenn wir aus einem widernatürlichen Zustand des Mangels, wie er durch die Unlustgefühle (zum Beispiel des Hungers oder Durstes) angezeigt wird, in den natürlichen Zustand des „Angefülltseins" (im Beispiel durch Essen oder Trinken) zurückkehren. Das Gefühl dieses Übergangs ist die Lust und das erklärt zugleich ihren positiven Charakter; denn der

Zustand des „Angefülltseins" ist der gesollte, natürliche Zustand, während die Unlust negativ besetzt ist, da der Zustand des Mangels widernatürlich ist. Entscheidend für unseren Zusammenhang ist, dass die Lust als eine selbständige, für sich identifizierbare Grundgegebenheit angesehen wird, eine Empfindung sui generis, die ich jederzeit für sich allein von anderen unterscheiden kann, wie etwa eine Rotempfindung. In dieser Bedeutung hat sich der Lustbegriff in der philosophischen Diskussion nahezu unverändert bis in unser Jahrhundert erhalten. Für Kant zum Beispiel ist Lust, nicht anders als etwa für John Stuart Mill, ein Gefühl eigener Art, eine menschliche Grundgegebenheit. Die Philosophen sind also auf diesem Gebiet ziemlich faul gewesen und haben nicht viel am Lustbegriff gearbeitet, obwohl er in der Geschichte der Philosophie in verschiedenen Zusammenhängen eine wesentliche Rolle gespielt hat.

Auch Max Scheler hält am alten Begriff fest, aber er weist darauf hin, dass die Menschen, wenn sie nach Lust strebten, es nicht wegen der besonderen Eigenarten dieses Gefühls täten, sondern weil es ein Wert sei.[54] Er schreibt diese Erkenntnis bereits Aristipp zu; ich meine indessen, dass sie eher in der Konsequenz des epikureischen Denkens liegt. Erst J. C. B. Gosling geht der Frage nach, ob Lust überhaupt ein identisches Gefühl bezeichnet. Er tut es mit sprachanalytischen Mitteln, indem er den Gebrauch des Wortes „Lust" untersucht und ihn mit dem Gebrauch anderer Ausdrücke für Gefühle wie „Kopfweh", „Nadelstiche", „Kribbeln im Bauch" u.ä. vergleicht. Er kommt zu dem Schluss, dass Lust kein Gefühl bezeichne; denn während bei den anderen Gefühlsausdrücken sich die Art des Gefühls und die Gelegenheit seines Auftretens stets genau angeben ließen, sei dies bei der Lust nicht der Fall; jeder könne von beliebigen Dingen unwidersprochen behaupten, dass er bei ihnen Lust empfinde. Also könne Lust nicht wie ein Gefühl behandelt werden.[55] Dieses Ergebnis gilt zwar unmittelbar nur für den Gebrauch des Wortes „pleasure" im Englischen, aber da dasselbe in etwa auch auf die entsprechenden Ausdrücke in den anderen mir bekannten Sprachen zutrifft, dürfte es sich hier nicht um ein rein sprachliches, sondern ein begriffliches Problem handeln. Es steht zu befürchten, dass die Griechen uns hier einen Begriff hinterlassen haben, dem in der Realität nichts entspricht. Das zu entscheiden ist natürlich eine Aufgabe der empirischen Forschung. Aber schon der Laie muss sich doch fragen, ob jemand, der mit Lust die Traviata hört, dann mit Lust ein Dutzend Austern schlürft und schließlich mit Lust seiner Begleiterin beischläft, jedes Mal ein identisches Gefühl empfindet. Oder selbst im Bereich desselben Sinnes: Empfinden wir genau dasselbe, wenn wir mit Lust einen Steinbutt und wenn wir mit Lust ein Rebhuhn genießen? Am Ende bleibt, wenn man die vielen Verwendungen des Lustbegriffes betrachtet, als Identisches nicht mehr als die Positivität, d.h. dass er jeden beliebigen Bewusstseinsinhalt bezeichnet, wenn wir ihn für gut halten.

Wenn es heißt, dass zum Glück ein positives Gefühl gehöre, dann hilft es demnach nicht weiter, wenn man es Lust nennt; denn dieser Begriff ist so inhaltsarm, dass er nicht einmal enthält, dass es sich um ein Gefühl handeln muss. Man müsste nach einem spezifischen Glücksgefühl fahnden, was wiederum Sache der empirischen Forschung wäre. Diese scheint sich der Aufgabe inzwischen auch anzunehmen. So kommt der Psychologe M. Csikszentmihalyi zu dem Ergebnis, dass der Glückszustand am häufigsten mit dem Gefühl eines „Fließens" umschrieben werde. Quelle des Unglücks ist für Csikszentmihalyi „Unordnung im Bewusstsein". Dementsprechend besteht das Glück in der „Ordnung im Bewusstsein", der „Harmonie" und dieser Zustand werde meist als ein Fließen (flow) empfunden.[56] Ohne mir Kritik an den empirischen Methoden anmaßen zu wollen, habe ich doch kleine Bedenken, ob das Ergebnis ganz ohne begriffliche Vorgaben zu Stande gekommen ist, und zwar deshalb, weil es direkt aus einem stoischen Lehrbuch stammen könnte. Auch die Stoiker bestimmen das Glück als „Wohlfluss des Lebens" und meinen damit im Wesentlichen dasselbe wie Csikszentmihalyi, nämlich ein affektfreies, „einstimmiges Leben" in innerer Ausgeglichenheit und Harmonie.[57] Diese Übereinstimmung der Thesen könnte man als eine Bestätigung ansehen, doch die stoische Auffassung ist mit Sicherheit kein Ergebnis empirischer Untersuchungen, sondern ergibt sich aus dem hellenistischen Denkansatz und so könnte es sein, dass in Csikszentmihalyis Untersuchungen die Tradition die Blicke etwas gelenkt hat.

Wie dem auch sei und wie immer ein eventuelles spezifisches Glücksgefühl inhaltlich zu charakterisieren wäre und bei welcher

Gelegenheit es aufträte: dass es ein *Glücks*gefühl genannt wird, liegt daran, dass ihm ein überaus positiver Charakter zugeschrieben wird. Das aber bedeutet, dass es Gegenstand eines Wünschens ist, das ja der Quell all unserer Wertungen ist. Damit fiele seine Wirklichkeit unter den Glücksbegriff der Zufriedenheit, der Wunscherfüllung, denn es heißt Glücksgefühl, weil es positiv bewertet wird, und es wird positiv bewertet, weil es einen Wunsch erfüllt. Demnach ist Glück immer nur Wunscherfüllung, auch wenn es als Hochgefühl beschrieben wird, weil es auch dann nur eine Art der Wunscherfüllung ist. So ließe sich auch die Behauptung jenes hypothetischen Sonderlings erklären, er sei nicht glücklich, obwohl er alles habe, was er sich wünsche. Es könnte ja sein, dass er jenes Hochgefühl vermisste, das sich bei ihm aus welchen empirischen Ursachen immer nicht einstellte, sodass ein wesentlicher Wunsch nicht erfüllt wäre. Auch die These, dass das Hochgefühl nicht nur einen Teil, sondern das ganze Glück ausmache, sodass das Ziel unseres Glückstrebens nur dieses Gefühl sei, wäre zulässig. Sie würde besagen, dass wir de facto nur den einen Wunsch nach diesem Hochgefühl hätten, das damit das einzige Gut wäre, sodass all unser Tun nur Mittel wäre, dieses Gefühl zu erlangen und zu erhalten. Es wäre die traditionelle These des Hedonismus, die zwar sehr unwahrscheinlich, aber durch unseren Glücksbegriff keineswegs ausgeschlossen ist.

Glück ist also nie etwas anderes als die Erfüllung der Wünsche und das Verhältnis der beiden Bestimmungen des Glücks als Wunscherfüllung und als Hochgefühl, nach dem wir gefragt haben, ist eines der begrifflichen Unterordnung des Hochgefühls unter die Wunscherfüllung; denn das Gefühl nennen wir nur deshalb ein *Glücks*gefühl, weil es einen Wunsch erfüllt. Dieser Glücksbegriff ist, ähnlich wie der Begriff der Moralität, insofern empirisch, als ich behaupte, dass er mit dem gängigen Glücksbegriff übereinstimmt. Ich habe erwähnt, dass das Hochgefühl den gängigen Begriff nicht auszufüllen scheint, sondern bei näherem Nachfragen auch der Begriff der Zufriedenheit hinzukommt. Beide Begriffe stehen jedoch in einem Subsumptionsverhältnis, sodass sich ein einheitlicher Begriff ergibt: der der Erfüllung der Wünsche. Dass dies auch den tatsächlichen Vorstellungen der Menschen entspricht, ist natürlich grundsätzlich empirisch widerlegbar. Fest steht a priori nur, dass wir danach streben, unsere

Wünsche zu befriedigen. Ob der Erfolg dann das ist, was gemeinhin Glück genannt wird, mag vorerst jeder für sich selbst entscheiden.

VI. Freiheit

Wir haben an wesentlichen Punkten unserer Argumentation vorausgesetzt, dass der Mensch in seinem Wollen frei ist. Diese Voraussetzung harrt noch der Erläuterung. Das Problem der Willensfreiheit zu lösen ist eigentlich Sache der Metaphysik. Aber da die Metaphysiker bisher keine überzeugende Lösung vorlegen konnten, sehen sich auch die Ethiker genötigt, sich immer wieder mit dem Problem auseinander zu setzen. Denn alle Ethik setzt Willensfreiheit voraus, ohne sie brauchten wir uns über Normen keine Gedanken zu machen, weil es sinnlos wäre, auf determinierte Naturprozesse Normen anzuwenden. Durch die Ethik erhält das Problem auch seine Dringlichkeit. Wäre es ein rein metaphysisches Problem, könnte man die Lösung auch bis auf weiteres vor sich herschieben. Das Handeln jedoch gestattet keinen endlosen Aufschub.

Dass die Willensfreiheit ein Problem darstellt, ist, wie die Privatisierung des Glücks, ein Erbe der hellenistischen Philosophie. Aristoteles behandelt zwar das Problem der Freiwilligkeit von Handlungen, aber ihm geht es vor allem um besondere Fälle der Unzurechnungsfähigkeit. Die Frage, ob der Mensch *überhaupt* frei oder in all seinem Wollen vollständig determiniert sei, kommt ihm nie in den Sinn. Diese stellte sich erst den hellenistischen Denkern als Folge ihres individualistischen Grundansatzes, der einerseits verlangte, dass der Mensch sich seine Zwecke selbst frei setzte, andererseits aber forderte, dass die gesamte Natur einschließlich des Menschen deterministisch bestimmt war.[58] Deswegen waren die Hellenisten als Erste gezwungen, sich mit einem Problem zu beschäftigen, das uns bis heute nicht losgelassen und das sich im Laufe der Geschichte noch erheblich verschärft hat. Denn während der Begriff der Willensfreiheit den Hellenisten weniger Kopfzerbrechen bereitete, sondern sie sich in erster Linie mühten, ihre Existenz zu retten, wurde später schon der Begriff immer zweifelhafter, sodass es immer schwieriger wurde anzugeben, was man meinte, wenn man von der Freiheit des Willens sprach, und was man genau suchte, wenn man fragte, ob es sie gab. Da das Problem demnach zwei Seiten hat, werde ich zuerst versuchen, den Begriff zu klären, um dann zu zeigen, wieweit wir berechtigt sind, den Menschen als wirklich frei anzusehen. Dabei geht es mir nicht um das metaphysische Problem, sondern um das ethische, d.h. um die Fragen, welchen Freiheitsbegriff unsere Praxis erfordert und ob wir den Menschen in der Praxis als frei *behandeln* dürfen.

1. Der Begriff der Willensfreiheit

a) Negativer und positiver Begriff

Bereits in der Antike gibt es den negativen und einen positiven Begriff. Der negative Begriff besagt, dass wir zu unserem Handeln nicht durch voraufgehende Ursachen vollständig determiniert sind. In diesem Sinne erklärt Epikur Freiheit als *ursachlose* Abweichung der Atome von ihrer gesetzlichen Bahn. Wenn man den Implikationen des negativen Begriffs nachgeht, ergibt sich, wie schon in Kapitel I gezeigt, Folgendes: Dass jemand in seinem Handeln nicht determiniert ist, bedeutet, dass er so oder anders handeln könnte. Das wiederum heißt, dass er zwischen mehreren Alternativen eine Entscheidung treffen muss. Deswegen wurde das Problem im Mittelalter unter dem Begriff des liberum arbitrium verhandelt. Wenn diese Entscheidung ihrerseits nicht determiniert sein soll, dann müssen die Alternativen als absolut gleichrangig angesehen werden. Daher Molinas Begriff der libertas indifferentiae.

Dieser Begriff ist mit nicht geringen Schwierigkeiten belastet. Schon die Stoiker haben (dem Sinne nach) argumentiert: Wenn die Alternativen absolut gleichrangig sind, dann gibt es für den Handelnden keinerlei Grund, die eine eher zu wählen als die andere. Da er sich aber entscheiden *muss*, weil er nicht nicht handeln kann, so muss seine Entscheidung, wenn sie frei sein soll, als vollkommen zufällig betrachtet werden. Dann jedoch kann der Freiheitsbegriff seine wichtigste Funktion nicht erfüllen, nämlich die Zurechenbarkeit der Handlungen zu ermöglichen, sodass die Handelnden für ihr Tun zur Rechenschaft gezogen werden können. Denn wenn die Entscheidung vollkommen zufällig geschieht, dann hat sie, weil sie gar keinen Grund hat, auch keinen irgendwie gearteten Grund im Handelnden, weder in seinem Wollen noch in seinem Denken noch in seinem Charakter noch sonst wie, sodass er für sein Handeln auch nicht verantwortlich gemacht werden kann. Für die Praxis hätte die Annahme der Freiheit also keinen Vorteil gegenüber dem Determinismus. Man kann das Argument auch so wenden, dass es direkt in den Determinismus führt: Wenn im Handelnden kein Grund für sein Verhalten zu finden ist, dann muss der Grund außerhalb zu suchen sein, also ist er fremdbestimmt, also determiniert.

Ein anderes Argument gegen den negativen Freiheitsbegriff, das, wenn ich mich richtig erinnere, aus der Scholastik stammt, lässt sich so formulieren: Dem Nichtdeterminierten stehen die Handlungsmöglichkeiten A und Nicht-A offen. Das ergibt vier Entscheidungsmöglichkeiten. Entweder er will beide Handlungsmöglichkeiten oder die eine oder die andere oder keine von beiden. Keine der Möglichkeiten ist mit einem freien Willen vereinbar. Also führt der negative Freiheitsbegriff in den Widersinn. Beide Handlungsmöglichkeiten kann der Nichtdeterminierte nicht wollen, weil sie einander ausschließen. Will er die eine, ist er nicht frei, weil er dann die andere nicht wollen kann, und umgekehrt. Will er keine von beiden, hat er gar keinen Willen, also auch keinen freien; anders ausgedrückt: Da ein zwecktätiges Wesen nicht nicht handeln, nicht nicht wollen kann, ist das Nichtwollen von A und Nicht-A nur denkbar bei einem Wesen, das nicht zwecktätig ist, das keinen Willen hat.

Wegen solcher Schwierigkeiten haben schon die Stoiker einen positiven Freiheitsbegriff gewählt. Für sie ist eine Handlung dann frei, wenn es „an uns" (ἐφ' ἡμῖν) liegt, dass wir sie ausführen. Beispiel ist die Walze, die den Berg herabrollt: Der Anstoß kommt von außen; dass sie dann aber rollt, liegt an ihr, nämlich ihrer Rundung. Es ist klar, dass das keine befriedigende Lösung ist. Eine solche konnte man indessen auch nicht erwarten, da die Auseinandersetzung mit dem Freiheitsproblem erst ganz am Anfang stand. Den berühmtesten positiven Freiheitsbegriff hat sicher Kant geprägt, für den Freiheit im positiven Verstande die Autonomie, die Selbstgesetzgebung der Vernunft ist. Eine ausführliche Auseinandersetzung mit diesem Begriff würde hier zu weit führen. Deshalb merke ich nur an, dass mir der Begriff wieder auf den stoischen zurückzuführen scheint. Da die Autonomie Freiheit erklären soll, muss man fragen, ob die Vernunft sich das Gesetz, das sie sich gibt, frei wählen kann; ob sie sich auch ein anderes als das Sittengesetz geben könnte. Wenn ja, wäre man wieder beim negativen Begriff. Kann die Vernunft sich jedoch nur das eine Gesetz geben (so wie es Kant sieht), dann bedeutet ihre Selbstgesetzgebung nichts anderes, als dass es zwar „an ihr selbst" liegt, dass sie sich das Sittengesetz gibt, aber das Selbst, an dem es liegt, ist ihre Natur, durch die sie zu diesem Gesetz determiniert ist. Mit diesem Begriff kann man auch die stoische Walze frei nennen. Bei Kant ist dieser einfache Sachverhalt verschleiert dadurch, dass er einerseits Vernunft und Sinnlichkeit gegeneinander stellt und Freiheit im Wesentlichen so versteht, dass der Wille nicht durch die sinnlichen Neigungen determiniert ist, und dass er andererseits die Vernunft am Intelligiblen teilhaben lässt, von dem wir nichts erkennen.

Ich meine, dass der negative der einzig mögliche Freiheitsbegriff ist. Selbst Nicolai Hartmann, der Freiheit zunächst nicht durch einen Mangel, sondern gerade durch ein Plus an Determination zu erklären sucht, muss schließlich eingestehen, dass der negative Begriff unverzichtbar ist, und lässt positive und negative Freiheit einander wechselseitig bedingen.[59] Nur die Annahme, dass wir in unserem Verhalten nicht vollständig determiniert sind, durch welche Gesetzmäßigkeiten immer, kann es sinnvoll erscheinen lassen, dass wir Normen anwenden, dass wir Imperative gebrauchen, Bitten aussprechen, dass wir uns für unser Tun verantwortlich machen, dass die Philosophen sich mit Ethik beschäftigen. Der größte Teil unseres praktischen Lebens setzt den negativen Freiheitsbegriff voraus. Wäre Freiheit dagegen bloß eine Unterart der Determination, würde das alles zu einem reinen Blendwerk, das wir allerdings nicht vermeiden könnten, weil wir zu ihm ebenfalls determiniert wären. Eine Bitte im üblichen Sinn (also nicht als Ursache verstanden) wäre, wie wenn man einen Automaten, statt eine Münze einzuwerfen, bäte, den Inhalt herauszugeben. Die Suche nach einem positiven Freiheitsbegriff scheint mir daher weniger dringlich als das Bemühen, die Schwierigkeiten des negativen Begriffs auszuräumen. Das möchte ich im Folgenden versuchen.

b) Freiheit als Möglichkeit, die Maximen zu ändern

Wesentliches habe ich schon in Kapitel I gesagt, sodass ich es nur in Erinnerung rufen muss. Der negative Freiheitsbegriff führt auf die Notwendigkeit einer Entscheidung zwischen absolut gleichrangigen Handlungsalternativen. Die Gleichrangigkeit bedeutet, dass der Handelnde keine der Alternativen unmittelbar will. Also ist die Entscheidung nur so möglich, dass er eine der Alternativen mittelbar will, indem er sie unter eine seiner bereits akzeptierten Maximen bringt. Die Entscheidung ist demnach ein Schluss und insofern freilich durch die Logik determiniert. Es steht dem Handelnden nicht frei zu entscheiden: Ich will jeden Sonntag spazieren gehen, heute ist Sonntag, *also* will ich *nicht* spazieren gehen. Die Freiheit besteht jedoch darin, dass die determinierende Maxime selbst jederzeit in Frage gestellt werden kann. Der Handelnde ist nicht determiniert, jeden Sonntag spazieren zu gehen. Er hat es irgendwann beschlossen, kann sich aber jederzeit fragen, ob er dabei bleiben will, zum Beispiel auch bei Regen. So kann er an einem Regensonntag trotz seiner Maxime aus Gesundheitsgründen zu der Entscheidung gelangen, nicht spazieren zu gehen, indem er mit Hilfe seiner für ihn höheren Maxime, auf die Gesundheit zu achten, die alte Maxime verwirft. Auch die Gesundheitsmaxime kann er natürlich jederzeit in Frage stellen und eventuell mit Hilfe anderer Maximen aufheben, sodass er am nächsten Regensonntag doch wieder losgeht, usw. Dabei spielt es keine Rolle, ob das Infragestellen tatsächlich irgendwann geschieht. Auch jemand, dem nie in seinem Leben an irgendeiner seiner Maximen Zweifel kommen (und manchmal hat man den Eindruck, dass das auf gar nicht so wenige zutrifft), ist dennoch frei zu nennen, weil er sie jederzeit in Zweifel ziehen und ändern *könnte*. In dieser stets gegebenen *Möglichkeit*, seine *Maximen* zu ändern, besteht die Freiheit.

Dieser Begriff führt nicht in die genannten Schwierigkeiten. Der Handelnde ist nicht determiniert, weil er sich durch Änderung seiner Maxime auch anders verhalten könnte. Trotzdem sind seine Handlungen nicht grundlos und zufällig. Denn sie haben ihren Grund in seinen Maximen, also Grundsätzen, denen er selbst folgen will. Und da dieses Wollen, weil änderbar, nicht notwendig, sondern frei ist, kann er für sein Tun voll verantwortlich gemacht werden. Nichtdeterminiertsein heißt also nach unserem Begriff nicht grundloser Zufall und Unzurechnungsfähigkeit, sondern unser Begriff macht verständlich, wie indeterminiertes Handeln dennoch wohl begründet und voll zurechenbar genannt werden kann.

Auch der Widersinn, dass der Nichtdeterminierte weder A und Nicht-A noch eines von beiden noch keines von beiden wollen kann, wird durch unseren Begriff vermieden. Die Aporie tritt auf, wenn man das Wollen als einen unmittelbaren Akt auffasst. Unmittelbar will der Nichtdeterminierte freilich keine der Alternativen, weil ihm dann die andere nicht offen stünde. Mittelbar jedoch will er die eine oder die andere, weil sie unter eine seiner Maximen fällt, die er will; denn irgendeine Maxime ist immer anwendbar und sei es schließlich der Vorsatz, die Würfel sprechen zu lassen. Man muss also dem Nichtdeterminierten keineswegs das Wollen absprechen, sondern nur das unmittelbare Wollen.

Das freie Wollen ist in der Tat nie unmittelbar. Das mag auf die Wünsche zutreffen, aber das Wollen, sofern es als frei gedacht werden soll, ist immer nur mittelbar. Man will etwas nur, weil man etwas anderes will, das man selbst wieder wegen eines anderen will, usw. Dabei darf man die Mittelbarkeit durchaus wörtlich nehmen, denn das mittelbare Wollen ist das Wollen der Mittel zum Zweck. Da wir „wollen" mit „zum Zweck haben" definiert haben, kann mittelbares Wollen nur Wollen der Mittel zum Zweck sein und da der Zweck wieder nur als Mittel zu einem anderen Zweck gewollt wird, ist alles Wollen immer Wollen von Mitteln zu Zwecken. Auch wo es nicht den Anschein hat, wie bei unserem Beispiel vom sonntäglichen Spaziergänger. Wenn er schließt „Ich will jeden Sonntag spazieren gehen, heute ist Sonntag, also will ich spazieren gehen", so wird man dies für ein einfaches Subsumsionsverhältnis und nicht für eine Zweck-Mittel-Relation halten und in der theoretischen Erkenntnis wäre es auch so. Im Praktischen aber liegen die Dinge anders. Das Wollen des Zwecks impliziert nur das Wollen der Mittel. Der Schluss des Spaziergängers muss also genau lauten „Mein Zweck ist der allsonntägliche Spaziergang, das notwendige Mittel dazu ist der Spaziergang am heutigen Sonntag, also gehe ich los". Wenn jemand alle Bücher ins Regal ordnen will, so ist das Einordnen jedes einzelnen Bandes das notwendige Mittel, um das Ziel zu erreichen. Dass analytische Verhältnisse im Praktischen als Zweck-Mittel-Relationen aufgefasst werden, entspricht auch durchaus dem Alltagsverständnis. Es findet ja niemand etwas dabei, wenn es heißt, um Junggeselle zu bleiben, dürfe man nicht heiraten oder wenn eine Politikerin verkündet, wer die Liberalen im Parlament haben möchte, müsse die Liberalen wählen. Da all unser Wollen demnach ein Wollen von Mitteln zu Zwecken ist, haben unsere Maximen als allgemeine Grundsätze dem Sinne nach immer die Form „Ich will alle notwendigen Mittel zu diesem Zweck ergreifen" und all unsere Entscheidungen haben die Form „Dies ist ein notwendiges Mittel, also ergreife ich es". Das Wollen einer Sache impliziert immer einen Schluss und insofern waren die Stoiker auf dem richtigen Weg, wenn sie die Freiheit in die Entscheidung der Vernunft legten, und ebenso Kant, wenn er den Willen mit der praktischen Vernunft selbst identifizierte.

Wo aber, wird man fragen, bleibt die Freiheit? Die Mittelbarkeit des Wollens kann sie wohl kaum erklären. Ein Determinist könnte argumentieren: Wenn unsere Entscheidungen Schlüsse aus Maximen sind, so sind sie durch die Maximen determiniert. Zwar heißt es, die Freiheit liege in der Möglichkeit, die Maximen zu ändern, jedoch soll die Änderung selbst wieder nur durch eine Entscheidung auf Grund einer anderen Maxime möglich sein. Folglich ist unser Handeln durch unsere Maximen vollständig determiniert und wenn man alle Maximen eines Menschen zur Gänze erfassen könnte, könnte man mit Sicherheit vorhersagen, wie er sich in einer beliebigen Situation verhalten wird. Hierauf ist zu erwidern, dass die Mittelbarkeit des Wollens zwar die Freiheit noch nicht erklärt, wohl aber die Voraussetzungen dafür schafft. Zum einen verhindert sie, dass man dem Nichtdeterminierten, weil er unmittelbar nichts will, das Wollen überhaupt absprechen muss. Zum anderen ermöglicht sie, dass die Maximen als bis ins Unendliche änderbar gedacht werden können; denn wenn nichts an sich, um seiner selbst willen, gewollt wird, sondern alles immer nur um etwas anderen willen, dann ist kein Widerspruch darin, von jeder beliebigen Maxime anzunehmen, dass jemand, der sie heute will, sie morgen, unter anderen Umständen, nicht mehr will. Und schließlich ist nur durch seine Mittelbarkeit die Änderung des Wollens selbst denkbar. Ein einzelner Willensentschluss ist unabänderbar. Wenn ich das Fenster geschlossen habe, dann ist daran nichts mehr zu ändern. Ich kann es höchstens mit einem neuen Entschluss wieder öffnen. Ein allgemeiner Grundsatz dagegen, durch den das mittelbare Wollen geschieht, etwa die Maxime, immer auf geschlossene Fenster zu achten, erschöpft sich nicht mit einer einmaligen Handlung, sondern erstreckt sich in die Zukunft und deshalb lässt er sich verändern, zum Beispiel nach dem ersten Erstickungsanfall zu der Maxime, bei allzu dicker Luft fünf Minuten Durchzug zu veranstalten.

Hier anknüpfend lässt sich die Freiheit erklären. Denn die geänderte Maxime, die das Öffnen der Fenster bewirkt, ist zum Zeitpunkt des Erstickungsanfalls noch gar nicht gegeben, sondern wird erst danach geschaffen. Folglich ist die Reaktion auf den Anfall, das Öffnen der Fenster, nicht determiniert und nicht vorhersehbar. Denn bei einem determinierten Ereignis müssen alle determinierenden Bedingungen vorher vollständig gegeben sein, sonst tritt es nicht ein. Doch damit wird sich der Determinist vielleicht nicht zufrieden geben. Er könnte dagegenhalten, dass die unmittelbaren Bedingungen der Sonnenfinsternis von 2081 heute auch noch nicht gegeben seien, dass es jedoch jetzt schon feststehe, dass sie 2081 eintreten würden, weil die heutige Konstellation so sei, dass sie notwendig im Jahre 2081 eine Sonnenfinsternis über Österreich zur Folge habe. Das Entsprechende gelte auch für das Fensteröffnen. Zwar sei die Maxime, die Fenster zu öffnen, selbst noch nicht gegeben, wohl aber diejenige, die die Änderung der ursprünglichen Maxime, die Fenster geschlossen zu halten, bewirke. Denn die Entscheidung über die Änderung solle ja nur mit Hilfe einer Maxime möglich sein, die man bereits wolle, für die man sich bereits früher entschieden habe. Also seien die Bedingungen für die Maximenänderung und somit für das Fensteröffnen schon beim Erstickungsanfall gegeben. Eine solche Argumentation würde nicht berücksichtigen, dass die Maxime, die die Änderung der alten Maxime ermöglicht, selbst wiederum geändert werden könnte und so ins Unendliche weiter. Wollte man sagen, dass durch die gegenwärtigen Maximen eines Handelnden die unendlich vielen weiteren Maximen, die sich aus den gegenwärtigen erzeugen lassen, bereits festgelegt seien, sodass jetzt schon entscheidbar sei, wie der Handelnde auf eine bestimmte Situation in 30 Jahren reagieren werde, dann müsste man eine aktuale Unendlichkeit, ein „Vollendet-Unendliches" (Cantor), annehmen und endete bei den bekannten Paradoxien. Auf dieses Problem brauchen wir uns jedoch nicht einzulassen und können uns aus dem Grundlagenstreit zwischen „Platonisten" und Intuitionisten heraushalten. Uns genügt es, dass der Gegenbegriff der *potenziellen* Unendlichkeit widerspruchsfrei denkbar ist. In diesem Abschnitt beschäftigen wir uns ja nicht mit der Realität der Freiheit, sondern nur mit ihrem Begriff. Es geht um die Frage, wie man Freiheit negativ, als Indetermination, auffassen kann, ohne in die genannten Schwierigkeiten zu geraten, also ohne die Zwecktätigkeit aufheben zu müssen oder beim blinden Zufall zu enden; um die Frage, unter welchen Annahmen, sie seien nun wahr oder nicht, dies denkbar wäre. Das nun scheint mir der Fall zu sein, wenn man Freiheit in der stets gegebenen Möglichkeit, seine Maximen zu ändern, sieht und diese immer möglichen Änderungen als eine potenzielle Unendlichkeit auffasst in dem Sinne, dass wir unsere Maximen immer wieder ändern können, ohne je an ein Ende zu kommen, und dass, obwohl die Änderungen nur durch Ableitung aus bereits gegebenen Maximen geschehen können, heute nicht entscheidbar ist, wie die zukünftigen Maximen eines Handelnden aussehen werden. Das wird freilich einen hartnäckigen Deterministen möglicherweise noch nicht ratlos machen. Er wird vielleicht zu bedenken geben, dass es zwar richtig sei, dass es für uns wegen der unendlichen Möglichkeiten nicht entscheidbar sei, welche Maximen aus den gegenwärtigen ableitbar seien, dass das aber an der Begrenztheit unseres Geistes liege; „an sich" nämlich seien die ableitbaren Maximen festgelegt und ein unendlicher Geist würde sie auch kennen. Darauf erwidere ich, dass das eine schlichte petitio principii wäre. Denn weil wir nicht entscheiden können, welche unendlich vielen Maximen ableitbar sind, können wir die Behauptung, dass dies „an sich" festgelegt sei, nicht überprüfen. Sie ist daher eine bloße Hypothese, die nicht nur unbewiesen, sondern sogar unbeweisbar ist, gar nicht zu reden davon, dass sie auf die bekannten Antinomien führt und deshalb eher falsch zu nennen wäre.

Dass bei der nie endenden Möglichkeit, die Maximen in Frage zu stellen, überhaupt Entscheidungen zu Stande kommen, hat seinen Grund darin, dass wir de facto unsere Maximen nicht dauernd in Zweifel ziehen, sondern nach ihnen leben. Jeder wird sich gelegentlich fragen, ob er einen bestimmten Zweck noch weiter verfolgen will. Aber im Großen und Ganzen bleiben wir unseren Maximen über weite Strecken treu. Man kann sogar das Paradoxon formulieren, dass dieses Faktum notwendig ist, weil wir sonst nicht entscheiden und handeln könnten und Nichthandeln unmöglich ist. Man kann daher a priori wissen, dass jeder irgendwelche Maximen hat, die er zurzeit nicht antastet. Aber niemand kann mit Sicherheit vorhersagen, welche das sein werden. Natürlich könnte der Determinist an diesem Punkte wiederum einhaken und entgegnen, dass das Faktum, dass jemand bestimmte Maximen nicht hinterfrage, psychische oder soziale Ursachen habe, sodass sein Verhalten doch wieder determiniert sei. Diese Möglichkeit sei unbestritten. Ich habe schon im ersten Kapitel darauf hingewiesen, dass man die Zwecktätigkeit auch deterministisch deuten kann. Aber darum geht es nicht. Hier ist die Frage, ob man sie so deuten *muss*. Ich wiederhole, dass wir es in diesem Abschnitt nicht mit der Realität der Freiheit zu tun haben, sondern nur mit ihrem Begriff. Es geht nicht darum, den Determinismus zu widerlegen und die Freiheit zu beweisen. Ich möchte lediglich erklären, was mit Freiheit überhaupt gemeint sein kann, als was sie denkbar ist.

Freilich mag manchem das Jonglieren mit Unendlichkeiten zu abstrakt und spekulativ erscheinen. Deswegen möchte ich jetzt versuchsweise ein anschaulicheres Modell der negativen Freiheit anbieten. Unser Verhalten wird wesentlich von drei Faktoren bestimmt: unseren Maximen, unseren Wünschen und unseren theoretischen Vorstellungen von der Welt (insbesondere über die Fakten, die uns umgeben, die geeigneten Mittel für unsere Zwecke und die Folgen unseres Handelns). Bei allen drei Faktoren handelt es sich um Bewusstseinsgegebenheiten. Ohne mich hier in die Leib-Seele-Diskussion einmischen zu wollen, meine ich doch auf allgemeine Zustimmung hoffen zu dürfen, wenn ich sage, dass beim heutigen Stand der Diskussion nur ganz naive Empiriker zu behaupten wagen, es sei *unbezweifelbar*, dass die Bewusstseinserlebnisse durch die neurologischen oder psychischen Prozesse determiniert seien. Nehmen wir also einmal – hypothetisch – an, sie seien es nicht. Wie kann man sich die Änderung einer Maxime dann denken? Greifen wir auf unser Beispiel vom sonntäglichen Spaziergänger zurück. Ein Blick aus dem Fenster informiert ihn über das Faktum, dass es regnet, woraus er folgert, dass er nass werden wird, wenn er das Haus verlässt. Das bewirkt an sich noch keine Änderung seiner Maxime. Wenn aber in ihm der Wunsch entsteht, zu Hause zu bleiben, um nicht nass zu werden, wird er überlegen, ob er ihm nachgeben und seine Maxime ändern will. Um zu einer Entscheidung zu kommen, sucht er nach einer Maxime, die sie ermöglicht. Da fällt ihm ein, dass Regennässe die Gesundheit gefährdet, und weil ihm die Erhaltung seiner Gesundheit wichtiger ist als das Spazierengehen, ändert er seine Maxime und bleibt zu Hause. An diesem Beispiel lässt sich unsere Hypothese der Indetermination konkretisieren. Es treten uns offensichtlich Zufälligkeiten entgegen, die zumindest den Anschein der Indetermination erwecken. Bei der theoretischen Beurteilung der Lage hätte sich unser Mann zum Beispiel an den Wetterbericht erinnern können, der für den Nachmittag strahlendes Wetter voraussagte. Der ist ihm aber nicht eingefallen. Statt Angst vor der Nässe hätte er auch den Wunsch entwickeln können, den Elementen einmal richtig zu trotzen usw. Aber ungeachtet dieser – angenommenen – Zufälligkeiten ist die Maximenänderung selbst keineswegs grundloser, blinder Zufall, denn die Entscheidung ist in den Maximen, Wünschen und theoretischen Vorstellungen begründet. Gewiss ließe sich argumentieren, dass, wenn die Wünsche nicht determiniert seien, es Zufall sei, dass dem Mann statt des Wunsches, den Elementen zu trotzen, der Wunsch, nicht nass zu werden, komme und, wenn die theoretischen Einfälle nicht determiniert seien, es Zufall sei, dass er sich nicht an den Wetterbericht erinnere. Aber das beträfe nur den *Anlass,* die Maxime in Frage zu stellen; zufällig wäre, dass unser Mann gerade zu dem gegebenen Zeitpunkt eine Änderung erwägt, nicht jedoch, dass und wie sie erfolgt. Denn eine Maximenänderung geschieht nie zufällig in blinder Willkür, sondern ist immer nur begründet, auf Grund anderer Maximen, möglich und die Indetermination liegt nicht im Fehlen von Gründen, sondern darin, dass die Gründe selbst immer änderbar sind. Die Maximen aber sind das letztlich Handlungsentscheidende. Wünsche und theoretische Vorstellungen können nur über die Maximen handlungswirksam werden. Die Wünsche haben von sich aus keinerlei Bezug auf die Art ihrer Verwirklichung. Sie beeinflussen unser Verhalten nur wegen unserer Maxime, uns in der Regel von ihnen leiten zu lassen. Und ebenso wenig enthalten unsere theoretischen Vorstellungen Handlungsimpulse. Die Erkenntnis, dass viel Cholesterin im Blut das Leben verkürzen kann, wird nur dessen Verhalten ändern, dem ein langes Leben wichtiger ist als ein angenehmes. Die Indetermination des Wollens, d. h. die stets gegebene Möglichkeit, die Maximen zu ändern, entscheidet also letztlich auch allein über die Indetermination unseres Verhaltens. Daher kann man Wünsche und theoretische Vorstellungen auch determiniert sein lassen, die Indetermination des Handelns wird dadurch nicht aufgehoben, weil Wünsche und theoretische Vorstellungen ihrerseits das Wollen nicht determinieren. Die Änderung einer Maxime ist nur durch eine andere Maxime möglich. Ein neuer Wunsch wird eine Maxime nur dann ändern, wenn er eine andere Maxime auf seiner Seite hat.

Aus diesen Gründen bereitet auch die Zurechnung der Handlungen keine Probleme, wenn man unseren Freiheitsbegriff zu Grunde legt. Es sind *meine* Wünsche, *meine* Vorstellungen von der Welt und vor allem, und das ist das eigentlich Entscheidende, es sind *meine* Maximen, die mein Handeln bestimmen, *mein* Wille. Und dieser Wille ist frei, ist nicht determiniert zu wollen, was er will, weil er stets die Möglichkeit hat, seine Maximen zu ändern. Daher ist jeder für seine Taten voll verantwortlich, weil er auch anders hätte handeln können, wenn er gewollt hätte. Wenn jemanden ein Mordgelüste ergreift, so muss er ihm nicht nachgeben; er wird es nur dann tun, wenn seine rechtlichen und moralischen Maximen unterentwickelt sind. Das aber kann er ändern. Dabei ist unerheblich, wie jemand zu seinen Maximen gekommen ist, durch welche Zufälligkeiten der Erziehung oder anderer Einflüsse sie entstanden sein mögen; entscheidend für die Zurechnung ist, dass er nicht bei ihnen *bleiben* muss. Gewiss sind die gesellschaftlichen Chancen, ein guter Mensch zu werden, sehr ungleich verteilt; das sei unbestritten. Aber darum geht es hier nicht. Solche erschwerenden empirischen Bedingungen können ohne weiteres bei der Zumessung der Verantwortung berücksichtigt werden. Wichtig in unserem Zusammenhang ist nur, dass es nicht *prinzipiell* ausgeschlossen ist, solche Zwänge abzuschütteln. Ich möchte zeigen, wie es überhaupt denkbar, wie es begrifflich fassbar ist, dass ein negativer Freiheitsbegriff nicht notwendig dazu führen muss, dass wir unsere Taten nicht uns selbst zuschreiben können, sondern dem Zufall anlasten müssen.

Für romantische Schwärmereien ist unser Begriff freilich weniger geeignet. Der ominöse Personbegriff taucht nicht auf und auch die beliebten Selbst-Wörter wie Selbstentwurf, Selbstbestimmung, Selbstverwirklichung o. ä. finden keine Verwendung. Stattdessen wird ein mehr oder minder konsistentes änderbares System von Maximen, von Grundsätzen, eine „Ethik", angeboten, ohne dass das Subjekt, das dahinter steht, das Selbst, die Person, die die Maximen will und die Taten zu verantworten hat, die schuldfähig ist und die Behandlung durch die anderen „verdient", erwähnt würde. Ich möchte vermeiden, durch die Erörterung derartiger Begriffe in metaphysische Dimensionen abzudriften. Ich beschränke mich darauf, den Begriff der Freiheit vor der praktischen Vernunft zu erwägen und zu fragen, welchen Freiheitsbegriff unsere Praxis erfordert. Warum also liegt uns so viel daran, uns als frei *behandeln* zu dürfen? Bereits Aristoteles begründet seine Beschäftigung mit der Freiwilligkeit in der „Nikomachischen Ethik" damit, dass Lob und Tadel an die Freiwilligkeit der Handlungen (was bei ihm im Wesentlichen Zurechenbarkeit heißt) gebunden seien. An der Problemlage hat sich bis heute nicht viel geändert, obwohl der Freiheitsbegriff ein anderer geworden ist. Der Hauptpunkt, der das Freiheitsproblem so dringlich macht, ist, dass Lob und Tadel, Belohnung und Bestrafung, Bitte und Befehl, Dank und Undank, Respekt und Verachtung und dergleichen, verstanden als rationale Vermittlungen, an die Willensfreiheit gebunden sind. Fragt man sich, warum das so ist, so muss die Antwort offenbar lauten, dass der praktische Sinn von Lob und Tadel usw. nur sein kann, das Handeln der Menschen zu beeinflussen, es in die gewünschten Bahnen zu lenken. Das aber wäre unmöglich, wenn alles in der Welt einschließlich unseres Wollens und Handelns determiniert ist. Dann stünde fest, ob jemand ein „guter" oder „böser" Mensch wird; eine Änderung wäre undenkbar und die Hoffnung, die Menschen zum Besseren zu beeinflussen, wäre bloße Illusion. Also darf unser Handeln nicht determiniert sein. Es darf aber auch nicht schierem Zufall anheim fallen, denn Zufall bedeutet mögliches Chaos, sodass eine gezielte Beeinflussung wiederum ausgeschlossen wäre, weil alles auf alles folgen könnte. Also muss doch irgendeine Gesetzmäßigkeit angenommen werden, die das Handeln regelt und die in der Person des Handelnden, zum Beispiel in seinem individuellen Charakter, zu finden sein müsste. Aber dann wäre man wieder bei der Determination. Diese Aporie (auf die im Wesentlichen Nicolai Hartmanns „ungelöstes Restproblem" hinausläuft) wird durch unseren Freiheitsbegriff vermieden. Unser Handeln ist nicht blindem Zufall überantwortet, sondern hat seinen Grund in unseren Maximen und es ist trotzdem nicht determiniert, weil die Maximen änderbar sind. Deshalb ist es nicht sinnlos, wenn wir unsere Mitmenschen durch Lob und Tadel, Lohn und Strafe, am besten aber durch Belehrung zu beeinflussen suchen. Auch den genannten spekulativen Begriffen ließe sich eine praktische Bedeutung geben, wenn man zum Beispiel unter Person das Gesamt aus Maximen, Wünschen und theoretischen Vorstellungen eines Menschen verstünde. Falls jemand sich schwer täte, einem solchen Gebilde Verantwortung und Zurechnungsfähigkeit zuzuerkennen, so möge er sich fragen, ob *für die Praxis* mit diesen Begriffen mehr gemeint sein kann, als dass die Handlungen einerseits nicht determiniert, andererseits nicht bloßer Zufall, vielmehr rational beeinflussbar sind. Der Rest ist Metaphysik, mit der wir uns hier nicht befassen. Selbstbestimmung könnte bedeuten, dass man die eigenen Maximen nur mit Hilfe eigener Maximen ändert. Selbstverwirklichung könnte heißen, dass man die eigenen Zwecke in der Welt durchsetzt. Und was kann bei nüchterner Betrachtung anderes damit gemeint sein? Denn in dem wörtlichen Sinn, dass man sich erst erschafft, kann man den Begriff wohl kaum verstehen, weil man ja schon da ist und es auch sein muss, wenn man etwas verwirklichen will.

c) *Letztbegründung*

Unser Freiheitsbegriff impliziert, dass es eine oberste Maxime im traditionellen Sinn nicht geben darf. (Ich habe darauf schon im Zusammenhang der Dezisionismus-Kritik hingewiesen.) Ich meine damit eine Maxime, aus der alle anderen Maximen abgeleitet sind, während sie selbst aus keiner anderen abgeleitet ist. Eine solche Maxime könnte nicht frei gewählt sein, weil das immer nur mit Hilfe einer anderen Maxime denkbar ist, sie aber ihre Geltung keiner anderen Maxime verdanken soll. Also wäre das Wollen der obersten Maxime determiniert und damit zugleich unser gesamtes Wollen. Denn da alle anderen Maximen aus der obersten abgeleitet sein, ihren Grund allein in ihr haben sollen, so wären sie alle durch sie festgelegt. Die Maximen bildeten in diesem Fall ein konsistentes System und wenn man dieses den Charakter eines Menschen nennte, dann flösse sein gesamtes Tun aus einem festliegenden, unveränderlichen Charakter, der die determinierende Ursache des Verhaltens wäre und der seinerseits durch bestimmte Ursachen vollständig determiniert wäre, sodass sich bei genügender Kenntnis der Naturgesetze alle Handlungen mit absoluter Sicherheit vorhersagen ließen. Folglich kann ein freier Wille keine oberste Maxime haben in dem Sinne, dass sie nicht nur faktisch nicht in Frage gestellt wird, sondern prinzipiell unhinterfragbar ist.

Aus diesem Grunde ist eine Letztbegründung unseres Handelns, solange es als frei begriffen werden soll, nicht möglich, jedenfalls nicht, wenn unter Letztbegründung verstanden wird die vollständige Ableitung der Handlungen aus einem obersten Prinzip, das allgemein geltend ist, d.h. von niemandem bezweifelt werden kann. Ein solches Ideal verfolgten zum Beispiel die eudämonistischen Ethiken der Antike, die aus dem Glücksprinzip alle Handlungen bis zu den alltäglichen Verrichtungen ableiteten und an der Idealfigur des Weisen etwa demonstrierten, ob man einen Bart tragen solle oder nicht. Den gleichen Effekt hat das utilitaristische Prinzip und natürlich muss man Spinoza hier erwähnen. Er legt in seiner „Ethica ordine geometrico demonstrata" zwar mehrere Axiome zu Grunde, aber für den Verlust der Freiheit ist nicht die Zahl der Prinzipien entscheidend, sondern ihre Unbezweifelbarkeit und Unveränderlichkeit.

Dass freies Handeln nicht in diesem Sinne letztbegründbar ist, bedeutet andererseits jedoch nicht den vollkommenen ethischen Relativismus. Ich habe gezeigt, dass es auch unter Voraussetzung der Willensfreiheit allgemein geltende Maximen gibt, die notwendig jeder hat. Natürlich ist die Notwendigkeit keine absolute, eine solche ist nirgendwo beweisbar. Man kann nur dann behaupten, dass jemand notwendigerweise eine bestimmte Maxime hat, wenn sie im Wollen einer anderen Maxime impliziert ist, weil sie das Mittel zu deren Zweck betrifft. Wir haben gesehen, dass alles Wollen mittelbar ist und dass unsere Maximen dem Sinne nach immer die Form haben „Ich will alle notwendigen Mittel zu diesem Zweck ergreifen". Daher haben unsere Maximen andere unter sich, die die Mittel betreffen und die deshalb in ihrem Wollen impliziert sind. Auf diese Weise hat der Wille, die eigenen Zwecke zu erreichen, notwendig den Willen zum Recht und das Streben nach Glück zur Folge. Sollen diese Maximen nun allgemein gelten, dann muss also jeder seine Zwecke erreichen wollen. Ich habe das eine analytische Wahrheit genannt, weil Zweck eben das bezeichnet, was man erreichen will. Freilich kann man nicht a priori behaupten, dass alle Menschen Zwecke haben. Also gelten die genannten Maximen nur für zwecktätige Wesen und weil das eine Tautologie ist, da nur zwecktätige Wesen Maximen haben, kann man auch sagen: Wer überhaupt Maximen hat, hat notwendigerweise die Maximen, legal zu handeln und nach Glück zu streben. Die oberste Voraussetzung ist somit die der Zwecktätigkeit; auf sie werden die Notwendigkeit und Allgemeingültigkeit der Maximen letztlich zurückgeführt. Dass die Maximen notwendig sind, besagt freilich, dass sie nicht frei gewählt sind. Unsere Freiheit ist eben nicht unbegrenzt, sondern findet ihre Schranken an den Gesetzen der Logik und der Natur. Nur weil das so ist, lassen sich überhaupt allgemein geltende Normen nachweisen. Dadurch wird unsere Freiheit aber nicht zur Gänze aufgehoben, sondern nur eingeschränkt. Denn um einen Willen frei zu nennen, genügt es, dass er überhaupt Maximen frei wählen kann, es müssen keineswegs alle sein. Außerdem sind die Maximen notwendig nur relativ auf die Zwecktätigkeit und insofern letztlich dennoch frei gewählt, weil es uns freisteht, die Zwecktätigkeit aufzugeben, zum Beispiel indem wir uns hypnotisieren lassen oder freiwillig aus dem Leben scheiden.

Hier könnte allerdings jemand fragen, warum wir eigentlich die Möglichkeit einer Letztbegründung bestritten hätten, da doch das eben Gesagte auf nichts anderes hinauslaufe. Aus dem Begriff eines zwecktätigen Wesens werde abgeleitet, dass es alle seine Zwecke erreichen wolle, und daraus, dass es das Recht wolle und nach Glück strebe. Diese beiden Maximen wiederum bestimmten einerseits das legale Verhalten, andererseits alles übrige Verhalten, das sich ja an den Wünschen ausrichten müsse. Also finde jede einzelne Handlung ihren letzten Grund in der Maxime, alle Zwecke zu erreichen, die somit als die oberste Maxime betrachtet werden müsse, und da jedes zwecktätige Wesen diese Maxime, weil in seinem Begriff impliziert, notwendig habe, so sei doch zwingend bewiesen, dass alle zwecktätigen Wesen dieselbe oberste Maxime hätten, aus der sich alle ihre Handlungen vollständig ableiten ließen. Es sei demnach alles geleistet, was von einer Letztbegründung verlangt werde, zwar mit der Einschränkung auf zwecktätige Wesen, die aber keine echte Einschränkung sei, weil die Zwecktätigkeit nur durch Selbstaufgabe abgelegt werden könne.

Ich räume ein, dass man durchaus von Letztbegründung reden könnte, in jedem Fall bezüglich der als notwendig dargetanen Maximen, aber in einem gewissen Sinne auch in Bezug auf die einzelnen Handlungen, nämlich dann, wenn man unter Letztbegründung die lückenlose rationale Rechtfertigung einer Handlung versteht, nachdem sie geschehen ist. So kann ich vollständig begründen, warum ich soeben ein Glas Wein getrunken habe: Es bestand in mir der Wunsch dazu und da nichts gegen den Trunk sprach, habe ich nach meiner Maxime, im Prinzip meinen Wünschen zu folgen, entschieden. Diese Maxime aber ist eine notwendige Maxime, sodass nirgendwo Willkür oder bloße Dezision auftritt, sondern mein Handeln für jedermann nachvollziehbar ist. Eine solche Begründung ist jedoch nur im Nachhinein möglich. Mit Sicherheit voraussagbar war meine Entscheidung nicht, obwohl sie letztlich auf die Maxime alle Zwecke zu erreichen rückführbar ist. Das liegt daran, dass diese Maxime nichts über bestimmte Zweck*inhalte* aussagt, sondern nur „formal" über Zwecke überhaupt spricht. Sie sagt nur allgemein, dass man Zwecke erreichen will, ohne anzugeben, von welchen Zwecken die Rede ist. Daher ist sie keine oberste, letztbegründende Maxime im oben genannten Sinn. Wenn ein Hedonist als höchsten Zweck Lustmaximierung verkündet, dann hat man einen inhaltlich bestimmten Zweck, aus dem sich bei genügender Kenntnis der „Lustgesetze" alle konkreten Handlungen gewinnen lassen. Der formale Zweck, alle Zwecke zu erreichen, ist dagegen dazu ungeeignet, aus ihm lassen sich nur ihrerseits formale Maximen der äußeren und inneren Zweckharmonie, aber keine konkreten Handlungen inhaltlich ableiten.

Was den Rechtswillen betrifft, wird das jedermann vielleicht einleuchten. Wir haben schon erörtert, dass die Rechtsgesetze keine positiven Handlungsanweisungen geben, sondern lediglich Handlungsbeschränkungen setzen. Sie sagen nicht, was man tun soll, sondern nur, was man im Interesse einer allgemeinen äußeren Zweckharmonie *nicht* tun darf. Und so sind Rechte nur Behinderungsverbote. Beim Glücksstreben mögen Zweifel eher aufkommen, weil die Wünsche ja die Funktion haben, inhaltliche Vorgaben zu liefern, indem sie durch Gewichtung der Handlungsmöglichkeiten bestimmte, konkrete Handlungsinhalte auszeichnen. Aber diese inhaltlichen Auszeichnungen kommen eben von den Wünschen, aus der Maxime, die eigenen Zwecke zu erreichen, lassen sie sich nicht gewinnen. Aus ihr lässt sich nur ableiten, dass sich das Wollen im Interesse einer inneren Zweckharmonie an den Wertungen einer von ihm unabhängigen Instanz ausrichten muss, und es lässt sich auch ableiten – zusammen mit der Tatsachenfeststellung, dass wir entscheidungsfähig sind –, dass es eine solche Instanz gibt. Dass es sich dabei aber um Wünsche handelt und wie sie diese Leistung vollbringen, lässt sich nicht mehr deduzieren, sondern beruht auf einer eigenständigen empirischen Erkenntnis. Außerdem ist die Ableitung nur möglich unter der Voraussetzung, dass der Wille frei ist und es *keine* oberste Maxime gibt. Wenn es eine solche gäbe, wäre das Wollen auf das Wünschen nicht angewiesen. Wenn mein oberster Grundsatz Lustmaximierung ist und ich weiß, dass eine Mozartoper mir besser gefällt als eine Lehároperette, dann ist eindeutig, was ich tue, gleichgültig, ob ich es auch wünsche oder nicht. Die Wünsche sind nur erforderlich, weil für das Wollen alle Handlungsalternativen absolut gleichrangig sind. Diese Gleichrangigkeit aber ist nur gegeben, wenn der Wille als frei gedacht wird und keine oberste Maxime hat. Folglich führt es zum Widerspruch, wenn man den Willen, die eigenen Zwecke zu erreichen, als oberste Maxime annimmt, um daraus über das Glücksstreben die einzelnen Handlungen abzuleiten. Denn wenn der Wille eine oberste Maxime haben soll, dann kann er nicht als frei gedacht werden und wenn das Glücksstreben für ihn notwendig sein soll, dann muss er als frei gedacht werden.

Dass der freie Wille selbst nicht unmittelbar werten kann, sondern die Wertungen von anderer Seite übernehmen muss, dass er „wertblind" ist, mag befremden. Und doch ist das der Grund seiner Freiheit. Denn die Wertindifferenz der Alternativen impliziert die Mittelbarkeit des Wollens und diese ermöglicht seine unendliche Änderbarkeit. Gleichzeitig zeigt sich, dass die Leistung des freien Wollens eine bloß formale ist. Die Wertungen erhält es von den Wünschen, die Wege, das Erwünschte zu verwirklichen, liefern ihm Logik und Naturerkenntnis. Seine eigene Leistung besteht darin, dass es das Erwünschte zu einem Zweck und den Weg, es zu erreichen, zu einem Mittel macht. Genauer ausgedrückt: Es verwandelt Folgen und Wirkungen in Zwecke, Gründe und Ursachen in Mittel und zwar nicht in der Theorie, sondern durch die Praxis: indem der Wollende die Mittel ergreift, um den Zweck zu verwirklichen. Ehe man sich nun zu metaphysischen Spekulationen verleiten lässt und den Willen zu einem bloßen, an sich leeren und blinden Tätigkeitsdrang erklärt, sei daran erinnert, dass das Wollen ein Bewusstseinsvorgang ist (der Wollende weiß, dass und was er will) und dass es wesentlich ein rationaler Vorgang ist; denn das immer mittelbare Wollen enthält wesentlich ein Schließen.

2. Die Wirklichkeit der Willensfreiheit

Ich hatte schon angekündigt, dass ich die Frage nach der Wirklichkeit der Willensfreiheit, ebenso wie die nach ihrem Begriff, nicht als metaphysisches Problem, vor der theoretischen Vernunft, erörtern möchte, sondern als ethisches Problem, vor der praktischen Vernunft. Die metaphysische Frage lautet: Gibt es Willensfreiheit oder nicht? Die allermeisten Lösungsversuche von der Antike bis heute haben die Frage bejaht und sich bemüht, Willensfreiheit und Determinismus zu vereinen – aus ersichtlichen Gründen, denn dann wären sowohl die strenge Gesetzmäßigkeit der Natur als auch die ethischen Forderungen gerettet. Ein überzeugender Erfolg war diesen Versuchen bisher allerdings nicht beschieden, wie nicht anders zu erwarten. Sehr viele scheitern schon daran, dass Willensfreiheit mit Handlungsfreiheit verwechselt wird. Dann hat man leichtes Spiel; denn dass Handlungsfreiheit mit Determinismus vereinbar ist, möchte wohl kaum jemand bestreiten. Unser Freiheitsbegriff schließt die Vereinbarkeit von Willensfreiheit und Determinismus strikt aus. Wir haben den negativen Freiheitsbegriff zu Grunde gelegt, der Freiheit als Indetermination definiert, und haben die Indetermination mit der stets gegebenen Möglichkeit der Maximenänderung erklärt. Für uns kann die Frage daher nur lauten: Freiheit *oder* Determinismus? Verläuft alles nach strengen Naturgesetzen, dann gibt es keine Willensfreiheit; gibt es Willensfreiheit, dann ist die strenge Gesetzmäßigkeit durchbrochen. Da ich mich in die metaphysische Diskussion nicht einmische, sondern mich auf das ethische Problem beschränken möchte, so heißt die jetzt zu erörternde Frage also: Müssen wir uns in unserem praktischen Leben als frei betrachten oder als determiniert?

Ich habe bereits wiederholt erwähnt, dass unsere gesamte ethische Begriffswelt und damit der größte Teil unseres praktischen Lebens die Willensfreiheit voraussetzen. Dagegen ist ein strikter Determinismus für unsere Praxis nicht erforderlich. Gewiss wäre in einer völlig chaotischen Natur, die an keinerlei Gesetzmäßigkeit gebunden wäre, keine Zwecktätigkeit möglich, weil nichts vorhersehbar wäre. Die Natur muss schon gesetzmäßig verlaufen, wenn Voraussicht und Planung denkbar sein sollen. Aber diese Gesetzmäßigkeit muss keine absolut strikte sein. Es genügt, wenn sie im Allgemeinen eingehalten wird. Und sie muss nicht unbedingt alle Bereiche beherrschen. Das sind ja die Bedingungen, die wir tatsächlich in unserem Handeln voraussetzen. Wir sind zwar der Auffassung, dass die Natur einer strengen Gesetzmäßigkeit unterliegt, aber trotzdem rechnen wir nicht damit, dass unsere Erwartungen immer eintreten, weil unsere Kenntnis der Naturereignisse lückenhaft ist. Die Meteorologen versichern uns, dass das Wettergeschehen strengen Gesetzen folge; trotzdem getrauen sie sich nur den nächsten Tag vorherzusagen. Und was unsere Mitmenschen betrifft, so glaubt niemand, dass ihr Verhalten genau berechenbar sei. Blicken wir also auf unsere alltägliche Praxis, dann stellt sich heraus, dass sie auf einen strikten Determinismus nicht nur nicht angewiesen ist, sondern im Gegenteil das menschliche Handeln davon ausnimmt und wie selbstverständlich voraussetzt, dass wir in unserem Wollen frei sind.

Warum nehmen wir das an, da doch das Problem, ob es Willensfreiheit gibt oder nicht, bis heute ungelöst ist? Der Grund ist zweifellos unser subjektives Freiheitsbewusstsein, das auch ein Determinist nicht überwinden kann, solange er nicht weiß, wozu er determiniert ist. Er kann dann zwar im Nachhinein jedes Mal sagen, dass er zu der Entscheidung, die er getroffen hat, determiniert war, aber bei der Entscheidungs*findung* hilft ihm sein Determinismus in keiner Weise. Falls er ein entscheidungsschwacher Mensch ist, wird er mit den gleichen Qualen über der Speisekarte brüten wie der entsprechende Indeterminist. Natürlich wird er es für bloßen Schein halten, dass er seine Entscheidungen frei trifft, aber er kann diesen Schein nicht abschütteln. Solange also niemand hervortritt, der glaubwürdig versichern könnte, die Determinanten seiner Entscheidungen vollständig herzählen und so alle seine Entscheidungen voraussagen zu können, müssen wir annehmen, dass wir alle zumindest unter dem *subjektiven Anschein der Freiheit* handeln, sodass wir uns alle genauso verhalten wie wirklich Freie, ob wir uns nun dafür halten oder nicht.

Es ist sogar versucht worden zu beweisen, dass es prinzipiell unmöglich sei, die eigenen Entscheidungen vorherzusagen, weil durch die Erkenntnis der Determinanten diese verändert würden. Seine konsequenteste Fassung hat das Argument bei Donald MacKay erhalten.[60] Auf eine ausführliche Diskussion können wir verzichten, weil wir ohnehin, wenngleich nur hypothetisch, annehmen, dass wir unter dem subjektiven Anschein der Freiheit handeln. Daher merke ich nur an, dass das Argument offensichtlich auf eine petitio principii hinausläuft. Der Kern des Arguments ist Folgendes: Gesetzt, es herrscht strikter Determinismus und jemandem wird von einem laplaceschen Geist eine so vollständige Beschreibung seines gegenwärtigen Zustands gegeben, dass sich daraus seine zukünftige Entscheidung mit Sicherheit vorhersagen lässt. Dann ist es nach MacKay für die Entscheidung nicht unerheblich, ob der Handelnde die Vorhersage glaubt oder nicht. Also muss sein Glaube an sie Teil der Vorhersage sein. Dadurch aber ist es für den Handelnden selbst prinzipiell unmöglich, seine eigene Entscheidung vorher zu kennen. Denn glaubt er die Vorhersage, ist er im Recht, weil sie seinen Glauben ja behauptet; glaubt er sie nicht, ist er ebenso im Recht, weil sie dann falsch ist. Beide Alternativen sind somit gleich berechtigt und deshalb bleibt die eigene zukünftige Entscheidung für den Handelnden notwendig ungewiss. Folglich kann er nicht umhin, sie für frei zu halten. Allein das Argument setzt voraus, was es beweisen möchte, indem es unbegründet annimmt, dass der Handelnde glaube, vor die Wahl gestellt zu sein, ob er der Vorhersage zustimmen solle oder nicht. Das anzunehmen besteht jedoch keine Notwendigkeit. Die Determination könnte den Glauben an die Vorhersage auch gleich

„mitliefern", indem der Handelnde nicht zum Zweifel determiniert, sondern so konditioniert wäre, dass er die Vorhersage unmittelbar glaubte. Dadurch würde die logische Unentscheidbarkeit nicht beseitigt, aber bis zu dieser Frage gelangte der Handelnde in diesem Fall gar nicht, weil die Determination sich nicht logischer Mittel bediente, um seinen Glauben zu erzeugen, sondern diesen auf andere Weise verursachte. Das subjektive Freiheitsbewusstsein wird demnach keineswegs als unvermeidbar erwiesen, sondern im Freiheitsbewusstsein gegenüber dem eigenen Glauben einfach vorausgesetzt.

Aber wie dem auch sei – da ein laplacescher Geist bisher ohnehin noch nicht aufgetaucht ist, gilt die Vermutung, dass alle unter dem subjektiven Anschein der Freiheit handeln. Das reicht jedoch nicht aus, um uns für unsere Taten verantwortlich zu machen, um einander zu loben und zu tadeln, zu belohnen und zu bestrafen. Um jemanden ein Leben lang hinter Gitter zu sperren, genügt es nicht, dass er sich frei *vorkam*, als er die Straftat beging. Denn das schließt nicht aus, dass er in seiner Entscheidung determiniert und daher nicht verantwortlich zu machen war. Für einen so entscheidenden Eingriff in eines anderen Leben muss man Gewissheit haben, dass der Täter *wirklich* frei und verantwortlich war und nicht bloß den subjektiven Anschein hatte.

Freilich stellt sich die Frage, ob nicht der subjektive Anschein der Freiheit in praktischer Hinsicht ihrer Wirklichkeit gleichzusetzen sei. Auch wenn uns der Anschein trügen und unsere Freiheit nur scheinbar sein sollte, so besteht doch zwischen der Entscheidungsfindung eines scheinbar Freien und der eines wirklich Freien für den Handelnden selbst nicht der geringste Unterschied. Solange der Determinierte nicht weiß, wozu er determiniert ist, und deswegen nicht zu sich sagen kann: Vor mir liegen die theoretischen Möglichkeiten A und Nicht-A, aber da ich zu A determiniert bin, muss ich A wählen – solange das nicht der Fall ist, muss er sich selbst für die eine oder andere Alternative entscheiden, genauso wie wenn er wirklich frei wäre. Wenn ein allmächtiges Wesen vor uns hinträte und verkündete: „Bisher wart ihr determiniert, aber heute schenke ich euch die Freiheit", so wäre das ein nutzloses Geschenk, weil wir die Veränderung nicht bemerken würden. Da somit subjektiv kein Unterschied zwischen einem scheinbar und einem wirklich Freien besteht, besteht er für die Praxis auch objektiv nicht, d.h. wir müssen nicht nur uns selbst, sondern auch alle anderen als Freie behandeln. Denn gesetzt, sie seien determiniert, so hätten sie sich doch, auch wenn sie frei gewesen wären, in keiner Hinsicht anders verhalten, als sie es als Determinierte taten. Der determinierte Mörder hätte sich als Freier ebenso zum Mord entschieden, weil die Bedingungen für ihn absolut identisch waren. Folglich geschieht den Menschen kein Unrecht, wenn man sie die Verantwortung für ihre Taten übernehmen lässt. Überdies könnte man argumentieren, dass ihr Wollen in jedem Fall wirkliches Wollen ist, sie seien nun determiniert oder frei. Wenn sie aber das, was sie getan haben, selbst gewollt haben, dann darf man sie dafür auch zur Rechenschaft ziehen.

Solche Überlegungen übersehen, dass der Determinist keineswegs bestreitet, dass er nicht nur scheinbar, sondern wirklich wählt und will. Da liegt nicht das Problem. Die entscheidende Frage ist, ob er in seinem Wählen und Wollen frei ist oder determiniert. Durch den Determinismus werden nicht die Gegebenheiten aufgehoben, sondern nur anders gedeutet. Unser gesamtes Bewusstseinsleben bleibt erhalten, aber eben als Handlungsdeterminante, die ihrerseits determiniert ist. Auch das subjektive Freiheitsbewusstsein bleibt in seiner Wirklichkeit unbestritten. Nicht dieses Bewusstsein ist Schein, sondern sein Gegenstand, die Freiheit, zu dem wir ebenso determiniert sind. Und es ist auch richtig, dass subjektiv inhaltlich kein Unterschied zwischen scheinbarer und wirklicher Freiheit besteht. Falsch dagegen ist die Folgerung, dass deshalb für die Praxis auch objektiv kein Unterschied bestehe. Denn der scheinbar Freie ist in seiner Entscheidung determiniert, er könnte nicht anders handeln, als er es tut. Der wirklich Freie dagegen wohl. Trotz der inhaltlichen Identität ihrer Entscheidungen darf man deshalb scheinbar und wirklich Freie nicht gleich behandeln. Denn Wirklichkeit ist kein inhaltliches Prädikat. Um Kants berühmtes Beispiel aus seiner Kritik des ontologischen Gottesbeweises abzuwandeln: Hundert wirkliche Taler enthalten nicht das Mindeste mehr als hundert scheinbare. Dennoch ist der Unterschied in der Praxis höchst empfindlich, weil man mit hundert wirklichen Talern etwas kaufen kann, mit hundert eingebildeten nicht. Ebenso kann man jemanden, der sich in seinen Entscheidungen zwar subjektiv frei vorkommt, es aber objektiv nicht ist, nicht wirklich für sein Tun verantwortlich machen, weil er trotz dem subjektiven Schein nicht anders handeln konnte.

Obwohl es somit nicht gleichgültig ist, ob wir Determinierte als frei behandeln, und obwohl die metaphysische Frage, ob Freiheit oder Determinismus, bislang ungelöst und möglicherweise auch unlösbar ist, können wir unbekümmert mit unseren Praktiken der Zurechnung, des Lobens und Tadeln, des Belohnens und Strafens fortfahren, ohne uns Sorgen machen zu müssen, jemandem Unrecht zu tun. Denn angenommen, es herrscht ein universeller strikter Determinismus, sodass wir auch in allen unseren Handlungen determiniert sind, dann gibt es kein Recht und Unrecht oder Gut und Böse oder überhaupt Richtig und Falsch. Die Welt besteht dann zur Gänze aus gesetzmäßigen Naturereignissen und darauf sind solche Wertprädikate nicht anwendbar. Der Mond begeht keinen Fehler, wenn er die Sonne verfinstert, die Erde versündigt sich nicht, wenn sie bebt. Auch wir sind nichts als Roboter, deren Handlungen sich von den übrigen Naturgeschehnissen nur dadurch unterscheiden, dass zu ihren Determinanten Bewusstseinsprozesse zählen. Was immer wir unseren Mitmenschen demnach Grausames antun, es kann ihnen kein Unrecht geschehen. Ulrich Pothast macht uns in eindrucksvoller Weise klar, was Menschen Menschen im Namen der Gerechtigkeit antun können, indem er die Schilderung einer Hinrichtung aus dem Jahre 1757 zitiert, bei der der Delinquent öffentlich langsam zu Tode gefoltert wurde. Pothast möchte darauf hinaus, dass wir unter dem Determinismusverdacht unser Strafrecht überdenken und statt zu strafen lieber therapieren.[61] Wenn man die Schilderung der Hinrichtung liest, läuft es einem in der Tat heiß und kalt den Rücken hinunter und man fragt sich, wie so etwas jemals geschehen konnte und das im Namen des Rechts. Aber es braucht darüber niemand in Panik zu geraten und an unserem gesamten Strafrecht zu verzweifeln. Denn falls der Delinquent determiniert und nicht verantwortlich war, dann waren es die Richter und Folterknechte auch. Schon von Chrysipp wird berichtet, dass ein Sklave, den er wegen eines Diebstahls verprügelt habe, sich beschwert habe mit dem Argument, dass er nach stoischer Lehre für den Diebstahl doch nichts könne, weil er vom Schicksal dazu bestimmt gewesen sei. „Und von mir dafür Prügel zu beziehen", sei Chrysipps Antwort gewesen. Daher verstehe ich nicht, warum Pothast die Philosophenkollegen rügt, weil sie sich darauf konzentrierten, die bestehenden, tradierten Sanktionspraktiken zu rechtfertigen, statt dafür zu plädieren, das Strafrecht durch ein Therapierecht zu ersetzen, solange die Determinismusmöglichkeit bestehe. Warum sollten sie ihre Strategie ändern? Unter Voraussetzung des Determinismus ist Strafen so gut wie Therapieren, ist Schädigen so gut wie Helfen. Es handelt sich um reine Naturprozesse, die ablaufen, wie sie ablaufen, ohne einer Bewertung zugänglich zu sein. Niemand verurteilt den Löwen, weil er kein Vegetarier sei, oder den Eisberg, weil er Schiffe ramme. Auch die Kollegen sind zu ihren Theorien natürlich determiniert so wie Pothast zu der seinen und diejenigen, denen es bestimmt ist, ihm zu folgen, werden es tun, die anderen nicht und sind trotzdem keine schlechteren Menschen, auch wenn sie nach Schuld und Sühne rufen. Ich möchte damit keineswegs Pothasts Forderung inhaltlich kritisieren. Mir erscheint im Gegenteil der traditionelle Schuldbegriff genauso fragwürdig wie ihm. Nur halte ich die Determinismusmöglichkeit nicht für ein geeignetes Argument, ihn zu überwinden, weil sie für unser Verhalten folgenlos ist.

Der Determinismus macht alles, was geschieht, einschließlich unserer Handlungen, zu objektiv wertfreien gesetzmäßig notwendigen Abläufen und eben weil er keine Wertungen erlaubt, lassen sich aus ihm keinerlei Konsequenzen für unser Werten und Handeln ziehen. All unsere Wertungen müssen als bloßer subjektiver Schein betrachtet werden, der zu den Determinanten unseres Verhaltens gehört. Und weil er dazugehört, können wir unsere Wertbegriffe auch nicht, im Hinblick auf ihren Scheincharakter, einfach aufgeben und etwa argumentieren: Da es weder Recht noch Unrecht gibt, können wir sorglos lügen und betrügen, rauben und vergewaltigen, morden und brennen. Solange wir dazu determiniert sind, unter dem Schein freier Zwecktätigkeit zu handeln, gilt alles, was wir aus dem Begriff der Zwecktätigkeit abgeleitet haben, unverändert weiter. Auch für den Deterministen besteht ein allgemeiner Wille zum Recht und wenn er ein Unrecht begeht, wird er seinen (determinierten) Richter finden. Auch wenn Recht ein Scheinwert ist, ändert das nichts daran, dass wir auf ihn für unsere Praxis nicht verzichten können, ebenso wenig wie auf die anderen Werte, die auch als Scheinwerte unser Verhalten unverändert steuern. Nicht einmal seine Schuldgefühle kann der Determinist ablegen, indem er etwa zu sich sagt: Ich habe Unrecht begangen und werde dafür bestraft. Aber mein Gewissen brauche ich deswegen nicht zu zermartern, denn in Wahrheit gibt es ja kein Unrecht. Ob er so denkt und ob er damit seine Schuldgefühle los wird, hängt davon ab, ob er dazu determiniert ist. Ist er zweifelnder Natur, könnte er sich vielleicht einwenden: Aber bewiesen ist der Determinismus ja nicht. Durch den Determinismus ändert sich für die Praxis eben überhaupt nichts. Er bleibt eine rein theoretische Position, die für die Praxis keine Folgen hat, solange wir die Determinanten nicht vollkommen durchschauen und deshalb den Anschein der Freiheit nicht abschütteln können. – Es versteht sich von selbst, dass wir hier immer nur von einem universellen strikten Determinismus sprechen. Wenn an sich freie Menschen durch besondere Umstände, wie Affekt, Hypnose, Krankheit u.a., zeitweise oder dauernd in ihrer Freiheit eingeschränkt sind, dann hat das natürlich praktische Konsequenzen. Solche Menschen verdienen besondere Behandlung, die ihnen unter dem Begriff der verminderten Zurechnungsfähigkeit auch zuteil wird.

Wir begehen also kein Unrecht, wenn wir einander als Freie behandeln, auch wenn wir determiniert sein sollten. Machen wir jedoch die Gegenprobe und fragen, ob wir Unrecht begehen, wenn wir einander als determiniert behandeln, auch wenn wir frei sein sollten, dann fällt die Antwort gegenteilig aus. Denn wenn wir frei sind, gibt es Recht und Unrecht, dann sind es nicht bloße Scheinbegriffe und dann ist es unsere freie Entscheidung, ob wir Recht oder Unrecht tun. Und wenn wir dann einander als determiniert behandeln, geschieht allerdings Unrecht. Denn wer einen Freien als determiniert behandelt, erkennt ihn nicht als Rechtsperson an und beraubt ihn damit aller seiner Rechte. Solange also die metaphysische Frage, ob Freiheit oder Determinismus, unentschieden ist, kann die Antwort auf die ethische Frage, ob wir uns in unserem praktischen Leben als frei oder determiniert betrachten müssen, nur lauten: als frei, weil das allein kein mögliches Unrecht bei sich führt und damit dem allgemeinen Willen zum Recht entspricht – welche der alternativen metaphysischen Positionen auch wahr sein mag.

An diesem Argument könnte freilich jemand aussetzen, dass man damit auch Billardkugeln frei sein lassen könnte, nach dem

Motto: Behandeln wir lieber alle Dinge als frei, dann können wir nichts falsch machen. Zur Erwiderung erinnere ich daran, dass unser Freiheitsbegriff Bewusstsein und die Fähigkeit zu schließen voraussetzt, sodass nur selbstbewusste, rationale Wesen als frei zu gelten haben. Und falls auch damit jemand Schwierigkeiten hat und wissen möchte, wer als solches Wesen anzusehen sei und ob alle solche Wesen als frei zu behandeln seien, da man ja nicht wissen könne, ob alle wirklich unter dem Anschein der Freiheit handelten, so gibt es auch für ihn einen Vorschlag, der für die Praxis völlig ausreicht und dazu noch gut demokratisch und pluralistisch ist: Sofern keine deutlichen Anzeichen verminderter Zurechnungsfähigkeit bestehen, mag jeder sich selbst äußern, ob er als determiniertes, rechtloses Wesen behandelt werden möchte oder als Rechtsperson.

Anmerkungen

1 Aristoteles, Nikomachische Ethik (übersetzt von F. Dirlmeier, 7. Auflage, Darmstadt 1979), 1094 b 19.
2 Sextus Empiricus, Grundriss der pyrrhonischen Skepsis (übersetzt von M. Hossenfelder, 3. Auflage, Frankfurt/M. 1993), I 1 ff.
3 I. Kant, Kritik der reinen Vernunft, B 755 ff. Ich zitiere Kants Schriften, außer der „Kritik der reinen Vernunft", die ich nach der 2. Auflage von 1787 (B) zitiere, nach Band- und Seitenzahl der Ausgabe: Immanuel Kant, Werke in sechs Bänden, hg. v. W. Weischedel, Darmstadt 1956 ff.
4 Für eine genauere Darstellung s. M. Hossenfelder, Stoa, Epikureismus und Skepsis, 2. Aufl., München 1995 (Geschichte der Philosophie, hg. v. W. Röd, Bd. III: Die Philosophie der Antike 3), S. 147 ff. Zur Kritik s. ders., Umgang mit Alternativen in der Skepsis, in: Ethik und Sozialwissenschaften. Streitforum für Erwägungskultur 5, 1994, 567–575.
5 Aristoteles, Nikomachische Ethik, 1094 a 20.
6 I. Kant, Die Religion innerhalb der Grenzen der bloßen Vernunft, 4, 667.
7 C. Schmitt, Politische Theologie, München/Leipzig 1922, S. 31.
8 I. Kant, Kritik der praktischen Vernunft, 4, 141 f.; 161.
9 „Das will ich, so mein Befehl, statt Begründung steh' einfach mein Wille", Juvenal, Satiren, 6, 223.
10 Vgl. R. M. Hare, The language of morals, Oxford 1961, S. 33 ff.
11 I. Kant, Metaphysik der Sitten, 4, 337.
12 I. Kant, Metaphysik der Sitten, 4, 338.
13 I. Kant, Metaphysik der Sitten, 4, 347.
14 S. M. Hossenfelder, Stoa, Epikureismus und Skepsis, 2. Aufl., München 1995, S. 25 ff.
15 A. Schopenhauer, Über die Freiheit des Willens (Zürcher Ausgabe. Werke in zehn Bänden, Zürich 1977, Bd. 6, S. 43).
16 I. Kant, Metaphysik der Sitten, 4, 345.
17 J.-J. Rousseau, Vom Gesellschaftsvertrag, übersetzt von H. Brockard, Stuttgart 1977, S. 5 f.
18 Knaurs Lexikon, München 1985, S. 1008.
19 J. Rawls, Eine Theorie der Gerechtigkeit, übersetzt von H. Vetter, Frankfurt/M. 1979, S. 159 ff.
20 J. Locke, Zwei Abhandlungen über die Regierung, hg. v. W. Euchner, Frankfurt 1977, S. 216 f.
21 I. Kant, Metaphysik der Sitten, 4, 361.
22 I. Kant, Kritik der reinen Vernunft, B 172.
23 L. Wittgenstein, Philosophische Untersuchungen, Nr. 238. Vgl. M. Hossenfelder, Kants Idee der Transzendentalphilosophie und ihr Mißbrauch in Phänomenologie, Historik und Hermeneutik, in: Beiträge zur Kritik der reinen Vernunft 1781*1981, hg. v. I. Heidemann u. W. Ritzel, Berlin/New York 1981, S. 330 ff.

24 I. Kant, Metaphysik der Sitten, 4, 339 f.
25 I. Kant, Metaphysik der Sitten, 4, 338 f.
26 I. Kant, Metaphysik der Sitten, 4, 453.
27 Im zweiten Abschnitt der „Grundlegung zur Metaphysik der Sitten" (4, 61) stellt er sie als Postulat auf und verweist wegen der Begründung auf den dritten Abschnitt, ohne genau anzugeben, worauf er sich dort bezieht.
28 „Recht" tritt hier und im Folgenden einmal als subjektives *Anrecht*, einmal als objektives Recht auf. Ich habe diese – wie ich meine, leicht zu durchschauende – Doppeldeutigkeit in Kauf genommen, um im üblichen Sprachgebrauch zu bleiben.
29 Veröffentlichung Nr. 63, I. 13 der Informationsabteilung der Vereinten Nationen. Der offizielle Text hat keine Zwischentitel. Ich habe sie der Übersichtlichkeit halber in Anlehnung an die Ausgabe von F. Ermacora, Internationale Dokumente zum Menschenrechtsschutz, Stuttgart 1971, hinzugefügt.
30 I. Kant, Kritik der praktischen Vernunft, 4, 191; Grundlegung zur Metaphysik der Sitten, 4, 26 ff.
31 S. das Genauere bei M. Hossenfelder, Das „Angemessene" in der stoischen Ethik, in: Angemessenheit. Zur Rehabilitierung einer philosophischen Metapher, hg. v. B. Merker, G. Mohr, L. Siep, Würzburg 1998, S. 83–99. Dort auch der Nachweis, dass die immer wieder behauptete Verwandtschaft der stoischen mit der kantischen Ethik allenfalls äußerlich ist, sodass man beiden Lehren keinen Gefallen tut, wenn man die eine durch die andere interpretiert.
32 I. Kant, Grundlegung zur Metaphysik der Sitten, 4, 27 f. Anm.
33 M. Scheler, Der Formalismus in der Ethik und die materiale Wertethik, 5. Aufl., Bern/München 1966, S. 48.
34 A. Schopenhauer, Über die Grundlage der Moral (Zürcher Ausgabe. Werke in zehn Bänden, Zürich 1977, Bd. 6, S. 176 f.; 198 f.; 270).
35 A. Schopenhauer, Über die Grundlage der Moral (Zürcher Ausgabe. Werke in zehn Bänden, Zürich 1977, Bd. 6, S. 266).
36 Cicero, Über die Ziele menschlichen Handelns (übersetzt von O. Gigon und L. Straume-Zimmermann, München/Zürich 1988), V 65.
37 E. Tugendhat, Vorlesungen über Ethik, Frankfurt/M. 1993, S. 80.
38 Lukrez, Von der Natur (übersetzt von H. Diels, mit einer Einf. und Erl. von E. G. Schmid, München 1993), II 1 ff.
39 Matthaus 7,12.
40 J. Rawls, Eine Theorie der Gerechtigkeit, übersetzt von H. Vetter, Frankfurt/M. 1979.
41 Epikur, in: M. Hossenfelder, Antike Glückslehren. Kynismus und Kyrenaismus. Stoa, Epikureismus und Skepsis. Quellen in deutscher Übersetzung mit Einführungen, Stuttgart 1996, S. 179.
42 I. Kant, Grundlegung zur Metaphysik der Sitten, 4, 47 f.
43 Platon, Staat, 354 a; 433 b.
44 Aristoteles, Nikomachische Ethik (übersetzt von F. Dirlmeier, Darmstadt 1979), 1098 a 16.
45 Epikur, Brief an Menoikeus, 124.

46 „Niemand ist glücklich, der sich nicht dafür hält", Seneca, Briefe an Lucilius, 9, 21.
47 Für eine genauere Darstellung s. M. Hossenfelder, Stoa, Epikureismus und Skepsis, 2. Aufl., München 1995, S. 32 ff.
48 Vgl. M. Hossenfelder, Epikur, 2. Aufl., München 1998, S. 51 ff.
49 A. Schopenhauer, Über die Grundlage der Moral (Zürcher Ausgabe. Werke in zehn Bänden, Zürich 1977, Bd. 6, S. 250).
50 S. M. Hossenfelder, Stoa, Epikureismus und Skepsis, 2. Aufl., München 1995, S. 45 f.
51 Antisthenes, in: M. Hossenfelder, Antike Glückslehren. Kynismus und Kyrenaismus. Stoa, Epikureismus und Skepsis. Quellen in deutscher Übersetzung mit Einführungen, Stuttgart 1996, S. 8.
52 S. M. Hossenfelder, Stoa, Epikureismus und Skepsis, 2. Aufl., München 1995, S. 68.
53 Aristoteles, Nikomachische Ethik, 1174 b 33.
54 M. Scheler, Der Formalismus in der Ethik und die materiale Wertethik, 5. Aufl., Bern/München 1966, S. 56 f.
55 J. C. B. Gosling, Pleasure and desire. The case for hedonism reviewed, Oxford 1969.
56 M. Csikszentmihalyi, Flow. Das Geheimnis des Glücks, übersetzt von Annette Charpentier, Stuttgart 1992.
57 S. M. Hossenfelder, Stoa, Epikureismus und Skepsis, 2. Aufl., München 1995, S. 46.
58 Für die Einzelheiten s. M. Hossenfelder, Stoa, Epikureismus und Skepsis, 2. Aufl., München 1995, S. 84 ff.; 133 ff.
59 Nicolai Hartmann, Ethik, 4. Aufl., Berlin 1962, S. 779 ff.
60 D. M. MacKay, Freedom of action in a mechanistic universe (1967), deutsch in: : U. Pothast (Hrsg.), Seminar: Freies Handeln und Determinismus, 2. Aufl., Frankfurt am Main 1988, S. 303 ff.
61 U. Pothast, Die Unzulänglichkeit der Freiheitsbeweise, Frankfurt am Main 1987, S. 315 ff.

Sachregister

Die Zahlen der Seiten, auf denen ein Begriff definiert oder erläutert wird, sind kursiv gesetzt.

Antike 23, 25, 44, 123, 162, 176, 182, 195, 199
Apriorität, a priori, apriorisch 27, 35f., 42f., 45, 48, 54, 62f., 67, 70, 115, 120, 124, 129, 145f., 161, 168f., 173, 179, 190, 196
Achtung vor dem Gesetz 11, 40, 130, 138
Achtung vor den Menschen 132
Allgemeingeltung, Allgemeingültigkeit, allgemein (geltend) 8, 13ff., 34ff., 38f., 42, 45, 53, 55, 60, 63, 66, 80, 84, 87, 140, 164, 167, 169, 195f.
Altruismus 136
Analytizität, analytisch 14, 45f., *53ff.*, 57, 89, 149, 160, 187, 196
– analytische Deduktion 53
Asyl 104, 113f.
Auswanderung 91f., 104, 113
Autonomie 58, 183f.

Bedürfnis 45, 63, 132, 142, 150, 156, 174
Bildung 21, 77, 88, 93, 96, 106f., 115, 118, 120, 122, 129, 144, 147
– moralische 88, 93, 118, *129*, 137, 147f.

Charakter 20, 140, 147, 183, 193, 195
Christentum, christlich 13, 131f.

Demokratie 9, 91, 93, 107
Determination, Determinismus, determiniert 17f., 30f., 38, 57, 80, 120, 124, 147, 155, 181–195, 199–207

Dezision, Dezisionismus 27–30, 37, 73, 194, 197
Diskriminierung *91*, 102, 110
Dritte Welt 8, 174

Egoismus, egoistisch 74, 126f., 136
Ehe 10, 104, 114, 131
Eigentum, Eigentumsverhältnis 10, 36, *67–70*, 83, 92, 102, 104, 111–114, 116
Einsicht 25f., 78, 120, 123–129, 136–140, 144f., 147, 150
Einzelner, Individuum 8f., 12, 32, 49, 51, 56ff., 60–63, 65f., 84, 94, 98, 103, 112, 116, 127, 151f., 161, 167
Entscheidung *18–21, 27ff., 41* und passim
Ethik *17* und passim
– Angewandte 13
– egoistische 74
– kommissionen 13
– Sollens- 15, 38ff., 43, 51, 118, 137
– Wollens- 40, 43, 51, 75, 79, 118, 160
Eudämonie (s. a. Glück) 32, 149, 151
Eudämonismus 10, 44, 195

Folter 102, 110f., 204
Freiheit *185* und passim
– Handlungs- *58*, 85, 90, 98ff., 111, 113f., 116, 199
– libertas indifferentiae 20, 182
– liberum arbitrium 182
– negative 98, *182f.*, 184f., 189f., 192, 199
– physische 58f.
– politische 59, 98
– positive *98, 183f.*

211

- sbewusstsein 200, 202 f.
- Willens-15, 58, 98, 147, 181, *182 ff.*, 193, 195, 199 f.
Freiwilligkeit (s. a. Freiheit) 77, 147, 181, 193
Freizügigkeit 104, 113

Gebot 11, 39 f., 50, 97
Gefühl (s. a. Glück; Lust) 39 f., 123, 132, 137–140, 149–153, 156, 159, 169, 175–179
Gerechtigkeit 101, 130 f., 137–144, *140*, 146, 151, 204
- Straf- 143
- Verteilungs- 141 ff.
Gesetz 8, 11 f., 40, *48* ff., 52, 58, 60 ff., 65 ff., 71–74, 76–80, 83, 90 ff., 97, 100, 103, 107, 111, 113, 119, 122 f., 130, 138, *140 f.*, 143, 161, 165, 184
- estreue 130, 141, 143
- Glücks- 161
- Rechts- *49 f.*, 52 f., 55, 57, 60 ff., 76, 78–81, 89 f., 98, 121 f., 126, 141, 154, 161, 168 f., 197
- Sitten- 10, 12, 52, 123, 184
Gewalt *74*–78, 80–88, 90, 93, 95, 110 f., 118 f., 121, 128 f.
Gleichheit 61 f., 86, 92, 102, 141
- der Rechte 62
- vor dem Gesetz 62, 90, 103, 110
Gleichrangigkeit der Alternativen 20, 30, 185, 198
Glück, Glückseligkeit (s. a. Eudämonie) 10, 12, 15, 24, 32 f., 123 f., 130, 149–153, *155*, 158–176, 178–181, 195 f.
- sbegriff 12, 149, 151 f., 159 f., 167, 170 f., 176, 179
- sgefühl 149 ff., 175 ff.
- sregeln 15, 150, 167, 169
- sstreben 151, 159–165, 173, 198
- vollkommenes 169 f., 172
Goldene Regel 130, 136
Gut 68, *155*, 157 f., 165 f., 179
- das höchste 31 f., 123, 152, 165 ff.
- objektives 138
- subjektives 138
Güte 129, 137

Handlung *17 f.*, *41* und passim
- Nichthandeln 17, 21 f., 149, 155, 160, 172, 182 f., 190
Hedonismus 176, 179, 197
Hellenismus 55 f., 149, 151 f.
Hilfe, Hilfsbereitschaft 11, 103, 132–139, 140, 144
- soziale 134 f., 137, 139 f., 144 f., 169

Imperativ 17, 36–39, *37 f.*, *42*, 52 f., 184
- hypothetischer 43, 46
- kategorischer/unbedingter 10, 38 f., 52 f., 123, 130, 132, 147
Indetermination (s. a. Determination) 189, 191 f., 199
Individualismus 9, 55 ff., 151 f.
Individuum s. Einzelner
Information 92, 105, 114
Internationalordnung 107, 116
irrational 28 ff., 40, 73 f., 138 f.

jus talionis 85, 143

Kausalität, kausal 17 f., 125
Klassik, griechische 9, 151 f., 167
Kosmopolitismus 116, 131

Legalität 122, 124–127, 129, 137, 144, 164, 167, 169
Leib-Seele-Diskussion 190
Letztbegründung 8 f., 22 f., 29 ff., 194–197
Liberalismus 52, 55, 57, 61, 100, 115
libertas s. Freiheit
Lob und Tadel 147 f., 193 f., 204
Lust (s. a. Gefühl) 43, 152, 158 f., 176 ff., 197
- maximierung (s.a. Hedonismus) 197 f.

Maxime *42* und passim
- Fundamental-, fundamentale 155, 160, 162
- nbildung 154, 161
- oberste 31, 162–167, 194–198
Meinungsäußerung 50, 66, 92, 105, 112, 114
Menschenliebe 130 ff.

Menschenrecht 9, 13, 15, *89f.*, 93–97, 99ff., 107–116, 129, 143f.
- soziales 98f., 105–107, *115f.*, 144
- Systematik der Menschenrechte 93, 99

Metaphysik, metaphysisch 17, 85, 152, 181f., 193f., 199f., 204f., 206

Mittelalter 162, 182

Moral, Moralität, moralisch 7f., 10ff., 40, 52, 55, 77f., 88, 93, 107, 116, 118, 122, 124–130, 132ff., 137–140, 144–148, *145*, 160, 179, 192

Motiv, Motivation 11, 122–126, *124*, 129, 135–140, 144

Nächstenliebe 131f.
Naturalismus, naturalistischer Fehlschluss 43f.
Neue Akademie 23
Neuzeit 162, 170
Norm 8, 13ff., *17*, 19–23, 26f., 31–36, *41f.*, 45f., 66, 74, 87, 169, 181, 184, 196
- ethische 8, 13, 37
- moralische 12
- oberste 30–34, 162
- Rechts- 8, 14, 141

Notwendigkeit, absolute/unbedingte 14, 33, 46, 195

Person 37, 48, 50, 56, 61f., 67, 69f., 101f., 108, 110, 132, 134, 141, 143f., 193, *194*
- natürliche 62, 90f.
- Rechts- *90*, 102, *111f.*, 141, 143, 206f.

Pflicht 50ff., 107, 123
Präokkupationstheorie 68f.
Psychologie, Psychologe 33, 41, 119f., 168, 178

Rationalität, rational, Rationalisierung 17, *27*–30, 40, 73f., 86, 109, 138f., 142, 185, 193f., 197, 199, 207

Recht 8ff., 13ff., 25, 36f., *49*–55, 57–64, 66f., 69f., 72–84, 86–116, 118–122, 124–129, 131f., 137, 139–145, 154f., 161f., 164, 168f., 172, 196ff., 201, 204–207, 209
- aktives oder Freiheits- *49*, 59, 96, 98
- Natur- 52, 55, 57ff., 82, *89*
- objektives *49*, 89, 100, 141, 209
- passives oder Anspruchs- *49*, 96
- positives 63, 78, 89, 94, 99
- sbegriff *49*, 52, 55, 57f., 62, 64, 66, 72, 80f., 87, 97, 119
- sbewusstsein 87, 121
- sidee *49*, 61, 64, 79, 83
- spositivismus 58
- sschutz 83, 93, 96, 103, 112
- sstreben 161
- subjektives, – auf etwas, An-, -sanspruch *49ff.*, 89f., 97, 100, 209
- Universal- *89*, 94, 97, 99, 141, 143

Reformation 91
Relativismus, ethischer 8, 34, 58, 195
Richter, Gerichtsbarkeit 37, 60, 73, 83, 92, 96, 112, 122, 143, 154, 204f.
- internationaler Gerichtshof der Menschenrechte 94f.
- internationaler Gerichtshof der Staaten 94f.

Selbstbestimmung 193f.
Selbsterhaltung 45, 60
Selbstgesetzgebung s. Autonomie
Selbstjustiz 83
Selbstlosigkeit, selbstlos 133–138
Selbstverwirklichung 193f.
Sittlichkeit, sittlich (s.a. Moral) 109, 122, 124, 147
Skepsis 9, 23f., 26
Sklaverei, Sklaventum 102, 111f.
Sollen 14, 17, 36–40, 42ff., 73, 123
- absolutes/unbedingtes 14, 40, 43f., 123
- sethik 15, 38ff., 43, 51, 118, 137
- ssatz (s.a. Imperativ) 36ff., *42f.*

Sozialismus, sozial 35, 98f., 101f., 105ff., 114ff., 120, *134*–137, 139f., *144*ff., 168f., 190

Sprachanalyse, sprachanalytisch 38, 42, 53, 177

Staatsangehörigkeit 91, 104, 109, 113f., 116
Strafe 84f., 87, 102f., 143, 194, 204f.
- Strafrecht 112, 204f.
- Straftheorie 85
- Todes- 85, 110

Teleologie, teleologisch 18, 60
Telos 31f., 167, 173
Tugend 7f., 32, 118, 120, 123ff., 131–134, *140*, 144
- begriff 7f.
- Kardinal- 130, 139, 144

Übel 25, 150, 152, 157, *158*f., 166, 171
Unbedingtheit, unbedingt 7, 10–13, 24, 51, 83, 110, 123, 137
Uneinsichtigkeit 74, 77, 88, 118, 128
Unendlichkeit 189f.
- aktuale 189
- potenzielle 189
- unendlicher Regress 18, 31, 65, 72
Unparteilichkeit 92, 103, *143*
Unrecht 8, 57, 78, 81–88, 94, 111, 118–121, 126, 128, 130, 142, 203–206
- sbewusstsein 87, 119
Unschuldsvermutung 103, 113
Utilitarismus, utilitaristisch 10, 12f., 130, 176, 195
- Handlungs- 10
- Regel- 10f.

Verantwortung, verantwortlich (s. a. Zurechnung) 22ff., 26f., 92, 94, 183f., 186, 192ff., 202ff.
Verbot 43, 49ff., 90f., 95, 97, 102, 110f., 113
- Behinderungs- 50f., 59, 90f., 96ff., 100, 198
Vereinte Nationen 93, 100f., 104, 107f.
Vernunft 8, 12, 15, 27f., 33, 39f., 52, 102, 123, 138, 146, 151f., 183f., 187, 193, 199
- Faktum der - 39f., 53, 79

Versammlung und Vereinigung 105, 114f.
Vertrag *63*–66, 80, 91, 95, 108, 115f., 141f., 144
- Föderations- 94ff., 116
- Gesellschafts- 14, 62, 64, 70, 91, 95., 112, 114
- sfreiheit 91, 112ff.
- stheorie 14, 63, 80, 82
volonté générale (Gemeinwille) 51

Wert, Wertbegriff, Wertung 9, 25ff., 75, 101, 124, 130, 132f., 137f., 140, 145, 147f., 158, 176f., 179, 198f., 205
- Wertindifferenz (s. a. Gleichrangigkeit der Alternativen) 198
Wille s. Wollen
Willkür 39, 52, 59f., 79, 83, 85, 90, 112, 114, 191, 197
Wohl, Wohlergehen (s. a. Glück) 9, 12, 33, 89
Wollen, Wille *41* und passim
- gemeinsames/r 56ff., 65f.
- Mittelbarkeit des – 21, *186f.*, 198
- Wille zum Recht 45, 51, 54, 58f., 61, 70, 73, 77, 80, 83f., 88, 93, 95, 112, 115, 119, 128, 132, 139, 144, 161f., 164, 172, 196, 205f.
- Wollenssätze 36f.
Wunsch, Wünschen 41, 45ff., 63, 69, 74f., 98f., 116, 125, 129, 135ff., 145f., 149, 153–176, *155*, 179f., 186, 190ff., 194, 196–199
Würde 101f., 105f., *109f.*

Zufall, zufällig 25, 28, 54, 76, 135f., 182f., 185f., 189, 191–194,
Zurechnung, Zurechenbarkeit, Zurechnungsfähigkeit 26, 30, 182, 192ff., 204, 206f.
Zwang 26, 78–86, *80*, 88, 90, 94f., 126ff.
Zweck *41* und passim
- harmonie *48* und passim
- konflikt *61* und passim
- Selbst- 89, 162f., 166
- tätigkeit *17f.*, *46* und passim
- Zweck-Mittel-Relation 46, 186f.

Personenregister

Antisthenes 176
Aristipp 162, 176 f.
Aristoteles 7 ff., 15, 24, 31 f., 55 f., 118, 147, 151, 176, 181, 193

Chrysipp 14, 204
Cicero 131
Csikszentmihalyi, M. 178

Epikur, Epikureer 56, 149, 152, 158, 170, 182

Gontscharow, I. A. 22
Gosling, J. C. B. 177

Hare, R. M. 208
Hartmann, N. 184, 194
Hossenfelder, M. 208 ff.

Juvenal 40

Kant, I. 9–12, 15, 31, 39, 42, 46, 52 ff., 59 f., 69, 72, 78 ff., 83, 86, 98, 109, 122 f., 130, 132, 138 f., 147, 150, 167, 177, 183 f., 187, 203, 209

Locke, J. 69
Lukrez 134

MacKay, D. 201
Mill, J. Stuart 177
Molina, L. de 182

Platon 14, 115, 151, 176, 189
Pothast, U. 204 f.
Publilius Syrus 152
Pyrrhoneer 9, 24 ff.

Rawls, J. 63, 141
Rousseau, J.-J. 51, 59 f.

Scheler, M. 130, 177
Schmitt, C. 37, 73
Schopenhauer, A. 58, 130 ff., 158, 171
Seneca 152
Spinoza, B. de 195
Stoiker, Stoa 14, 56, 122 f., 173, 176, 178, 182 f., 187, 209

Tugendhat, E. 132

Wittgenstein, L. 72

Zenon von Kition 173

Philosophie in der Beck'schen Reihe

Nora K./Vittorio Hösle
Das Café der toten Philosophen
Ein philosophischer Briefwechsel für Kinder und Erwachsene
1998. 256 Seiten mit einer Abbildung. Paperback
Beck'sche Reihe Band 4017

Otto A. Böhmer
Als Schopenhauer ins Rutschen kam
Kleine Geschichten von großen Denkern
2., unveränderte Auflage. 1998. 210 Seiten. Paperback
Beck'sche Reihe Band 1232

Otfried Höffe (Hrsg.)
Lesebuch zur Ethik
Philosophische Texte von der Antike bis zur Gegenwart
2. Auflage. 1999. 438 Seiten. Paperback
Beck'sche Reihe Band 1341

Udo Marquardt
Spaziergänge mit Sokrates
Große Denker und die kleinen Dinge des Lebens
2000. 191 Seiten. Paperback
Beck'sche Reihe Band 1363

Ekkehard Martens
Ich denke, also bin ich
Grundtexte der Philosophie
2000. 269 Seiten. Paperback
Beck'sche Reihe Band 1364

Verlag C.H. Beck München